Über diese Reihe Die Lesebücher ›Kulturfiguren und Sozialcharaktere des 19. und 20. Jahrhunderts‹ vergegenwärtigen Gestalten, die mit einer gewissen Prägnanz Zeugen der neueren Kultur- und Sozialgeschichte geworden sind. Sie handeln von Figuren und Charakteren, die einen lebendigen Kommentar zu den geistesgeschichtlichen und gesellschaftlichen Entwicklungen abgeben, die sich seit der Industrialisierung vollzogen haben. Es geht nicht um vergleichsweise allgemeine Gestalten, die ihre Prägung bereits in früheren Epochen erhielten – etwa der Schelm, der Prahlhans, die Hexe, der Geizkragen oder der Narr –, sondern um diejenigen Typen, die für das Verständnis der neueren Kultur- und Sozialgeschichte wichtig geworden sind, wichtig jedenfalls in dem Sinne, in dem Walter Benjamin in seinem Essay über Baudelaire von den »Heroen der Moderne« spricht und dabei aus dem 19. Jahrhundert den Bohemien, den Dandy, die damals moderne Frau, die kleinen Leute oder den Lumpensammler erwähnt. Solche und andere Heroen werden mitsamt ihren Nachfahren aus dem 20. Jahrhundert in dieser Lesebuch-Reihe anhand verschiedener Texte und Abbildungen dargestellt. Dabei soll nicht der Anschein einer enzyklopädischen Erfassung oder regelrechten Typologie erweckt werden, sondern eher der eines lockeren Reigens, in dem sich die betreffenden Kulturfiguren und Sozialcharaktere umstandslos zu bestimmten Gruppierungen fügen.

Band 1: Bohemien – Tramp – Sponti
Band 2: Dandy – Snob – Flaneur
Band 3: Femme fatale – Vamp – Blaustrumpf
Band 4: Philister – Kleinbürger – Spießer
Band 5: Lumpenproletarier – Bonze – Held der Arbeit

Der Herausgeber Gerd Stein, geboren 1941, lebt in Berlin und ist an der Freien Universität als Hochschulassistent und zugleich an einem Gymnasium als Deutschlehrer tätig. Abgesehen von verschiedenen literaturwissenschaftlichen und fachdidaktischen Aufsätzen veröffentlichte er eine Abhandlung über Hugo Ball (›Die Inflation der Sprache‹) und arbeitete an einem vierbändigen Lesebuch für den Literaturunterricht der Sekundarstufe I (›westermann texte deutsch‹) mit. Er ist auch Herausgeber von drei im Fischer Taschenbuch Verlag erschienenen ethnoliterarischen Lesebüchern: ›Die edlen Wilden‹ (Fischer Taschenbuch 3071), ›Exoten durchschauen Europa‹ (Fischer Taschenbuch 3072) und ›Europamüdigkeit und Verwilderungswünsche‹ (Fischer Taschenbuch 3073).

GERD STEIN (HG.)

Philister – Kleinbürger – Spießer

Normalität und Selbstbehauptung

Kulturfiguren
und Sozialcharaktere
des 19. und 20. Jahrhunderts
Band 4

FISCHER TASCHENBUCH VERLAG

Originalausgabe
Veröffentlicht im Fischer Taschenbuch Verlag GmbH,
Frankfurt am Main, April 1985
Für diese Auswahl

Umschlaggestaltung: Jan Buchholz / Reni Hinsch
unter Verwendung der Illustration »Der Uhrmacher BOGS«
von Clemens Brentano
Gesamtherstellung: Clausen & Bosse, Leck
Printed in Germany
1680-ISBN-3-596-25038-2

Inhalt

Vorwort 9

Philister

Das blinzelnde Behagen: Stubenhocker, Banausen und Biedermänner

JOHANN WOLFGANG VON GOETHE
Teilet Eure Stunden ein – 1774 21

NOVALIS
Philister leben nur ein Alltagsleben – 1798 23

ACHIM VON ARNIM
Die Idee einer deutschen Freßgesellschaft – 1811 25
Vorschlag zu einer deutschen Tischgesellschaft – 1811 26

CLEMENS BRENTANO
Philisterabhandlung – 1811 28

KORRESPONDENZ-NACHRICHTEN
Die Christlich-deutsche Tischgesellschaft – 1811 36

JOHANN WOLFGANG VON GOETHE
Was wir unter dem Wort Philisterei zu begreifen gewohnt sind – 1813 37

JOSEPH FREIHERR VON EICHENDORFF
Krieg den Philistern! – 1823 38
Die Trägen, die zu Hause liegen – 1826 39

HEINRICH HEINE
Philister in Sonntagsröcklein – 1823 42
Die Bewohner Göttingens – 1824 42
Zur Notiz – um 1830 43

EDUARD MÖRIKE
Die Visite – 1838 44

KARL MARX
Die Philisterwelt ist die politische Tierwelt – 1843 45

SÖREN KIERKEGAARD
Die Spießbürgerlichkeit – 1849 49

ARTHUR SCHOPENHAUER
Die Definition der Philister – 1851 50

FRIEDRICH NIETZSCHE
Der Bildungsphilister – 1873 53

ERICH MÜHSAM
Die Philister – 1905 55

ROBERT WALSER
Der Philister – um 1930 57

Kleinbürger

Die korrupte Klasse: Angestellte, Kleingewerbetreibende und Staatsbeamte

KARL MARX
Der Kleinbürger – 1865 63

JOHANN MOST
Ein Mahnwort an die Kleingewerbetreibenden – 1876 64

MAXIM GORKI
Über das Kleinbürgertum – 1906 73

WLADIMIR ILJITSCH LENIN
Der wild gewordene Kleinbürger – 1920 84

KURT TUCHOLSKY
Die Tür – 1920 87

SIEGFRIED KRACAUER
Die Angestellten – 1929 89

WILHELM REICH
Zur Massenpsychologie des Kleinbürgertums – 1933/1942 . . . 106

BERTOLT BRECHT
Die sieben Todsünden der Kleinbürger – 1933 118
Der Verrat – 1938 131

KURT BARTSCH
Sozialistischer Biedermeier – 1971 133

JOSEF SKÁLA
Warum eben Kafka? – 1973 134

HANS MAGNUS ENZENSBERGER
Von der Unaufhaltsamkeit des Kleinbürgertums – 1976 135

GEORGES MARCHAIS
Kleinbürger – 1980 145

Spießer
Abgründe des Alltags: Ewige Bürger, Provinzler und einfache Leute

AUGUST VON KOTZEBUE
Die deutschen Kleinstädter – 1803 149

KARL GUTZKOW
Aus der Knabenzeit – 1852 154

BOGUMIL GOLTZ
Ein Kleinstädter in Ägypten – 1853 161

HENRY MONNIER
Die letzte Ruhestätte – um 1855 168

WILHELM BUSCH
Tobias Knopp – 1875 171

CARL STERNHEIM
Die Hose – 1911 176

FRANZ KAFKA
Der Nachbar – 1917 180

IVAN GOLL
Methusalem oder Der ewige Bürger – 1922 182

ROBERT WALSER
Der Spießer – um 1930 195

WOLF BIERMANN
Kleinstadtsonntag – 1962 197

PETER ADLER
Nashörner im Abonnement – 1964 198

TOM VEITCH
Einfache Leute am Sonntag – 1968 213

HERMANN GLASER
Der Provinzler – ein Mentalitätsmuster – 1973 216

ALBERT HERRENKNECHT
Provinzlenz – 1977 218

ÖDÖN VON HORVÁTH
Die gerettete Familie – um 1930 222

MARTIN WALSER
Die Zimmerschlacht – 1967 226

WOLF WONDRATSCHEK
Über die Schwierigkeiten, ein Sohn seiner Eltern
zu bleiben – 1968 241

FRITZ ZORN
Ich bin jung und reich und gebildet, und ich bin unglücklich, neurotisch und allein – 1977 244

Anmerkungen zu den Autoren, Texten und Abbildungen 263
Ergänzendes Literaturverzeichnis 289

Vorwort

»Krieg den Philistern!« Der Titel des fünfaktigen Dramas von Joseph Freiherr von Eichendorff markiert ein literarisches Programm des 19. Jahrhunderts. Der Feldzug gegen die Philister ist allerdings nicht beängstigend aggressiv. Seine scharfe Tonart hat nichts zu tun mit einem Aufruf zu gezieltem Haß, zumal die Unentbehrlichkeit der sogenannten Philister letztlich außer Frage steht. Das Motto, das Eichendorff unter jenen Titel setzt, läßt denn auch keinen Zweifel an der Arglosigkeit des Unternehmens:

> Hier kommen die Poeten zu Lande übers Meer,
> Die Philister trinken Kaffee und erschrecken sehr.

Literaten spielen also gleichsam Klabautermann: Die sprühen von Phantasie, warten mit unwahrscheinlichen Einfällen auf und setzen so den beschränkten Gemütern zu, deren Stumpfheit und Geistlosigkeit von allergrößter Wichtigkeit für das Gelingen des schreckhaften Spieles ist. Da die Figur des Philisters um so geglückter wirkt, je stärker sie Spott auf sich zu ziehen vermag, ist sie ein dankbarer Gegenstand für die Kunst der Satire. Eichendorff läßt einen Erz-Phillister, als dieser gerade mit Verstörung wahrnimmt, daß jemand »mitten in der guten Gesellschaft« allein auf einer Bank sitzt und sich in poetische Literatur vertieft, selbstzufrieden seufzen:

> Wie dank' ich doch meinem Gott, daß ich nicht geworden bin
> wie so viele andere meiner ehemaligen Schulkameraden![1]

Man kann diesen Ausspruch immer wieder lesen: In seiner Borniertheit ist er kaum zu übertreffen. Jedes Wort, selbst das Apostroph zeugt von kleinmütiger Enge und Bangigkeit. Gott wird dabei trotz der ihm zugedachten Danksagung nicht eigens angesprochen, sondern mit Hilfe des besitzanzeigenden Fürworts (»mein«) ins Häuslich-Private gezogen, tendentiell bereits zum Inventar gezählt. Überhaupt redet dieser Philister so, als wollte er dereinst beim Jüngsten Gericht Klassenprimus werden oder wenigstens nicht sitzenbleiben. Schon jetzt würdigt er seinen gesegneten Lebenslauf. Zwar tritt er in seinem

Monolog nur mit sich selbst in Kontakt, aber merkwürdigerweise ist er dabei zugleich auf Außenwirkung bedacht, denn das gespendete Eigenlob dient offenbar dem Bewußtsein seiner Reputation.

Das Bild des selbstzufriedenen, kunstbanausenhaften und zu wahrer Religiosität unfähigen Philisters entstand in der Zeit der Romantik, ohne daß es vieler Vorläufer bedurft hätte. Vielmehr war das Philister-Bild fast auf Anhieb fertig gezeichnet und kursierte – zwar mit Variationen, aber ohne eine eigenständige Entwicklung – als ein gängiges Klischee in der romantischen Literatur. Novalis prägte das Bild bereits 1798. Clemens Brentano überbot es, indem er das weidliche und zugleich spitze Gespött mit einer geradezu melodischen Mokanz ausstattete, so daß sich bestimmte Passagen seiner Philister-Satire, die er 1811 im Kreise der sogenannten Christlich-deutschen Tischgesellschaft vortrug, besonders schön anhören und manchen Liebhaber gefunden haben:

> Wenn der Philister morgens aus seinem traumlosen Schlafe, wie ein ertrunkener Leichnam, aus dem Wasser herauftaucht, so probiert er sachte mit seinen Gliedmaßen herum, ob sie auch noch alle zugegen; hierauf bleibt er ruhig liegen, und dem anpochenden Bringer des Wochenblatts ruft er zu, er solle es in der Küche abgeben, denn er liege jetzt im ersten Schweiß und könne, ohne ein Wagehals zu sein, nicht aufstehn ...[2]

Wichtige Aufschlüsse über die Eigenart und auch die Brüchigkeit des Philisterbegriffs ergeben sich nicht nur aus dieser Rede selbst, sondern gleicherweise aus dem Lokalkolorit bzw. aus dem Charakter jener antiphiliströsen Christlich-deutschen Tischgesellschaft. Anfang Januar 1811 schrieb Achim von Arnim in flapsiger Manier an die Brüder Grimm und teilte ihnen mit, daß er die Gründungsidee einer »deutschen Freßgesellschaft« vor Augen hätte.[3] Philister sollten jedoch – das gehörte zum allerersten Gedanken – von der Teilnahme ausgeschlossen werden. Wenig später ließ er ein Zirkular, nämlich den ausgearbeiteten »Vorschlag zu einer deutschen Tischgesellschaft«[4], in seiner näheren und ferneren Berliner Bekanntschaft umlaufen. Auch in diesem Schriftstück wurden die Philister aus dem künftigen Gesprächskreis verbannt. Nun sollte man aufgrund der geradezu reklamehaft herausgestellten Philisterfeindlichkeit annehmen, daß Achim von Arnim eine ziemlich unkonventionelle Tischrunde, wenn nicht gar eine Gruppe von Freigeistern zusammenbringen wollte. In Wirklichkeit gründete er einen Kreis, dessen illustre Mitgliedschaft dem Geburtsadel, dem Militär und der bürgerlichen Aristokratie des Gelehrten-, Künstler- und Beamtenstandes entstammte[5] und der sich nicht scheute, sich mit allen Attributen philiströser Vereinsmeierei zu schmücken. Unter anderem wurde folgendes vorab vereinbart und mit 46 Unterschriften versehen: Die Runde sollte regelmäßig alle vierzehn Tage dienstags zum Mittagessen zusammenkommen; der Essenspreis wurde auf einen Taler festgesetzt; die Höhe des Trinkgeldes für den Diener wurde bestimmt; am Krönungstag, dem 18. Januar, sollte die erste Versammlung stattfinden; dieser Stiftungstag sollte alljährlich wieder gefeiert werden; ein Gastbuch war anzulegen; die Mitglieder verpflichteten sich zu wohlanständigem Benehmen und ein Sprecher sollte erkoren werden.[6] Auf der zweiten Sitzung wurde außerdem einstimmig beschlossen, ein weiteres Buch zu führen, in dem alle Geschichten, die sich bei Tisch gut erzählen lassen würden, aufgeschrieben werden sollten. Und dieses Buch ist tatsächlich auch geführt worden.[7] – Regelungen über Regelungen. Kann man sich eine spießigere Runde vorstellen? Um so verwunderlicher, daß es diese Tischgesellschaft darauf anlegte, zwischen sich und den Philistern unbedingt einen Trennungsstrich zu ziehen. Offenbar hatte die behauptete Unvereinbarkeit die Funktion, den Selbstgenuß der Gruppe zu fördern und sich das Gefühl eines Höhenfluges zu vermitteln, denn es war sicherlich ein himmlisches Vergnügen, Philister gratis in die Hölle zu schicken. Der etwas schnöde Widerspruch ist nicht auflösbar, schlimmer noch: Er ist für die romantische Philisterkritik konstitutiv. Weitere Merkwürdigkeiten, Eitelkeiten und Gemeinheiten konnten auf dieser Basis kaum ausbleiben. Die Arnimsche Tischgesellschaft leistete es sich beispielsweise, Frauen prinzipiell die Mitgliedschaft zu versagen. Des weiteren erlaubte sie sich, Juden kategorisch auszuschließen. Schließlich durften nicht einmal getaufte Juden zugelassen werden, da Mitglieder in »christlicher Religion geboren«[8] sein mußten: Die Taufe von Juden wurde als ein Schleichhandel beargwöhnt.

Die besagten christlich-deutschen Abgrenzungen sind gerade

auch deswegen vorwerfbar, weil sie zu einer Zeit vorgenommen wurden, als Henriette Herz und Rahel Levin (Varnhagen) Initiatoren und Gastgeber der geistig regsten Berliner Salons geworden waren. So ist die Christlich-deutsche Tischgesellschaft ein Beispiel dafür, daß die an mehr oder minder fiktiven Oberflächenphänomenen sich orientierende Philisterkritik sich sehr gut mit massiven Ressentiments verträgt. Philisterkritik bürgt also keineswegs für ein aufgeklärtes Bewußtsein, obwohl sie sich eigens gegen muffige Geistesart wendet. Novalis konnte z.B. wenige Jahre nach der bürgerlichen Revolution in Frankreich die Revolutionäre ohne jegliche Differenzierung für die schlimmsten Philister erklären.[9] Auch Clemens Brentanos Philister-Rede, die er 1811 in jener Christlich-deutschen Tischgesellschaft hielt, wendet sich nicht nur gegen die Philister, um sich und seinen Zuhörern das Gefühl zu geben, daß sie allesamt besseren Geistes seien, sondern er wendet sich auch mit ätzender Schärfe gegen die Juden, um den Mitgliedern einzuflößen, daß sie allesamt besseren Volkes seien. »Die Juden, als von welchen noch viele Exemplare in persona vorrätig, die von jeder ihren zwölf Stämmen für die Kreuzigung des Herrn anhängenden Schmach Zeugnis geben können, will ich gar nicht berühren, da jeder, der sich ein Kabinett zu sammeln begierig, nicht weit nach ihnen zu botanisieren braucht; er kann diese von den ägyptischen Plagen übriggebliebenen Fliegen in seiner Kammer mit alten Kleidern, an seinem Teetische mit Theaterzetteln und ästhetischem Geschwätz, auf der Börse mit Pfandbriefen und überall mit Ekel und Humanität und Aufklärung, Hasenpelzen und Weißfischen genugsam einfangen.«[10] So ist Brentanos Philister-Satire zugleich eine Schmährede auf Vernunft und Humanität. Obwohl mehrere Mitglieder der Christlich-deutschen Tischgesellschaft ständige Mitglieder in den jüdischen Salons der Henriette Herz und Rahel Levin waren, erntete Brentano im eigenen Kreis keinerlei Kritik. »Als Brentano seinen ›Philister‹ vortrug, mit aller Kraft seines Talents, geriet die Gesellschaft außer sich, jubelte und schrie vor Vergnügen. Alle Mitglieder erhoben sich, umdrängten Brentano und schmeichelten ihm wahrhaft huldigend. Es war sein größter Triumph. Er schwamm in Wonne.«[11]

Die Philisterkritik unterscheidet sich im Prinzip nicht von der Spießbürgerschelte. »Spießbürger sein heißt ein engstirniger

Mensch sein, der sich jedem Fortschritt verschließt und veraltete Anschauungen und moralische Grundsätze hartnäckig verteidigt. Nachdem Heinrich I. (919 bis 936) viele Städte gegründet hatte, hießen ihre Bewohner Bürger. Sie verteidigten die Stadt mit dem Spieß, daher Spießbürger, während die Söldner Hellebarden trugen. Die Bezeichnung erhielt erst dann eine abschätzige Bedeutung, als die Kleinstädter den Fortschritt der Feuerwaffen ignorierten. Noch im 16. Jahrhundert, also zur Zeit des Niedergangs der Städte, hielten sie schwerfällig an der alten Bewaffnung fest und traten wie ihre Urgroßväter mit Spießen aus den Wällen zur Verteidigung ihrer Stadt auf, so daß sie an ihrer Niederlage selbst schuld waren, weil sie nie einen Blick über die Mauern ihrer Stadt hinausgetan, sich in ihrer Beschränktheit wohlgefühlt und die moderne Entwicklung nicht kennengelernt hatten. Als Spottname und Schelte für rückständige Menschen, besonders auf geistigem Gebiet, wurde der Begriff Spießbürger zuerst von den Studenten gebraucht, die sich dagegen weltoffen und überlegen dünkten.«[12]
Die Philister, die im Alten Testament – besonders im 13. Kapitel des Buches der Richter – als ein fast übermächtiges Volk und als gefährliche Feinde Israels auftreten – bis David schließlich das auserwählte Volk befreit –, werden in theologischen Kampfschriften des 17. Jahrhunderts kurzerhand als »Gegner von Gottes Wort«[13] bezeichnet. Wenn sich dann Theologiestudenten »als Gottes auserwählte Schar empfanden, so fiel der Scheltname ›Philister‹ ihren geborenen Feinden, den Stadtsoldaten zu«,[14] und der Philisterbegriff begann mit der Bedeutung des Spießbürgerbegriffs zu verschmelzen. Seit 1689 ist deren identischer Gebrauch belegt.[15] In Hazards Lebensgeschichte (1706) wird beispielsweise geklagt, »daß es unter den Herren Studenten so viele Burschen gibt, die einen Philister – so nennen sie uns Bürger – wie einen Floh achten.«[16] In der Folgezeit bleibt die Philister-Vokabel im akademischen Bereich lebendig und erfährt in der Zeit des Sturm und Drang, nämlich in Goethes »Leiden des jungen Werthers« (1774) eine entscheidende Weiterung, indem sie das personifizierte Mißlingen von Kunst und Liebe bedeutet.[17] Aber erst in der Zeit der Romantik schwillt die Philisterkritik zu einem breiten Strom an, bis sie sich am Ende des 19. bzw. am Anfang des 20. Jahrhunderts ver-

läuft. Der anschaulichere Begriff des Spießbürgers bzw. der des Spießers überlebt den etwas spröde klingenden und der Bildungswelt verhafteten Philisterbegriff.

Der Philister wurde jedoch nicht nur von Dichtern, sondern auch von Philosophen geschmäht. Marx, Kierkegaard, Schopenhauer und Nietzsche sind mit entsprechenden Passagen in diesem Lesebuch vertreten, und es ist interessant zu sehen, daß der Philisterbegriff mit höchst unterschiedlichen Inhalten gefüllt worden ist. Während der Philister in der Romantik von seiner Substanz her relativ einheitlich bestimmt worden war, wurde der Begriff in der Folgezeit strapaziert, indem er Positionen, die sich nicht mehr auf einen gemeinsamen Nenner bringen lassen, geltend machen mußte und darüber seine Aussagekraft allmählich einbüßte.

Karl Marx begreift z. B. die damalige Monarchie als eine »entmenschte Welt« und definiert sie als die Welt des Philisters. Zu dieser »politischen Tierwelt« zählen nicht nur die fügsamen Untertanen, sondern auch der staatserhaltende Machtapparat und sogar der König selbst. Der Begriff ist dermaßen umfassend und überfrachtet, daß er politisch kaum noch handhabbar ist. In seiner Abstraktheit ermöglicht er allerdings allgemeine Klagen, und der »frühe Marx« hat denn auch mit seinem Philister-Brief an Arnold Ruge nichts anderes als eine »Elegie« bzw. einen »Grabgesang« verfaßt. So jedenfalls bezeichnet er seine Auslassungen. Während also Marx bei seinem Philister den rechten Sinn für notwendige politische Veränderungen vermißt, lastet Sören Kierkegaard seinem Philister bzw. Spießbürger ein verstaubtes Verhältnis zur Religion und zum Glauben an. Die Spannweite seines Spießbürger-Begriffs ist ebenso groß wie bei Marx: Sie reicht vom »Bierzapfer bis zum Staatsminister«. Spießbürgerlichkeit bedeutet ihm mangelnde Glaubensintensität, und sie ist ihm »der Sklave der Geistlosigkeit und das Erbärmlichste von allem«.[18] Dagegen muß Schopenhauers Philister weder für eine politische noch für eine religiöse Misere herhalten, sondern soll all jene durch seine Fratze belehren, die Schopenhauers lebensverneinender Philosophie nicht folgen wollen und daran festhalten, daß »sinnliche Genüsse« durchaus eine »Realität« sind, obwohl nach Schopenhauer allein der geistigen Dimension »Realität« zukommt. Friedrich Nietzsche wiederum, der sich als einzigartiger Kulturheros versteht, sieht in dem Heer der Gebildeten und Gelehrten einen eingebildeten Haufen, der aus allem möglichen, nur nicht aus »Kulturmenschen« besteht. Statt sich an dionysisch-wildem Schaffen zu erfreuen, genießen sie eine widerliche Behaglichkeit. So sind die Bildungsphilister in Nietzsches Augen die verachtenswertesten und kümmerlichsten Gestalten und stellen als Inbegriff des herrschenden Kulturbetriebs das massenhaft verbreitete Gegenstück zu seinem Entwurf des »Übermenschen« dar, der eine heroische und statuslose Totalität verspricht, die in Wirklichkeit jedoch nichts anderes als eine trotzig-triumphierende Geste ist. Die soziologische Unbestimmtheit des Philisterbegriffs lebt in dem Spießerbegriff fort. Ab der Mitte des 19. Jahrhunderts kommt allerdings eine neue brandmarkende Bezeichnung in die insgesamt sehr unterhaltsame Debatte über die Kleingeisterei und Borniertheit der jeweils anderen hinzu, nämlich der Begriff des »Kleinbürgers«. Als politisch aktive Klasse geriet das Kleinbürgertum erstmals in der Französischen Revolution ins Blickfeld, aber es entpuppte sich keineswegs als eine stets revolutionäre Kraft, sondern suchte zunehmend dem jeweiligen status quo seinen Vorteil abzugewinnen. Damit wurde der Kleinbürger aus sozialistischer Sicht zum Ärgernis und zog im Extremfall wahre Haßtiraden auf sich. Vernichtungswünsche wurden nicht zuletzt dadurch beflügelt, daß die Klasse der Kleinbürger der Theorie nach ohnehin zwischen Proletariat und Großkapital zerrieben werden würde. Das Kaufhaus würde den Einzelhandel und die Fabrik den Kleinbetrieb zerstören, so daß die Proletarisierung unaufhaltsam fortschreiten und das übrigbleibende Standesbewußtsein der Angestellten und Beamten als ein haltloser Dünkel in sich zusammenfallen würde. Aber das Kleinbürgertum gehörte keineswegs zu den »notorisch niedergehenden Klassen«,[19] sondern bewies immer wieder, daß es sich notorisch behauptete und ständig an Boden gewann. Selbst in der Weltwirtschaftskrise ging es dem Mittelstand entgegen der herkömmlichen Ansicht nicht schlechter, sondern besser als der Arbeiterschaft und der Großindustrie.[20] Die verbale Dramatik ist allerdings ungleich größer, wenn eine »Existenz zusammenbricht«, als wenn jemand »arbeitslos« wird oder ein Industriebetrieb »schließt«. (So hat sich hier inzwischen eine »Soziologie der Panik« als ein ergiebiges Arbeitsfeld herausgebildet.[21])

Die Idee des notwendigen und moralisch sowieso verdienten Untergangs des Kleinbürgertums trieb Maxim Gorki zu wütenden Attacken,[22] die nichts als Abscheu ausdrücken; geradezu fassungslos geißelte er dessen Fehler und Schwächen. Aber im Grunde schwingen diese Gefühle auch bei denjenigen Autoren mit, die gefaßter auf die augenscheinlichen Revolutionsverderber reagieren und auf Überzeugungsarbeit und Belehrung nicht verzichten wollen. Einerseits sollte das Kleinbürgertum als potentieller Bündnispartner nicht verprellt, andererseits mußte ihm sein Hang zum Opportunismus und zur Korruptheit klargemacht werden. Insgesamt gesehen glückte dieser politisch-pädagogische Balanceakt nicht. Zumindest führte die Diagnose, die dem Kleinbürgertum in der Zeit des aufkommenden Faschismus von seiten zahlreicher sozialistischer Schriftsteller gegeben wurde, nicht zu einer Verstärkung antifaschistischer Einstellungen, da die Kleinbürger letztlich doch nur vor den Kopf gestoßen wurden. Zum Beispiel kommen in Bertolt Brechts Szenenfolge »Furcht und Elend des Dritten Reiches« die Kleinbürger ausschließlich in schmählichen Rollen vor, während allein die Arbeiter Humanität bewahren. So steht der soziologisch unbestimmte Philister- bzw. Spießerbegriff neben einem Kleinbürgerbegriff, der nun seinerseits an soziologischer Überbestimmtheit krankt, weil das Bewußtsein des Kleinbürgers als eine pure Funktion seines sozialen Status begriffen und aus vermeintlich didaktischen Gründen ein simpler Determinismus in diesem Verhältnis angesetzt wurde. Die politische Kritik am Kleinbürgertum wurde auf diese Weise tendentiell ebenso willkürlich wie die ästhetische Kritik am Philistertum. Gleichwohl ist die Schmähkraft des Kleinbürgerbegriffs nicht gebrochen; in bestimmten Situationen taugt er immer noch als Schimpfwort. Dem französischen KP-Vorsitzenden Georges Marchais genügte angesichts demonstrierender Atomkraftgegner die denkbar knappe und abschätzige Bemerkung: »Kleinbürger!«[23]

Während der Kleinbürger primär von seiner sozialen Position, der Philister und der Spießer von ihrer mentalen Veranlagung her definiert werden, gibt es auch eine geographisch bzw. demographisch orientierte Typisierung, den sogenannten Provinzler. Die kulturelle Rückständigkeit der Kleinstädter ist – seit August von Kotzebue sich 1803 über Krähwinkel ausgelassen hat[24] – ein beliebter Gegenstand in der Literatur geworden,

zumal er nicht nur den Großstädtern das Lachen erlaubte. In dem Spießer-Abschnitt dieses Lesebuchs sind zwei Textblöcke enthalten, die vorrangig das Provinz- und Kleinstadtproblem aufgreifen. Einzigartig ist dabei der Text von Bogumil Goltz, weil er im Gegensatz zu allen anderen Philister-, Spießer- und Kleinbürger-Texten keinerlei Distanzierung von seinem Gegenstand erwirken will. Goltz verrät seinen »Kleinstädter in Ägypten« nicht, er diagnostiziert ihn nicht, er spricht nicht *über* ihn und gibt ihn nicht der Lächerlichkeit preis, sondern beschreibt höchst selbstbewußt seine eigene Afrika-Reise. Allerdings: Sie wirkt um so komischer!
Die zumeist seichte Belustigung, die die literarischen Figuren des Provinzlers und des Kleinstädters im 19. und 20. Jahrhundert denjenigen ermöglichte, die sich urban und stets auf dem laufenden wähnten, geht neuerdings in dem Maß zurück, wie die modernen Medien die regionale Verspätung der Wahrnehmung verschiedenster Kulturereignisse und Verhaltensnormen verhindern. Es kommt hinzu, daß seit den 70er Jahren dem üblichen Spott über alles Provinzielle das Wasser weitgehend abgegraben wurde, weil die vielfältig geführte politische Debatte über Dezentralisierungsvorteile einen anderen Ton ins Spiel gebracht hat. Die Ablehnung von zentralisierten Machtstrukturen wurde in bestimmten Teilen des linken politischen Spektrums zu einem neuen Kriterium für Fortschrittlichkeit. So wandelte sich das bislang negative Vorzeichen zusehends in ein positives. Inzwischen wird weniger vom »Provinzialismus« als vom »Regionalismus« geredet. Die Politisierung ganzer Landstriche – etwa in Wyhl oder Gorleben – wie auch die Bildung von Wohngemeinschaften bzw. Landkommunen werden zu diesem Umwertungsprozeß beigetragen haben und sind zugleich dessen Ausdruck.
Die beiden anderen Textblöcke des Spießer-Abschnitts gelten dem ureigensten Gebiet der Spießer-Satire, nämlich dem Erwerbs- und Familienleben, das von Karriere- und Konkurrenzdenken und von Ehe- und Erziehungsproblemen geprägt ist. Dabei geht es dem Spießer im wesentlichen um den mehr oder minder besessenen Versuch, sich in Normalität einzubetten, denn nur die Gewißheit, normal zu empfinden und normal zu handeln, verschafft ihm im öffentlichen wie im privaten Leben hinlängliche Verhaltenssicherheit. Normalität scheint das Mit-

tel zu sein, durch das Selbstwertgefühle und soziale Anerkennung gleichsam gepachtet werden können. Zugleich aber vermag diese Normalität eine ungeahnte Dämonie zu entfalten. Normalität ermöglicht nicht nur, die »Wonnen der Gewöhnlichkeit« zu genießen, sondern kann sich als eine tödliche Leere, als eine unerträgliche Marter erweisen. Fritz Zorn hat das – im letzten Text des Spießer-Abschnitts – eindringlich beschrieben. Schon die Gestehungskosten der zu erwirkenden Normalität können über die Kräfte gehen und statt Selbstsicherheit den Zusammenbruch herbeiführen. Ebenso bitter ist es, wenn in den verschiedensten Formierungs- und Erziehungsprozessen ein hochgradiges Anpassungsverhalten als Tribut gezollt wird, diese Investition sich später aber nicht auszahlt, sondern sich als eine Fehlkalkulation herausstellt. Analog dazu wird in Bertolt Brechts Ballett »Die sieben Todsünden der Kleinbürger« das erreichte Lebensziel, nämlich das »kleine Haus am Mississippi«, im Schatten der erbrachten Opfer stehen und keineswegs ein glückliches Ende verheißen. Gerade das »verdiente« Idyll hat die häßliche Eigenschaft, sich gern in eine Stätte der Qual zu verwandeln.

Berlin 1985 GERD STEIN

Philister

Das blinzelnde Behagen: Stubenhocker, Banausen und Biedermänner

JOHANN WOLFGANG VON GOETHE

Teilet Eure Stunden ein

Mich vergnügte der Anblick: ich setzte mich auf einen Pflug, der gegenüber stand, und zeichnete die brüderliche Stellung mit vielem Ergetzen. Ich fügte den nächsten Zaun, ein Scheunentor und einige gebrochene Wagenräder bei, alles, wie es hinter einander stand, und fand nach Verlauf einer Stunde, daß ich eine wohlgeordnete, sehr interessante Zeichnung verfertiget hatte, ohne das mindeste von dem Meinen hinzuzutun. Das bestärkte mich in meinem Vorsatze, mich künftig allein an die Natur zu halten. Sie allein ist unendlich reich, und sie allein bildet den großen Künstler. Man kann zum Vorteile der Regeln viel sagen, ungefähr was man zum Lobe der bürgerlichen Gesellschaft sagen kann. Ein Mensch, der sich nach ihnen bildet, wird nie etwas Abgeschmacktes und Schlechtes hervorbringen, wie einer, der sich durch Gesetze und Wohlstand modeln läßt, nie ein unerträglicher Nachbar, nie ein merkwürdiger Bösewicht werden kann; dagegen wird aber auch alle Regel, man rede was man wolle, das wahre Gefühl von Natur und den wahren Ausdruck derselben zerstören! Sag' du: ›Das ist zu hart! sie schränkt nur ein, beschneidet die geilen Reben‹ etc. – Guter Freund, soll ich dir ein Gleichnis geben? Es ist damit wie mit der Liebe. Ein junges Herz hängt ganz an einem Mädchen, bringt alle Stunden seines Tages bei ihr zu, verschwendet alle seine Kräfte, all sein Vermögen, um ihr jeden Augenblick auszudrücken, daß er sich ganz ihr hingibt. Und da käme ein Philister, ein Mann, der in einem öffentlichen Amte steht, und sagte zu ihm: ›Feiner junger Herr! Lieben ist menschlich, nur müßt Ihr menschlich lieben! Teilet Eure Stunden ein, die einen zur Arbeit, und die Erholungsstunden widmet Eurem Mädchen. Berechnet Euer Vermögen, und was Euch von Eurer Notdurft übrig bleibt, davon verwehr' ich Euch nicht, ihr ein Geschenk, nur nicht zu oft, zu machen, etwa zu ihrem Geburts- und Namenstage‹ etc. – Folgt der Mensch, so gibt's einen brauchbaren jungen Menschen, und ich will selbst jedem Fürsten raten, ihn in ein Kollegium zu setzen; nur mit seiner Liebe ist's am Ende und, wenn er ein

Künstler ist, mit seiner Kunst. O meine Freunde! warum der Strom des Genies so selten ausbricht, so selten in hohen Fluten hereinbraust und eure staunende Seele erschüttert? – Liebe Freunde, da wohnen die gelassenen Herren auf beiden Seiten des Ufers, denen ihre Gartenhäuschen, Tulpenbeete und Krautfelder zugrunde gehen würden, die daher in Zeiten mit Dämmen und Ableiten der künftig drohenden Gefahr abzuwehren wissen.

(1774)

NOVALIS

Philister leben nur ein Alltagsleben

Unser Alltagsleben besteht aus lauter erhaltenden, immer wiederkehrenden Verrichtungen. Dieser Zirkel von Gewohnheiten ist nur Mittel zu einem Hauptmittel, unserm irdischen Dasein überhaupt, das aus mannigfaltigen Arten zu existieren gemischt ist.

Philister leben nur ein Alltagsleben. Das Hauptmittel scheint ihr einziger Zweck zu sein. Sie tun das alles, um des irdischen Lebens willen; wie es scheint und nach ihren eignen Äußerungen scheinen muß. Poesie mischen sie nur zur Notdurft unter, weil sie nun einmal an eine gewisse Unterbrechung ihres täglichen Laufs gewöhnt sind. In der Regel erfolgt diese Unterbrechung alle sieben Tage, und könnte ein poetisches Septanfieber heißen. Sonntags ruht die Arbeit, sie leben ein bißchen besser als gewöhnlich und dieser Sonntagsrausch endigt sich mit einem etwas tiefern Schlafe als sonst; daher auch Montags alles noch einen raschern Gang hat. Ihre parties de plaisir[1] müssen konventionell, gewöhnlich, modisch sein, aber auch ihr Vergnügen verarbeiten sie, wie alles, mühsam und förmlich.

Den höchsten Grad seines poetischen Daseins erreicht der Philister bei einer Reise, Hochzeit, Kindtaufe, und in der Kirche. Hier werden seine kühnsten Wünsche befriedigt, und oft übertroffen.

Ihre sogenannte Religion wirkt bloß wie ein Opiat: reizend, betäubend, Schmerzen aus Schwäche stillend. Ihre Früh- und Abendgebete sind ihnen, wie Frühstück und Abendbrot, notwendig. Sie könnens nicht mehr lassen. Der derbe Philister stellt sich die Freuden des Himmels unter dem Bilde einer Kirmes, einer Hochzeit, einer Reise oder eines Balls vor: der sublimierte[2] macht aus dem Himmel eine prächtige Kirche mit schöner Musik, vielem Gepränge, mit Stühlen für das gemeine Volk parterre, und Kapellen und Emporkirchen für die Vornehmern.

Die schlechtesten unter ihnen sind die revolutionären Philister,

wozu auch der Hefen der fortgehenden Köpfe, die habsüchtige Rasse gehört.
Grober Eigennutz ist das notwendige Resultat armseliger Beschränktheit. Die gegenwärtige Sensation ist die lebhafteste, die höchste eines Jämmerlings. Über diese kennt er nichts Höheres. Kein Wunder, daß der durch die äußern Verhältnisse par force[3] dressierte Verstand nur der listige Sklav eines solchen stumpfen Herrn ist, und nur für dessen Lüste sinnt und sorgt.

(1798)

ACHIM VON ARNIM

Die Idee einer deutschen Freßgesellschaft

Aus einem Brief an die Brüder Grimm

Ich bin damit beschäftigt, eine deutsche Freßgesellschaft zum 18. Januar, welches der Krönungstag unser Monarchie ist, zu errichten, Ihr sollt Ehrenmitglieder werden, insofern sich Dein Appetit, Wilhelm, noch erhält; sie hat große Zwecke, Adam Müller[1] ist Mitunternehmer, ich bin Gesetzgeber. Das weiseste der Gesetze bestimmt, daß jeder lederne Philister ausgeschlossen; wer von Zehnen mit ihrer Namensunterschrift dafür erkannt ist, wird ausgeschlossen.

(1811)

Honoré Daumier: Der Leckerbissen (1836)

Vorschlag zu einer deutschen Tischgesellschaft

Es wird mit dem Anfange des Jahres 1811, eine, so Gott will, fröhliche deutsche Tischgesellschaft alle vierzehn Tage Dienstags zum Mittagessen zusammenkommen; der Ort (beim Wirthe des Casino) soll der Zahl dieser Gesellschaft angemessen ausgewählt werden, der Preis des Mittagessens ist auf einen Thaler festgesetzt.

Den 18. Januar am Krönungstage ist die erste Versammlung dieser Gesellschaft angeordnet, dieser Stiftungstag soll alljährlich wiedergefeiert werden.

Niemand ist verpflichtet an jedem Versammlungstage zu erscheinen, als der *Sprecher*, oder einer der Gesellschaft, dem er sein Geschäft übertragen hat, welches darin besteht, die Ordnung der Tafel, das Verhältniß zum Gastwirth und das Gastbuch zu halten.

Die Umfrage, wer jedesmal erscheinen wird, geschieht einige

Wilhelm Busch:
Und jedesmal spricht Knopp vergnüglich:
»Der Pfannekuchen ist vorzüglich!« (1875)

Tage vor jeder Versammlung, der Diener erhält dafür von jedem Mitgliede jedesmal einen Groschen.
Jedes Mitglied ist befugt Fremde mitzubringen, doch muß dem Gastwirthe davon Nachricht gegeben werden.
Bei künftig aufzunehmenden Mitgliedern findet kein Ballotieren[1] statt, weil es die Ehre des Einzelnen bei einem Vergnügen aufs Spiel setzt; wer von zehn Mitgliedern als der Gesellschaft wohlanständig und angemessen eingeführt wird, ist dadurch ordentliches Mitglied.
Die Gesellschaft versteht unter dieser Wohlanständigkeit, daß es ein Mann von Ehre und guten Sitten und in christlicher Religion geboren sei, unter dieser Angemessenheit, daß es kein lederner Philister sei, als welche auf ewige Zeiten daraus verbannt sind. Jedes Mitglied ist zu jeder Zeit berechtigt, ohne Angabe der Gründe aus der Gesellschaft zu treten. Die Erklärung von zehn Mitgliedern mit ihres Namens Unterschrift, daß jemand ein Philister geworden, bestimmt dessen Trennung von der Gesellschaft, was nimmermehr hoffentlich der Fall sein wird.
Gesang ist willkommen, Frauen können nicht zugelassen werden.

(1811)

CLEMENS BRENTANO

Philisterabhandlung

Vorgetragen in der Christlich-deutschen Tischgesellschaft

Die Juden, als von welchen noch viele Exemplare in persona vorrätig, die von jeder ihren zwölf Stämmen für die Kreuzigung des Herrn anhängenden Schmach Zeugnis geben können, will ich gar nicht berühren, da jeder, der sich ein Kabinett zu sammeln begierig, nicht weit nach ihnen zu botanisieren braucht; er kann diese von den ägyptischen Plagen übriggebliebenen Fliegen in seiner Kammer mit alten Kleidern, an seinem Teetische mit Theaterzetteln und ästhetischem Geschwätz, auf der Börse mit Pfandbriefen und überall mit Ekel und Humanität und Aufklärung, Hasenpelzen und Weißfischen genugsam einfangen. Nützlicher und ergötzlicher wende ich mich zu euch, ihr Philister, die ihr nur noch als ein Kontagium[1], als lächerliche Allegorien einer Art gelben Fiebers, dessen Patienten bei vollkommener Gesundheit mausetot sind, in dem ewigen Triumphzuge des Teufels als verstockt geborne Stocknarren einherzieht. (...)
Ein Philister ist ein steifstelliger, steifleinener, oder auch lederner, scheinlebendiger Kerl, der nicht weiß, daß er gestorben ist, und ganz unnötigerweise sich länger auf der Welt aufhält; ein Philister ist ein mit allerlei lächerlichen äußerlichen Lebenszeichen behängter, umwandelnder Leichenbitterstock seines eigenen innern ewigen Todes; ein Philister ist ein Kerl, vor dem alle Spiegel, und so auch die Schöpfung, Gottes Spiegel, blind sind von Ewigkeit; ein Philister ist der ausgeborne Feind aller Idee, aller Begeisterung, alles Genies und aller freien göttlichen Schöpfung; er ist die komische Karikatursilhouette des Teufels, welche er, vom Himmel niederstürzend, gegen die Sonnenseite des Lebens geworfen, wo sie, in tausend Zerrbildern zerbrochen, scheinbar unschuldig und scherzhaft herumgaukelt, aber jeden, der nicht, aus ewigen Quellen berauscht, in ihrem Schatten entschlummert, vergiftet, und zwar zu ewiger Nüchternheit. (...)
Auch hat eine Zwiebel wirklich etwas von einem Philister, als

welche, gleich ihnen, aus unzählig übereinander gezogenen Häuten bestehen, in denen sich nichts weiter befindet; und wenn ich bedenke, daß ein Philister sehr gern, erstens, eine Jacke auf bloßem Leib, dann eine rote Bauchbinde, Unterhosen, dann Unterhemd, weiter Unterweste, dann Oberhemd, Hosen, Weste, Überhosen (worunter drei Paar Strümpfe), Rock, Überrock, Wildschur[2], Pelzstiefel, baumwollne Mütze, Perücke, Lederkäppchen, Pudelmütze, Fußsack, und sodann um alles noch eine Portechaise[3], Kutsche oder Diligence[4], wenn's hineingeht, und endlich die ganze Natur, die ihm ein Futteral scheint, und ganz zuletzt seine dicke, undurchdringliche, steifleinene, lederne oder wachsleinene Ansicht, worauf ein Wetterableiter, auf dem Leibe trägt: wenn ich dies bedenke, so halte ich einen Philister für ein in krankhafter, abnormer Hauterzeugung ertapptes Zwiebelnaturspiel. (...)
Der Name Philister ist für die jetzigen Philister, die ein transzendentaler Teeaufguß, ein übersinnliches Kofentbier[5], ein fader, idealer Nachgeschmack der alten, von der Geschichte längst verdauten Philister sind, ursprünglich von den hohen Schulen ausgegangen, wo die Jugend, dieser begeisterte, hochzeitstrunkene Löwenzerreißer, den Honig der Weisheit in dem Rachen des besiegten Tieres findet, wo die Jugend, dieser sich ewig erneuernde Simson, freudig, im Vertrauen auf göttliche Sterne, das planvolle Segel eines leichten Kahns, weltensuchend, den treibenden Winden des Himmels übergibt und, rasch auf dem Flügel der Begeisterung über den Meerspiegel des Gottes hinfliehend, häufig die bedächtige, breite Treckschuite[6] der Philister in Grund segelt, welche, mit guten Pässen versehen, kannengießend[7] unter dem Verdecke, auf ihrer Reise vom Buttermarkt nach dem Käsemarkt begriffen sind. Philister also wurden alle genannt, die keine Studenten waren, und nehmen wir das Wort Student im weitern Sinne eines Studierenden, eines Erkenntnisbegierigen, eines Menschen, der das Haus seines Lebens noch nicht wie eine Schnecke, welche die wahren Hausphilister sind, zugeklebt, eines Menschen, der in der Erforschung des Ewigen, der Wissenschaft oder Gottes, begriffen, der alle Strahlen des Lichtes in seiner Seele freudig spiegeln läßt, eines Anbetenden der Idee, so stehen die Philister ihm gegenüber, und alle sind Philister, welche keine Studenten in diesem weitern Sinne des Wortes sind.

Eine vollkommene endliche Physiologie und Zoologie der Philister zu geben aber ist nicht in dem Raum einer Dissertation, und ich liefere hier nur eine Reihe von Symptomen des Philistertums, als einen Beitrag zur Wissenschaft, nach welchen jeder in seinem oder anderer Garten botanisieren kann; er mag die Exemplare ausrupfen und, zwischen Fließpapier getrocknet, der Gesellschaft zur Ergötzung vorlegen, so wird das Unkraut vertilgt, dem Acker geholfen und der Wissenschaft unter die Arme gegriffen.

Schilderung eines Musterphilisters, welcher sich zuletzt in eine ganze Musterkarte von Philistereien aufrollt

Wenn der Philister morgens aus seinem traumlosen Schlafe, wie ein ertrunkener Leichnam, aus dem Wasser herauftaucht, so probiert er sachte mit seinen Gliedmaßen herum, ob sie auch noch alle zugegen; hierauf bleibt er ruhig liegen, und dem anpochenden Bringer des Wochenblatts ruft er zu, er solle es in der Küche abgeben, denn er liege jetzt im ersten Schweiß und könne, ohne ein Wagehals zu sein, nicht aufstehn; sodann denkt er daran, der Welt nützlich zu sein, und weil er fest überzeugt ist, daß der nüchterne Speichel etwas sehr Heilkräftiges sei, so bestreicht er sich die Augen damit, oder der Frau Philisterin, oder seinen kleinen Philistern, oder seinem wachsamen Hund, oder niemand. Seine weiße baumwollne Schlafmütze, zu welchen diese Ungeheuer große Liebe tragen, sitzt unverrückt, denn ein Philister rührt sich nicht im Schlaf. Wenn er aufgestanden, so wechselt er das Hemd, wenn er es tut, so, daß er das erste ganz auszieht, ehe er das andere anzieht, und ist imstand, seine Flanelljacke gelinde mit seinem linken wollnen Strumpfe zu reiben, damit sie keinen Rheumatismus bekomme, auf die Haut selbst kommt er sich nie; sodann geht es an ein gewaltiges Zungenschaben und Ohrenbohren, an ein Räuspern und Spukken, entsetzliches Gurgeln und irgendeine absonderliche Art, sich zu waschen, nach einer fixen Idee, kalt oder warm sei gesund; sodann kaut er einige Wacholderbeeren, während er an das gelbe Fieber denkt; oder er hält seinen Kindern eine Abhandlung vom Gebet und sagt, wenn er sie zur Schule geschickt,

George Grosz: aus dem »Spießer-Spiegel« (1925)

zu seiner Frau: »Man muß den äußern Schein beobachten, das erhält einem den Kredit, sie werden früh genug den Aberglauben einsehen.« Sodann raucht er Tabak, wozu er die höchste Leidenschaft hat, oder welches er übertrieben affektiert haßt; im ganzen ist der Rauchtabak den Philistern unendlich lieb, sie sagen sehr gern, er halte ihnen den Leib gelinde offen, und sie könnten bei dem Zug der Rauchwolken Betrachtungen über die Vergänglichkeit anstellen; so hängt die Pfeife eng mit ihrer

Philosophie zusammen; auch besitzt er gewiß irgendein Tabaksgedicht oder hat selbst eins gemacht. Übrigens wenn gleich mancher Tabak raucht, ohne darum ein Philister zu sein, so kann man es doch nur in einer Zeit gelernt haben, in der man ideenlos, verkehrt und ein Philister gewesen, und die lebendigsten, tüchtigsten, reinsten und seelenvollsten Menschen, die ich gekannt, waren nie auf den Tabak gekommen. Zweifelsohne zieht der Philister nun auch alle Uhren des Hauses auf und schreibt den Datum mit Kreide über die Türe; trinkt er Kaffee, so spricht er von den Engländern, nennt den Kaffee auch wohl die schwarze afrikanische Brühe; sehr kränkend würde es ihm sein, wenn die Frau ihm nicht ein halbdutzendmal sagte: »Trinke doch, er ist so schöne warm, trinke doch, eh' er kalt wird ec.«; wenn er ihm aber nicht warm gebracht wurde, wehe dann der armen Frau! Seine Kaffeekanne ist von Bunzlauer Steingut, und ist er ein langsamer Trinker, so hat sie ein ordentliches Kaffeemäntelchen um, wie ein anderer Philister auch, denen diese braunen Kannen überhaupt sehr ähnlich sehen. Wenn er zu seinen Geschäften ausgeht, zieht er Schmierstiefeln an, wozu er eine große Leidenschaft hat, oft auch Spornen, ohne je zu reiten; Wichsstiefeln spiegeln, und ein Spiegel ist schon etwas Transzendentales. Hat er sich in alle seine Futterale gesteckt und ist etwa ein Friedensrichter, so geht er in den Rat, und es kommt etwa Herr Schneidermeister Schatte vor und klagt vor ihm: Sir John Falstaff habe ihn Er genannt; so wird lange überlegt, wen man Er nennen könne, und da Herr Stille, der Beisitzer, endlich aufstellt, man könne nur niedere Diener, die man besolde, Er nennen, so platzt der Friedensrichter Schaal heraus: »Ich nenne überhaupt alle Bedienten Er, außer dem Minister seine!« usf. – Doch ich will ihn seinen übrigen Tageslauf ad libitum[8] beschließen lassen und nur von seinem Bräutigamsstand erzählen.

Er lebt in Wetzlar[9] (sie halten sich gern dort auf), er lernt seine Braut aus einem Prozeß kennen, er schickt einen alten Prokurator zu ihr, für ihn zu freien; sagt sie Ja, so solle er ihm den siebenunddreißigsten Band von Kramers »Wetzlarischen Nebenstunden«[10] senden, weil sie siebenunddreißig Jahre alt ist; sagt sie Nein, so solle er ihm Höns[11] Betrugslexikon senden – Viktoria! die »Nebenstunden« erschienen; nun liest er einige Kapitel in Sarassas[12] »Kunst, immer fröhlich zu sein«, um sich Légèretè[13] und Mut zu gewinnen; sodann liest er in Lunkenbeins französischer Grammatik[14] einige Anekdoten, die er beim Hochzeitsmahl erzählt. Da er endlich mit seiner Liebsten das Bett geteilt und sie kaum entschlummert waren, nieste dieselbe, und Schaal richtete sich sitzend auf, ergriff mit beiden Händen seine hohe weiße, steife Hochzeitsmütze, hob sie vom Haupt und sprach: »Zu Dero Wohlsein«; sie nieste abermals, er wünschte von neuem; das Niesen und Wünschen hörte auch nicht auf, bis man morgens entdeckte, daß scherzhafte Freunde ihnen Nieswurz ins Bett gestreut, um ihnen die eheliche Nutznießung zu erhöhen.

Als sich bei seiner Liebsten bald hernach einige Knopfmacher einsiedelten (so nennt man in Wetzlar die Cicisbeen[15]), so hatte er nichts dagegen, weil sie Tabak mit ihm rauchten und sein Partiechen mit ihm machten, wovon alle Philister große Liebhaber sind.

Bei den unbedeutendsten Gesprächen macht er Gesichter von größter Bedeutung (...)

Hat ein lebendiger, begeisterter Mensch das Unglück, mit ihm in ein Gespräch zu kommen, so horcht er ihn ruhig aus und antwortet gern: »Ei, ei, was Sie sagen! Das gestehe ich; es wird wohl so arg nicht sein.« Er sammelt Zeitungen, Wochenblätter und Komödienzettel, weiß immer, wer predigt, geht aber nur des Kredits halber in die Kirche, wo er schläft, woran er wohl tut, denn der Prediger ist auch ein Philister. Er ist einer von den Knopfmachern seiner Liebsten und heißt Kniebeln. Wenn diese Gesellschaft zusammen ist, wozu noch ein Offizier von der Landmiliz, mit Namen Schlacks, und ein Kandidat der Philologie, namens Fackel, alle drei Knopfmacher, gehören, so kommen die schönsten Philistereien aufs Tapet. Sie sind alle einerlei Meinung, doch schreien sie gewaltig. Ich will ihre Eigenschaften und Meinungen gedrängt durcheinander anführen, denn sie sind all ein Teufel und lauter

Philistersymptome

Sie nennen die Natur, was in ihren Gesichtskreis oder vielmehr in ihr Gesichtsviereck fällt, denn sie begreifen nur viereckichte Sachen, alles andere ist widernatürlich und Schwärmerei. Sie

begreifen das Abendmahl nicht und halten viel auf Brotstudien. Eine schöne Gegend, sagen sie, lauter Chaussee! Voltaire ist ihnen lieber als Shakespeare, Wieland als Goethe, Ramler als Klopstock, Voß der allerliebste; und wir verdanken ihren Bitten an diesen Dichter, daß er in der Verbesserung seiner »Luise« statt Buchöl Provinzöl an den Salat tut [16] und im Wald, wo der Kaffee gekocht wird, eine Quelle zugedichtet, statt, wie sonst, das Wasser mitzuschleppen. Ihre Ästhetik ist Erdmann Uhsens [17] Definition von der Poesie: »Was ist die deutsche Poesie? Die deutsche Poesie ist eine Geschicklichkeit, seine Gedanken über eine gewisse Sache zierlich, doch dabei klug und deutlich in abgemessenen Worten und Reimen vorzubringen.« Einer unter ihnen hat, als er sich eine Bettstelle von Mahagoni machen ließ, gleich eine zweite dazu machen lassen, damit, wenn er etwa einmal heirate, sie gleich braun seien. Sie freuen sich, daß heutzutage doch ein honetter [18] Mann Schauspieler werden könne, weil kein Hanswurst mehr auf der Bühne sei, ein Hofrat sei doch noch honett zu spielen. Sie wünschen den Schauspielern Glück, daß sie in gute Gesellschaft kommen können, das heißt, daß sie zu ihnen kommen können, um ebenso große Philister zu sein.
Sie glauben, mit der Welt sei es eigentlich aus, weil es mit ihnen nie angegangen. Sie halten sich für etwas Apartes und können die Augenbrauen bis unter die Haare ziehen. Sie belächeln alles von oben herab, halten allen Scherz für Dummheit, bedauren, daß wir keine römischen Klassiker sind, und gratulieren sich einander, in einer Zeit geboren zu sein, worin so vortreffliche Leute wie sie leben (...)
Sie lesen sich gegenseitig langweilige Abhandlungen vor, schleppen sich mit platten Satiren und Epigrammen; maulvolle, rumpelnde Brocken, welche hinunterzuwürgen ihrer Seele blitzblau die Augen vor den Kopf treten, sind ihnen erhaben. Sie rezensieren Dinge, die sie nicht verstehn, und treiben ihren Spott mit den Notformeln der Philosophen, oder sind auch imstande, selbst sich ganz lächerlich in philosophischen Reden in die Höhe zu steifen, so daß ihre Seele hoffärtig auf andre schuldlose Naturen herabsieht, wie ein gefrorner Schlafrock, der, zum Trocknen im Winter aufgehängt, die kleinen Vögel verscheucht, die die Körner im Schnee des Gartens suchen. Wenn sie sich schneuzen, trompeten sie ungemein mit der Nase.

Alle Begeisterten nennen sie verrückte Schwärmer, alle Märtyrer Narren, und können nicht begreifen, warum der Herr für unsre Sünden gestorben und nicht lieber zu Apolda eine kleine nützliche Mützenfabrik angelegt. Nie hat sie der Regen ohne Regenschirm getroffen. Sagen sie »Guten Abend, guten Morgen, guten Tag! Wie geht's, was macht die Frau Liebste?« so denken diese Elenden nichts dabei, es fällt ihnen vom Maul, und nach Tisch wünschen sie einem, wohl gespeist zu haben, wenn man gleich gehungert hat. Sie haben alle ihre Leiber in ihrer feierlichsten Stunde der Anatomie, ihre Köpfe dem Doktor Gall[19] zur Erweiterung der Wissenschaft verschrieben und sind ungemein stolz darauf, und haben sich an diesem Tage in Kottbusser Bier übernommen.

(1811)

KORRESPONDENZ-NACHRICHTEN

Die Christlich-deutsche Tischgesellschaft

Berlin 22. Mai 1811

Das Zentrum der neuen ästhetischen Schule, welches nach und nach hier einrückte, gedenkt eine feste Position zu nehmen, indem es sich zu einer Gesellschaft, von ihr *echt-christliche* genannt, vereinte, und davon, echt-unchristlich, alle Juden, auch getaufte, und alle Philister ausschloß. Die Gesellschaft hat Gesetze, – wie philistermäßig! – kommt zu einer *bestimmten* Zeit zusammen, – wie philistermäßig! – um zu essen und zu trinken! – wie philistermäßig! – Was aber von ihr Philister genannt wird, erfährt man in einer neulich erschienenen Broschüre: *Der Philister vor, nach und in der Geschichte*.[1] Eine *scherzhafte* – muß wohl heißen *schmerzhafte* Abhandlung, denn es ist darin – um mich eines ähnlichen Stils zu befleißigen, – ein Ringen, Zwingen, Springen, Schwingen, Dringen und Schwitzen nach Witzen und Spitzen, die nicht blitzen noch ritzen, und das ewige Fechten und Fichten[2] mit Worten fachte dem Einsender während dem Lesen eine Unlust an, die durch widrige Bilder noch vermehrt wurde. Mit einem Schlunde von Spitzfindigkeiten tut der Verfasser dar, daß er durch die moderne Idee von allen Ideen gekommen ist (...) und es bleibt nur der egoistische Satz: Wer nicht ist wie wir, ist ein Philister!

(1811)

JOHANN WOLFGANG VON GOETHE

Was wir unter dem Wort Philisterei zu begreifen gewohnt sind

Er lehnt sich gegen alles auf, was wir unter dem Wort Philisterei zu begreifen gewohnt sind, gegen stockende Pedanterie, kleinstädtisches Wesen, kümmerliche äußere Sitte, beschränkte Kritik, falsche Sprödigkeit, platte Behaglichkeit, anmaßliche Würde, und wie diese Ungeister, deren Name Legion ist, nur alle zu bezeichnen sein mögen.

(1813)

JOSEPH FREIHERR VON EICHENDORFF

Krieg den Philistern!

EIN JUNGER MANN *(für sich)* Meine heutigen Geschäfte sind zur Zufriedenheit meiner Vorgesetzten abgethan, der Herr Präsident klopfte mir selbst auf die Achseln und sagte: Fahren Sie so fort, junger Mann, so werden Sie dereinst ein brauchbarer Staatsbürger. – Ich kann mich nun auch um desto angenehmer ein wenig hier ergehen und erholen. Man begegnet hier wohl manchem merkwürdigen Fremden, manchem angesehenen Mann von Einfluß, man läßt sich bescheiden in ein vernünftiges Gespräch ein und kann so, indem man sich erholt, noch nützliche Kenntnisse sammeln. Wie dank' ich doch meinem Gott, daß ich nicht geworden bin wie so viele andere meiner ehemaligen Schulkameraden! Zum Beispiel dieser da, der mitten in der guten Gesellschaft dort allein auf der Bank in einem Buche liest, der hat nun nichts als Verse im Kopfe. O, ich verschmäh' es auch nicht, nach erfüllter Berufspflicht zur Erholung manchmal einen guten klassischen Dichter zur Hand zu nehmen, oder zur Geburtsfeier oder am Hochzeitstage eines Vorgesetzten ein artiges Gelegenheitsgedicht zu verfertigen, aber – eine solide Beschäftigung, ein solides Brot! – Die Empfehlungsschreiben für mich müssen nun auch schon bei Hofrats angelangt sein. Seine Tochter ist ein äußerst gebildetes Mädchen. Ja, eine wohlüberlegte, vernünftige Partie, das soll mich bald weiter fördern. Ach, meine Amalie! Wie sie mich gestern, als ich sie mit meiner Flöte zum Flügel accompagnierte[1], zärtlich anblickte! Es ist nur schlimm, daß man beim Flöteblasen immer den Mund so gespitzt halten muß; ich wollte sie auch wieder recht zärtlich anlächeln und darüber kam ich fast aus dem Takte. – Wahrhaftig, da kommen sie eben dort die Allee herauf. Ich muß ihnen doch gleich mein Kompliment machen.

HOFRAT Sie da, unser junger Herr Referendarius.

TOCHTER Er geht ganz allein, er mischt sich nicht gern

in die rauschenden Vergnügungen der andern jungen Leute.

HOFRAT Ein solider, hoffnungsvoller Jüngling! *(Sie bekomplementieren sich und wandeln zusammen weiter.)*

(1823)

Die Trägen, die zu Hause liegen

Das Rad an meines Vaters Mühle brauste und rauschte schon wieder recht lustig, der Schnee tröpfelte emsig vom Dache, die Sperlinge zwitscherten und tummelten sich dazwischen; ich saß auf der Thürschwelle und wischte mir den Schlaf aus den Augen; mir war so recht wohl in dem warmen Sonnenscheine. Da trat der Vater aus dem Hause; er hatte schon seit Tagesanbruch in der Mühle rumort und die Schlafmütze schief auf dem Kopfe, der sagte zu mir: »Du Taugenichts! Da sonnst Du Dich schon wieder und dehnst und reckst Dir die Knochen müde und läßt mich alle Arbeit allein thun. Ich kann Dich hier nicht länger füttern. Der Frühling ist vor der Thür, geh auch einmal hinaus in die Welt und erwirb Dir selber Dein Brod.« – »Nun«, sagte ich, »wenn ich ein Taugenichts bin, so ist's gut, so will ich in die Welt gehen und mein Glück machen.« Und eigentlich war mir das recht lieb, denn es war mir kurz vorher selber eingefallen, auf Reisen zu gehen, da ich die Goldammer, welche im Herbst und Winter immer betrübt an unserm Fenster sang: »Bauer, mieth' mich, Bauer, mieth' mich!« nun in der schönen Frühlingszeit wieder ganz stolz und lustig vom Baume rufen hörte: »Bauer, behalt' deinen Dienst!« Ich ging also in das Haus hinein und holte meine Geige, die ich recht artig spielte, von der Wand, mein Vater gab mir noch einige Groschen Geld mit auf den Weg und so schlenderte ich durch das lange Dorf hinaus. Ich hatte recht meine heimliche Freude, als ich da alle meine alten Bekannten und Kameraden rechts und links, wie gestern und vorgestern und immerdar, zur Arbeit hinausziehen, graben und pflügen sah, während ich so in die freie Welt hinausstrich. Ich rief den armen Leuten nach allen Seiten recht stolz und zufrieden Adjes zu, aber es kümmerte sich eben keiner sehr darum. Mir war es wie ein ewiger Sonntag im Gemüthe. Und als ich endlich ins Feld hinauskam, da nahm ich meine liebe Geige vor und spielte und sang, auf der Landstraße fortgehend:

Wem Gott will rechte Gunst erweisen,
Den schickt er in die weite Welt,
Dem will er seine Wunder weisen
In Berg und Wald und Strom und Feld.

Die Trägen, die zu Hause liegen,
Erquicket nicht das Morgenroth,
Sie wissen nur vom Kinderwiegen,
Von Sorgen, Last und Noth und Brod.

Die Bächlein von den Bergen springen,
Die Lerchen schwirren hoch vor Lust,
Was sollt' ich nicht mit ihnen singen
Aus voller Kehl' und frischer Brust?

Den lieben Gott lass' ich nur walten;
Der Bächlein, Lerchen, Wald und Feld
Und Erd' und Himmel will erhalten,
Hat auch mein' Sach' auf's best' bestellt!

Indem, wie ich mich so umsehe, kommt ein köstlicher Reisewagen ganz nahe an mich heran; der mochte wohl schon einige Zeit hinter mir drein gefahren sein, ohne daß ich es merkte, weil mein Herz so voller Klang war, denn es ging ganz langsam, und zwei vornehme Damen steckten die Köpfe aus dem Wagen und hörten mir zu. Die eine war besonders schön und jünger als die andere, aber eigentlich gefielen sie mir alle beide. Als ich nun aufhörte zu singen, ließ die ältere still halten und redete mich holdselig an: »Ei, lustiger Gesell, Er weiß ja recht hübsche Lieder zu singen.« Ich nicht zu faul dagegen: »Ew. Gnaden aufzuwarten, wüßt' ich noch viel schönere.« Darauf fragte sie mich wieder: »Wohin wandert Er denn schon so am frühen Morgen?« Da schämte ich mich, daß ich das selber nicht wußte ...

(1826)

Carl Spitzweg: Der Schmetterlingsfänger (um 1840)

HEINRICH HEINE

Philister in Sonntagsröcklein

Philister in Sonntagsröcklein
Spazieren durch Wald und Flur;
Sie jauchzen, sie hüpfen wie Böcklein,
Begrüßen die schöne Natur.

Betrachten mit blinzelnden Augen,
Wie alles romantisch blüht;
Mit langen Ohren saugen
Sie ein der Spatzen Lied.

Ich aber verhänge die Fenster
Des Zimmers mit schwarzem Tuch;
Es machen mir meine Gespenster
Sogar einen Tagesbesuch.

Die alte Liebe erscheinet,
Sie stieg aus dem Totenreich;
Sie setzt sich zu mir und weinet,
Und macht das Herz mir weich.

(1823)

Die Bewohner Göttingens

Im allgemeinen werden die Bewohner Göttingens eingeteilt in Studenten, Professoren, Philister und Vieh, welche vier Stände doch nichts weniger als streng geschieden sind. Der Viehstand ist der bedeutendste. Die Namen aller Studenten und aller ordentlichen und unordentlichen Professoren hier herzuzählen, wäre zu weitläuftig; auch sind mir in diesem Augenblick nicht alle Studentennamen im Gedächtnisse, und unter den Professoren sind manche, die noch gar keinen Namen haben. Die Zahl

Carl Spitzweg: Der Sonntagsspaziergang (1841)

der Göttinger Philister muß sehr groß sein, wie Sand, oder besser gesagt, wie Kot am Meer; wahrlich, wenn ich sie des Morgens, mit ihren schmutzigen Gesichtern und weißen Rechnungen, vor den Pforten des akademischen Gerichtes aufgepflanzt sah, so mochte ich kaum begreifen, wie Gott nur so viel Lumpenpack erschaffen konnte. (1824)

Zur Notiz

Die Philister, die Beschränkten,
Diese geistig Eingeengten,
Darf man nie und nimmer necken.
Aber weite, kluge Herzen
Wissen stets in unsren Scherzen
Lieb' und Freundschaft zu entdecken. (um 1830)

EDUARD MÖRIKE

Die Visite

Philister kommen angezogen:
Man sucht im Garten mich und Haus;
Doch war der Vogel ausgeflogen,
Zu dem geliebten Wald hinaus.
Sie kommen, mich auch da zu stören;
Es ruft, und ruft im Widerhall –
Gleich laß ich mich als Kuckuck hören,
Bin nirgends und bin überall.

So führt' ich sie, nur wie im Traume,
Als Puck im ganzen Wald herum;
Ich pfiff und sang von jedem Baume,
Sie sahn sich fast die Hälse krumm.
Nun schalten sie: Verfluchte Possen!
Der Sonderling! der Grobian!
Da komm' ich grunzend angeschossen,
Ein Eber, mit gefletschtem Zahn.
Mit Schrei'n, als wenn der Boden brennte,
Zerstob ein Teil im wilden Lauf.
Die andern kletterten behende
Den nächsten besten Baum hinauf;
Sie krochen weislich bis zum Gipfel,
Und sahen nicht einmal zurück,
Doch ich als Eichhorn saß im Wipfel,
Ich grüße sie und wünsche Glück:

»Ei, welch ein allerliebstes Späßchen!
Gott grüß' Sie, schöne Fraun und Herrn!
Sie kommen, hoff' ich, auf ein Täßchen
Eichelkaffee? Von Herzen gern!«
– Allein sie fanden's nicht gemütlich
In dieser ungewohnten Höh'.
So schieden wir für heute gütlich;
Doch wehe meinem Renommee! (1838)

KARL MARX

Die Philisterwelt ist die politische Tierwelt

Ihr Brief, mein theurer Freund, ist eine gute Elegie, ein athemversetzender Grabgesang; aber politisch ist er ganz und gar nicht. Kein Volk verzweifelt, und sollt' es auch lange Zeit nur aus Dummheit hoffen, so erfüllt es sich doch nach vielen Jahren einmal aus plötzlicher Klugheit alle seine frommen Wünsche.

Doch, Sie haben mich angesteckt, Ihr Thema ist noch nicht erschöpft, ich will das Finale hinzufügen, und wenn Alles zu Ende ist, dann reichen Sie mir die Hand, damit wir von vorne wieder anfangen. Lasst die Todten ihre Todten begraben und beklagen. Dagegen ist es beneidenswerth, die ersten zu sein, die lebendig ins neue Leben eingehen; dies soll unser Loos sein.

Es ist wahr, die alte Welt gehört dem Philister. Aber wir dürfen ihn nicht wie einen Popanz behandeln, von dem man sich ängstlich wegwendet. Wir müssen ihn vielmehr genau ins Auge fassen. Es lohnt sich, diesen Herrn der Welt zu studiren.

Herr der Welt ist er freilich nur, indem er sie, wie die Würmer einen Leichnam, mit seiner Gesellschaft ausfüllt. Die Gesellschaft dieser Herren braucht darum nichts weiter als eine Anzahl Sklaven und die Eigenthümer der Sklaven brauchen nicht frei zu sein. Wenn sie wegen ihres Eigenthums an Land und Leuten Herren im eminenten Sinne genannt werden, sind sie darum nicht weniger Philister, als ihre Leute.

Menschen, das wären geistige Wesen, freie Männer, Republikaner. Beides wollen die Spiessbürger nicht sein. Was bleibt ihnen übrig, zu sein und zu wollen?

Was sie wollen, leben und sich fortpflanzen (und weiter, sagt Goethe, bringt es doch keiner), das will auch das Thier, höchstens würde ein deutscher Politiker noch hinzuzusetzen haben, der Mensch *wisse* aber, dass er es wolle, und der Deutsche sei so besonnen, nichts weiter zu wollen.

Das Selbstgefühl des Menschen, die Freiheit, wäre in der Brust dieser Menschen erst wieder zu erwecken. Nur dies Gefühl, welches mit den Griechen aus der Welt und mit dem Christen-

thum in den blauen Dunst des Himmels verschwindet, kann aus der Gesellschaft wieder eine Gemeinschaft der Menschen für ihre höchsten Zwecke, einen demokratischen Staat machen.
Die Menschen dagegen, welche sich nicht als Menschen fühlen, wachsen ihren Herren zu, wie eine Zucht von Sklaven oder Pferden. Die angestammten Herren sind der Zweck dieser ganzen Gesellschaft. Diese Welt gehört ihnen. Sie nehmen sie, wie sie ist und sich fühlt. Sie nehmen sich selbst, wie sie sich vorfinden; und stellen sich hin, wo ihre Füsse gewachsen sind, auf die Nacken dieser politischen Thiere, die keine andere Bestimmung kennen, als ihnen »unterthan, hold und gewärtig« zu sein.
Die Philisterwelt ist *die politische Thierwelt*, und wenn wir ihre Existenz anerkennen müssen, so bleibt uns nichts übrig, als dem status quo einfacher Weise recht zu geben. Barbarische Jahrhunderte haben ihn erzeugt und ausgebildet, und nun steht er da als ein consequentes System, dessen Princip die *entmenschte Welt* ist. Die vollkommenste Philisterwelt, unser Deutschland, musste also natürlich weit hinter der französischen Revolution, die den Menschen wieder herstellte, zurückbleiben; und der deutsche Aristoteles, der seine Politik aus unsern Zuständen abnehmen wollte, würde an ihre Spitze schreiben: »der Mensch ist ein geselliges, jedoch völlig unpolitisches Thier«, den Staat aber könnte er nicht richtiger erklären, als dies Herr Zöpfl, der Verfasser des »konstitutionellen Staatsrechts in Deutschland«, bereits gethan hat. Er ist nach ihm ein »Verein von Familien«, welcher, fahren wir fort, einer allerhöchsten Familie, die man Dynastie nennt, erb- und eigenthümlich zugehört. (...)
Dies konnte in der Sache nichts ändern, der Philister ist das Material der Monarchie und der Monarch immer nur der König der Philister; er kann weder sich noch seine Leute zu freien wirklichen Menschen machen, wenn beide Theile bleiben was sie sind.
Der König von Preussen hat es versucht, mit einer Theorie, die wirklich sein Vater so nicht hatte, das System zu ändern. Das Schicksal dieses Versuches ist bekannt. Er ist vollkommen gescheitert. Ganz natürlich. Ist man einmal bei der politischen Thierwelt angelangt, so gibt es keine weitere Reaktion, als bis zu ihr, und kein anderes Vordringen, als das Verlassen ihrer

Basis und den Uebergang zur Menschenwelt der Demokratie.
Der alte König wollte nichts Extravagantes, er war ein Philister und machte keinen Anspruch auf Geist. Er wusste, dass der Dienerstaat und sein Besitz nur der prosaischen, ruhigen Existenz bedurfte. Der junge König war munterer und aufgeweckter, von der Allmacht des Monarchen, der nur durch sein Herz und seinen Verstand beschränkt ist, dachte er viel grösser. Der alte verknöcherte Diener- und Sklavenstaat widerte ihn an. Er wollte ihn lebendig machen und ganz und gar mit seinen Wünschen, Gefühlen und Gedanken durchdringen; und er konnte das verlangen, er in *seinem* Staate, wenn es nur gelingen wollte. Daher seine liberalen Reden und Herzensergiessungen. Nicht das tote Gesetz, das volle lebendige Herz des Königs sollte alle seine Unterthanen regieren. (...)
Dies ist der verunglückte Versuch, den Philisterstaat auf seiner eigenen Basis aufzuheben; er ist dazu ausgeschlagen, dass er die Notwendigkeit der Brutalität und die Unmöglichkeit der Humanität für den Despotismus aller Welt anschaulich gemacht hat. Ein brutales Verhältnis kann nur mit Brutalität aufrecht erhalten werden. Und hier bin ich nun mit unserer gemeinsamen Aufgabe, den Philister und seinen Staat ins Auge zu fassen, fertig. Sie werden nicht sagen, ich hielte die Gegenwart zu hoch, und wenn ich dennoch nicht an ihr verzweifle, so ist es nur ihre eigene verzweifelte Lage, die mich mit Hoffnung erfüllt. Ich rede gar nicht von der Unfähigkeit der Herren und von der Indolenz[1] der Diener und Unterthanen, die alles gehn lassen, wie es Gott gefällt; und doch reichte beides zusammen schon hin, um eine Katastrophe herbeizuführen. Ich mache Sie nur darauf aufmerksam, dass die Feinde des Philistertums, mit einem Wort alle denkenden und alle leidenden Menschen zu einer Verständigung gelangt sind, wozu ihnen früher durchaus die Mittel fehlten, und dass selbst das passive Fortpflanzungssystem der alten Unterthanen jeden Tag Rekruten für den Dienst der neuen Menschheit wirbt. Das System des Erwerbs und Handels, des Besitzes und der Ausbeutung der Menschen führt aber noch viel schneller, als die Vermehrung der Bevölkerung zu einem Bruch innerhalb der jetzigen Gesellschaft, den das alte System nicht zu heilen vermag, weil es überhaupt nicht heilt und schafft, sondern nur existirt und geniesst. Die Existenz der

leidenden Menschheit, die denkt, und der denkenden Menschheit, die unterdrückt wird, muss aber nothwendig für die passive und gedankenlos geniessende Thierwelt der Philisterei ungeniessbar und unverdaulich werden.

(1843)

SÖREN KIERKEGAARD

Die Spießbürgerlichkeit

Der Spießbürgerlichkeit fehlt jede Bestimmung des Geistes, und sie geht im Wahrscheinlichen auf, innerhalb dessen das Mögliche sein bißchen Platz findet; es fehlt ihr so die Möglichkeit, auf Gott aufmerksam zu werden. Ohne Phantasie, die dem Spießbürger immer fehlt, lebt sie in einem gewissen trivialen Inbegriff von Erfahrungen darüber, wie es zugeht, was möglich ist, was zu geschehen pflegt, der Spießbürger mag im übrigen Bierzapfer oder Staatsminister sein. So hat der Spießbürger sich selbst und Gott verloren. Um nämlich auf sein Selbst und auf Gott aufmerksam zu werden, muß die Phantasie einen Menschen höher schwingen als bis zum Dunstkreis des Wahrscheinlichen, sie muß ihn da herausreißen und, indem sie möglich macht, was das *quantum satis*[1] jeder Erfahrung überschreitet, ihn lehren, zu hoffen und zu fürchten oder zu fürchten und zu hoffen. Aber Phantasie hat der Spießbürger nicht, er will sie nicht haben, verabscheut sie. Hier gibt es also keine Hilfe. Und dann hilft zuweilen das Dasein mit Schrecken, welche die Papageienweisheit der trivialen Erfahrung überschreiten, dann verzweifelt die Spießbürgerlichkeit, das heißt, dann wird es offenbar, daß sie Verzweiflung war; ihr fehlt so die Möglichkeit des Glaubens, um durch Gott ein Selbst aus dem gewissen Untergang herausretten zu können.

(1849)

ARTHUR SCHOPENHAUER

Die Definition der Philister

Inzwischen will ich hier doch nicht unerwähnt lassen, daß der Mensch, welcher, in Folge des streng und knapp normalen Maaßes seiner intellektuellen Kräfte, *keine geistige Bedürfnisse hat*, es eigentlich ist, den ein der deutschen Sprache ausschließlich eigener, vom Studentenleben ausgegangener, nachmals aber in einem höheren, wiewohl dem ursprünglichen, durch den Gegensatz zum Musensohne, immer noch analogen Sinne gebrauchter Ausdruck als den *Philister* bezeichnet. Nun würde ich zwar, von einem höhern Standpunkt aus, die Definition der Philister so aussprechen, daß sie Leute wären, die immerfort auf das Ernstlichste beschäftigt sind mit einer Realität, die keine ist. Allein eine solche, schon transscendentale[1] Definition, würde dem populären Standpunkt, auf welchen ich mich in dieser Abhandlung gestellt habe, nicht angemessen, daher auch vielleicht nicht durchaus jedem Leser faßlich seyn. Jene erstere hingegen läßt leichter eine specielle Erläuterung zu und bezeichnet hinreichend das Wesentliche der Sache, die Wurzel aller der Eigenschaften, die den *Philister* charakterisiren. Er ist demnach *ein Mensch ohne geistige Bedürfnisse*. Hieraus nun folgt gar mancherlei: erstlich, *in Hinsicht auf ihn selbst*, daß er ohne geistige *Genüsse* bleibt; nach dem schon erwähnten Grundsatz: *il n'est de vrais plaisirs, qu'avec de vrais besoins.*[2] Kein Drang nach Erkenntniß und Einsicht, um ihrer selbst Willen, belebt sein Daseyn, auch keiner nach eigentlich ästhetischen Genüssen, als welcher dem ersteren durchaus verwandt ist. Was dennoch von Genüssen solcher Art etwan Mode, oder Auktorität, ihm aufdringt, wird er als eine Art Zwangsarbeit möglichst kurz abthun. Wirkliche Genüsse für ihn sind allein die sinnlichen: durch diese hält er sich schadlos. Demnach sind Austern und Champagner der Höhepunkt seines Daseyns, und sich Alles, was zum leiblichen Wohlseyn beiträgt, zu verschaffen, ist der Zweck seines Lebens. Glücklich genug, wenn dieser ihm viel zu schaffen macht! Denn, sind jene Güter ihm schon zum voraus oktroyirt; so fällt er unausbleiblich der Langeweile anheim; gegen welche dann alles Ersinnliche versucht wird: Ball, Theater, Gesellschaft, Kartenspiel, Hasardspiel, Pferde, Weiber, Trinken, Reisen u. s. w. Und doch reicht dies Alles gegen die Langeweile nicht aus, wo Mangel an geistigen Bedürfnissen die geistigen Genüsse unmöglich macht. Daher auch ist dem Philister ein dumpfer, trockener Ernst, der sich dem thierischen nähert, eigen und charakteristisch. Nichts freut ihn, nichts erregt ihn, nichts gewinnt ihm Antheil ab. Denn die sinnlichen Genüsse sind bald erschöpft; die Gesellschaft, aus eben solchen Philistern bestehend, wird bald langweilig; das Kartenspiel zuletzt ermüdend. Allenfalls bleiben ihm noch die Genüsse der Eitelkeit, nach seiner Weise, welche denn darin bestehn, daß er an Reichthum, oder Rang, oder Einfluß und Macht, Andere übertrifft, von welchen er dann deshalb geehrt wird; oder aber auch darin, daß er wenigstens mit Solchen, die in Dergleichen eminiren[3], Umgang hat und so sich im Reflex ihres Glanzes sonnt *(a snob)*. – Aus der aufgestellten Grundeigenschaft des Philisters folgt *zweitens, in Hinsicht auf Andere*, daß, da er keine geistige, sondern nur physische Bedürfnisse hat, er Den suchen wird, der diese, nicht Den, der jene zu befriedigen im Stande ist. Am allerwenigsten wird daher unter den Anforderungen, die er an Andere macht, die irgend überwiegender geistiger Fähigkeiten seyn: vielmehr werden diese, wenn sie ihm aufstoßen, seinen Widerwillen, ja, seinen Haß erregen; weil er dabei nur ein lästiges Gefühl von Inferiorität[4], und dazu einen dumpfen, heimlichen Neid verspürt, den er aufs Sorgfältigste versteckt, indem er ihn sogar sich selber zu verhehlen sucht, wodurch aber gerade solcher bisweilen bis zu einem stillen Ingrimm anwächst. Nimmermehr demnach wird es ihm einfallen, nach dergleichen Eigenschaften seine Werthschätzung, oder Hochachtung abzumessen; sondern diese wird ausschließlich dem Range und Reichthum, der Macht und dem Einfluß vorbehalten bleiben, als welche in seinen Augen die allein wahren Vorzüge sind, in denen zu excelliren[5] auch sein Wunsch wäre. – Alles Dieses aber folgt daraus, daß er ein Mensch *ohne geistige Bedürfnisse* ist. –

(1851)

Carl Spitzweg: Zeitungsleser im Garten (1847)

FRIEDRICH NIETZSCHE

Der Bildungsphilister

Das Wort Philister ist bekanntlich dem Studentenleben entnommen und bezeichnet in seinem weiteren, doch ganz populären Sinne den Gegensatz des Musensohnes, des Künstlers, des echten Kulturmenschen. Der Bildungsphilister aber – dessen Typus zu studieren, dessen Bekenntnisse, wenn er sie macht, anzuhören jetzt zur leidigen Pflicht wird – unterscheidet sich von der allgemeinen Idee der Gattung »Philister« durch einen Aberglauben: er wähnt selber Musensohn und Kulturmensch zu sein; ein unbegreiflicher Wahn, aus dem hervorgeht, daß er gar nicht weiß, was der Philister und was sein Gegensatz ist: weshalb wir uns nicht wundern werden, wenn er meistens es feierlich verschwört, Philister zu sein. Er fühlt sich, bei diesem Mangel jeder Selbsterkenntnis, fest überzeugt, daß seine »Bildung« gerade der satte Ausdruck der rechten deutschen Kultur sei: und da er überall Gebildete seiner Art vorfindet und alle öffentlichen Institutionen, Schul-, Bildungs- und Kunstanstalten gemäß seiner Gebildetheit und nach seinen Bedürfnissen eingerichtet findet, so trägt er auch überallhin das siegreiche Gefühl mit sich herum, der würdige Vertreter der jetzigen deutschen Kultur zu sein, und macht dementsprechend seine Forderungen und Ansprüche. (...)

Wir haben ja unsere Kultur, heißt es dann, denn wir haben ja unsere »Klassiker«, das Fundament ist nicht nur da, nein auch der Bau steht schon auf ihm gegründet – wir selbst sind dieser Bau. Dabei greift der Philister an die eigene Stirn.

Um aber unsere Klassiker so falsch beurteilen und so beschimpfend ehren zu können, muß man sie gar nicht mehr kennen: und dies ist die allgemeine Tatsache. Denn sonst müßte man wissen, daß es nur eine Art gibt, sie zu ehren, nämlich dadurch, daß man fortfährt, in ihrem Geiste und mit ihrem Mute zu suchen, und dabei nicht müde wird. Dagegen ihnen das so nachdenkliche Wort »Klassiker« anzuhängen und sich von Zeit zu Zeit einmal an ihren Werken zu »erbauen«, das heißt, sich jenen matten und egoistischen Regelungen überlassen, die unsere Konzertsäle und Theaterräume jedem Bezahlenden versprechen; auch wohl Bildsäulen stiften und mit ihrem Namen Feste und Vereine bezeichnen – das alles sind nur klingende Abzahlungen, durch die der Bildungsphilister sich mit ihnen auseinandersetzt, um im übrigen sie nicht mehr zu kennen, und um vor allem nicht nachfolgen und weiter suchen zu müssen. Denn: es darf nicht mehr gesucht werden; das ist die Philisterlosung.

Diese Losung hatte einst einen gewissen Sinn: damals als in dem ersten Jahrzehnt dieses Jahrhunderts in Deutschland ein so mannigfaches und verwirrendes Suchen, Experimentieren, Zerstören, Verheißen, Ahnen, Hoffen begann und durcheinanderwogte, daß dem geistigen Mittelstande mit Recht bange um sich selbst werden mußte. Mit Recht lehnte er damals das Gebräu phantastischer und sprachverrenkender Philosophien und schwärmerisch-zweckbewußter Geschichtsbetrachtung, den Karneval aller Götter und Mythen, den die Romantiker zusammenbrachten, und die im Rausch ersonnenen dichterischen Moden und Tollheiten achselzuckend ab, mit Recht, weil der Philister nicht einmal zu einer Ausschweifung das Recht hat. Er benutzte aber die Gelegenheit, mit jener Verschmitztheit geringerer Naturen, das Suchen überhaupt zu verdächtigen und zum bequemen Finden aufzufordern. Sein Auge erschloß sich für das Philisterglück: aus all dem wilden Experimentieren rettete er sich ins Idyllische und setzte dem unruhig schaffenden Trieb des Künstlers ein gewisses Behagen entgegen, ein Behagen an der eigenen Enge, der eigenen Ungestörtheit, ja an der eigenen Beschränktheit. Sein langgestreckter Finger wies, ohne jede unnütze Verschämtheit, auf alle verborgenen und heimlichen Winkel seines Lebens, auf die vielen rührenden und naiven Freuden, welche in der kümmerlichsten Tiefe der unkultivierten Existenz und gleichsam auf dem Moorgrunde des Philisterdaseins als bescheidene Blumen aufwuchsen.

(1873)

ERICH MÜHSAM

Die Philister

Im Gasthof »Zur Kehle« beim trefflichen Bier,
wo so gemütlich schlampampt man,
da saß gemächlich die Gruppe der vier:
Apotheker, Wirt, Doktor und Amtmann.

Der Apotheker ergriff das Wort
und zugleich die Tageszeitung:
Er schimpfte über Naturheilmord
und pries seine Pillenbereitung.

Dann sprach der Wirt: Ihm war es klar,
dies Leben war viel zu teuer.
Und schuld an allem Unglück war
die verfluchte Branntweinsteuer.

Der Amtmann trieb eifrig Politik
– bei agrarischen Fragen schon stand man –
er predigte über Rinderkolik,
denn er selbst war früher mal Landmann.

Nun sah sich der Doktor im Kreise um,
er räusperte sich und spuckte;
und rings ward alles mäuschenstumm,
und jeder zum Doktor guckte.

Der aber sprach: »Der Jammer der Welt,
hört zu, nur dieses ist er:
Die Mopsbande, die zum Monde bellt,
sind alles stupide Philister.«

»Prost!« riefen da alle. »Dem Doktor Ruhm,
er hat die Wahrheit gesprochen.
Herunter das blöde Philistertum,
Philister, zu Kreuze gekrochen!« – –

Die Mitternacht zog an der »Kehle« vorbei!
Die vier saßen weisheitsversunken
und haben die ganze Philisterei
in Grund und Boden getrunken.

(1905)

ROBERT WALSER

Der Philister

Ein Philister schrieb: Ich freue mich, daß ich philiströs bin, da das etwas Amüsantes hat. Inwiefern bin ich philiströs? Weil es an und in mir nicht großstädtelt, ich nicht eines bißchens Elan fähig bin. Beispielsweise bin ich kein Verschwender. Ich war noch nicht achtmal in meinem bisherigen Leben freigebig, denn ich bin sparsam. Ich bin nicht geizig; geizig sein ist etwas Enormes. Ein Geiziger ist etwas wie ein Monstrum, und da ich unmöglich monströs sein kann, bin ich auch nicht geizig, sondern neige scheinbar nur hin und wieder dazu. Etwas Dezidiertes[1] zu sein wage ich nicht, und dann halte ich ja ein mich nie zu etwas entschließen Können für sehr fein. Ich schwanke, taste, bin biegsam, elastisch. Elastizität kennzeichnet meiner Meinung nach einen Philister, der aus einem fortwährenden Hinundhergondeln besteht, worüber er sich, wenn gewiß nicht zu sehr, freut. Einer sehr starken Freude bin ich nicht fähig, ich sage das ebenso unironisch wie unernsthaft, ebenso derb wie verzwickt. Zweifellos bin ich, wie viele sind, und doch sind vielleicht wieder nicht viele, wie ich bin. Möchte ich nicht beinahe hierüber lachen? Immer möchte ich irgend etwas, hätte eventuell zu irgend etwas Lust, aber was ich vielleicht gern sähe, hörte, genösse, könnte zu kostspielig sein. Ich bin verteufelt haushälterisch, was wahrscheinlich mein Leben lang der Fall sein wird. Sollte jederlei Philistrosität Feminines in sich haben? Ist dies eine famose oder belanglose Frage? In mir ist jedenfalls viel Sorgfalt, Vorsicht, woraus sich die Gewißheit ergibt, daß ich bezüglich Sorglosigkeit frivol bin. Ich bin in meinen Augen weder total unintelligent noch ausnehmend klug, aber vielleicht bin ich um solcher Meinung willen verhältnismäßig unvorsichtig. Hier scheint irgend etwas nicht zu stimmen, doch nun weiß ich meiner Überzeugung nach plötzlich, inwiefern ich philiströs bin, ich bin dies deshalb, weil ich, was ich bin, wie gesagt, immer nur ein klein wenig bin. Verliebe ich mich zum Beispiel, so gebe ich mich an das, was man Verliebtheit glaubt nennen zu können, immer nur sozusagen prozentweise hin, indem ich nach dieser oder jener Richtung hin mit Vorliebe vorsichtig bleibe. Das mich Bezeichnende scheint zu sein, daß ich andere gleichsam, was philiströses Gesinntsein betrifft, befruchte. Ich saß neulich mit einer Art, wie werde ich das gleichsam sagen dürfen, Don Juan zusammen, der über ein interessantes Gesicht verfügt. Um offenherzig zu sein, trank ich in seiner nicht unangenehmen Gesellschaft ein Gläslein Bier und beeinflußte ihn bei dieser Gelegenheit. Ich sprach kleinlaut, geziert, gewählt, gedehnt, langsam, vorsichtig mit ihm, und nach nicht langer Zeit drückte er sich ähnlich aus und sagte mir, ihm scheine Zurückhaltung eine Zierde des Menschen zu sein, und es werde ihm in Zukunft nicht von ferne mehr einfallen, bei den Frauen erfolgreich zu sein. Aus Philistrosität neige ich zur Ansicht, Reichtum sei etwas unzweifelhaft Unbequemes, aber so ein kleines, nettes, ruhiges, rundliches, niedliches, liebes, schlichtes, kurzes, bescheidenes, reizendes Kapitälchen sei ein Glück, das jeden sonstigen Segen übertreffe. Ich gehe alle Jahre etwa einmal ins Kaffeehaus und finde, daß mich diese Elegantheitsspärlichkeit entzücke. Ach ja, und dann bin ich so, daß ich Leidenschaftlichkeit komplett verschmähe. Nun bildet sich ja so ein Philister von Zeit zu Zeit mit entschiedenem Talent, will sagen aufrichtiger Vergnügtheit ein, er habe dies und das erlebt, dieses und jenes Empfindsame, Amouröse sei ihm auf seinen angeblichen zahlreichen Wanderungen durch die Länder der zärtlichen Beziehungen begegnet. Habe ich irgendeine, sagen wir, Spur eines Erlebnisseleins zu verzeichnen, so schmücke ich es mittels meiner Philisterphantasie aus, indem ja Phantasieren im Grund eine Philisterhaftigkeit sein dürfte, deren Behaglichkeit in Pantoffeln einhermarschiert. Sah man je Leute von Welt phantasieren? Ich nehme meine Phantasie ernst und nicht ernst. Ähnlich nehmen mich andere. Auf der Straße sehe ich nichts wie mich selbst, d. h. ich schaue die andern Menschen wohl an; zugleich aber achte ich wieder nicht im geringsten auf ihre Manieren. Mich keinesfalls wichtig nehmend, bin ich dennoch für mich anscheinend das Wichtigste, und dieses Michwichtignehmen ist selbstverständlich etwas überaus, ich meine überraschend, Philiströses, und ferner ist dieses anderseits nicht Wagen, mir irgendeine Wichtigkeit beizumessen, ebenfalls, auf was ich hinspielte. Beim Spazierengehen sage ich mir immer ins Gesicht hinein: »Du spazierst nicht.« Weshalb tu ich das? Weil ich Spazierengehen für einen Luxus halte, der für mich unmöglich schicklich sein kann. Weder Haß noch Liebe sind meiner Meinung nach am Platz. Der Haß ist zu kalt, die Liebe zu hitzig, die Menschen sind zu menschlich, der Himmel ist zu himmlisch. Könnte nicht das Leben etwas anderes sein, als was es ist, zum Beispiel nicht gar so lebendig? Vielleicht sind nicht sämtliche Philister wie ich; ich bin womöglich von einem Spezialphilistertum. Ich bin kein schlechter Mensch; wäre ich ein solcher, so wäre ich nicht philisterhaft. Ich gönne den Schönen die Schönheit, und ich schrieb diese Zeilen mit eminenter Zufriedenheit, von denen ich hoffe, sie genügten irgendwie, und gewiß werden sie genügen, mir genügen sie.

(um 1930)

Kleinbürger

Die korrupte Klasse: Angestellte, Kleingewerbetreibende und Staatsbeamte

KARL MARX

Der Kleinbürger

Der Kleinbürger ist (...) zusammengesetzt aus einerseits und andrerseits. So in seinen ökonomischen Interessen, und *daher* in seiner Politik, seinen religiösen, wissenschaftlichen und künstlerischen Anschauungen. So in seiner Moral, so in everything. Er ist der lebendige Widerspruch. Ist er dabei, wie Proudhon[1], ein geistreicher Mann, so wird er bald mit seinen eigenen Widersprüchen spielen lernen und sie je nach Umständen zu auffallenden, geräuschvollen, manchmal skandalösen, manchmal brillanten Paradoxen ausarbeiten. Wissenschaftlicher Charlatanismus und politische Akkomodation[2] sind von solchem Standpunkt unzertrennlich. Es bleibt nur noch ein treibendes Motiv, die *Eitelkeit* des Subjekts, und es fragt sich, wie bei allen Eiteln, nur noch um den Erfolg des Augenblicks, um das Aufsehen des Tages.

(1865)

JOHANN MOST

Ein Mahnwort an die Kleingewerbetreibenden

Niemand steht seiner Lage nach den Lohnarbeitern näher, als die *Kleinbauern* und *Kleingewerbetreibenden*, aber Niemand ist trotzdem über die nothwendig hieraus sich ergebenden Consequenzen mehr im Unklaren, als gerade diese Elemente. Wer da recht gründlich kennen lernen will, welch' ungeheure Verwirrungen die Macht des Vorurtheils anzurichten vermag, zu welchen Verkehrtheiten und selbstmörderischen Handlungen dieselbe hindrängt, der muß nur das Leben und Treiben der kleinen Bauern und Handwerker studiren.
Fast durchgängig klagen diese Leute über »schlechte Zeiten«; sie fühlen es bis ins Innerste ihres Magens hinein, daß ihre sogenannte »Selbstständigkeit« eitel Wind ist und daß sie von den Trägern der großen Kapitalien immer mehr in die Enge getrieben werden; sie sehen, wie sich ihre Reihen lichten, wie Glied und Glied ins Proletariat hinabgeschleudert wird, und wie ihre Nachkommen von Vornherein zu einer proletarischen Existenz verdammt sind –; aber, als ob sie blind wären, den einzigen Weg, der für sie wie für alle Arbeiter – zu einem besseren Dasein führen kann, wollen sie nicht beschreiten.
Solch eine Begriffsverwirrung kann kein Produkt des Zufalls sein, sondern muß ihre bestimmten Gründe haben. Und so ist es in der That. Der Kleinbürger ist ein Ueberbleibsel aus der »guten alten Zeit«, wo noch das Handwerk einen »goldenen Boden« hatte –, daher die *rückwärts* schielende Sehnsucht aller Kleinbürger nach den Fleischtöpfen Aegyptens vergangener Zeiten. Die zünftlerische Kasteneintheilung war – nicht für *alle*, wohl aber für *viele* Handwerker – eine angenehme Institution; allein sie kann *unter keinen Umständen* wieder zurück geholt werden; das müßten sich die Kleinbürger vor Allem klar machen, und das übersehen sie gerade gründlich. Würden sie nur einigermaßen die Entwicklungsgesetze der modernen Produktionsweise begreifen, dann könnten sie nicht daran zweifeln, daß der Gewerbebetrieb im Kleinen sich sozusagen schon über-

Foto, von J. Engelmann (um 1890)

lebt hat, daß also dem Kleingewerbe an und für sich *auf keinen Fall* mehr geholfen werden kann, daß vielmehr die großindustrielle Organisation sich mehr und mehr über alle Gebiete der Waarenerzeugung ausdehnen muß, und daß demnach nicht nach rückwärts, sondern nach vorwärts zu sehen, ein Ausweg unter Zugrundelegung einer *neuen* Idee zu suchen ist. (...)

Wie sehr die Kleingewerbetreibenden ihre eigene Situation und die ganze Lage der Dinge innerhalb der modernen Gesellschaft mißkennen, geht am deutlichsten daraus hervor, daß ihre Hauptklage von der Kenntnißlosigkeit, den großen Ansprüchen, der Unbotmäßigkeit, Lüderlichkeit ec. der »Gesellen«, resp. Lohnarbeiter handelt. Würden sie halbwegs im Stande sein, die heutigen wirthschaftlichen Verhältnisse zu überblikken und den äußeren Erscheinungen auf den Grund zu sehen, so könnte kein derartiges Gejammer laut werden; so aber ist ihr Gesichtskreis, der zum Ueberfluß durch die Faseleien oder böswilliger Zeitungsklatscher, durch das Geschwätz scheinheiliger Sittenprediger, durch die zopfischen Schrullen versumpfter Bureaukraten, und namentlich durch ihre eigenen gegenseitigen Kannegießereien beständig umnebelt wird, ein total beschränkter. Wollte man unter solchen Umständen warten, bis den guten Leutchen von selbst die Augen aufgehen, so könnte man *ewig* warten. Man muß vielmehr unter sie treten, nicht aber mit Vorwürfen, sondern mit Belehrungen; denn man muß sich vergegenwärtigen, daß die Menschen Produkte ihrer Zeit sind, und daß daher die Kleingewerbetreibenden, welche noch mit einem Fuße auf dem Boden einer *vergangenen* Gesellschaftsepoche stehen, und denen noch allerlei Reste der Eierschalen des Zünftlerthums ankleben, nicht von Hause aus befähigt sein können, die *Zukunft* zu begreifen. Behandeln wir also die Sache ganz ruhig, beleuchten wir unter Zuhülfnahme der Logik der Thatsachen das kleinbürgerliche Lamento hinsichtlich der Lohnarbeiter und klären wir die Begriffe in sachlicher Weise! Wir werden so hoffentlich – natürlich, wenn wir nicht gerade auf Solche stoßen, die unter *keinen* Umständen hören wollen – manches Vorurtheil zerstören, manchen *Streiter* für die gerechte Sache gewinnen können.

Wenn behauptet wird, daß die Arbeiter heutzutage im Großen und Ganzen weniger technische Kenntnisse besitzen und eine weniger manigfaltige Geschicklichkeit offenbaren, als ehedem, so stehen wir nicht an, dies für wahr zu halten. Aber wir gehen noch weiter und erklären, daß es geradezu unbegreiflich wäre, wenn dem *nicht so* sein würde. Gegenwärtig, und für die Zukunft noch ausschließlicher als jetzt, ist nicht das Kleingewerbe, sondern die Großindustrie die normale Form der Produktion, Ersteres vegetirt nur noch und geht mit Riesenschritten seiner völligen Verkümmerung entgegen; Mit diesem Verhältnis ist ganz von selbst festgestellt, welche Art von Arbeitern man durchschnittlich braucht, ob vielseitige oder einseitige. So lange das Handwerk in Blüthe stand, und so lange obendrein von Zunftwegen nur das Halten einer beschränkten Gesellenzahl gestattet war, existirte ausschließlich ein Bedürfniß nach Arbeitern mit möglichst *vielfältigen* Geschäftskenntnissen; als jedoch später die *Theilung der Arbeit* immer entschiedener in Aufnahme kam, handelte es sich in erster Linie um die *einseitige* Fingerfertigkeit von *Special*-Arbeitern und als noch später *Maschinerien* ins Leben traten, sank der Arbeiter zum Handlanger der großartig organisirten Werkzeuge herab. In diesem letzten Stadium, bei welchem wir jetzt angelangt sind, hat der schöpferische Sinn des Arbeiters so wenig mitzureden beim Produktionsproceß, als seine bildende Hand. Wie die fertige Waare auszusehen hat, das ist schon bei der Construktion der Maschine festgestellt worden; der Arbeiter hat dieselbe lediglich zu beaufsichtigen und ihr die zu verarbeitenden Stoffe zu reichen, eine Aufgabe, die, nebenbei bemerkt, durch die Flinkigkeit der dabei erheischten Bewegungen und die beständige Monotonie in Verbindung mit der Gefährlichkeit, dem höllischen Geräusche und der meist höchst ungesunden Luft der Fabrik weit anstrengender und aufreibender ist, als die ehemalige abwechslungsreiche und wohldurchdachte Handarbeit. Wo sollen also heute noch zahlreiche »geschickte« – im Sinne des Handwerks geschickte – Arbeiter herkommen? Die Großindustrie kann sie nicht gebrauchen, und für den kleinen Gewerbebetrieb allein kann sich kein Arbeiter mehr vorbereiten. Aus diesem letzteren Grunde brechen jetzt z. B. gar viele Lehrlinge ihren Contrakt. Sie sehen ein, daß ihnen in der Zukunft doch nur die Fabrik winkt, und daß auf die Reste des Handwerks kein Verlaß mehr ist; zur Fabrikarbeit sind sie aber schon tauglich, ehe sie ihr Handwerk gänzlich erlernt haben; sie ziehen es daher vor, bei Zeiten etwas zu verdienen, anstatt jahrelang sich unentgeltlich knuffen oder gar als Hausknechte anwenden zu lassen. (...)

Die »Unbotmäßigkeit« endlich, welche viele Handwerker an den Arbeitern auszusetzen haben, beruht wohl durchgängig auf Einbildung. Die Arbeiter wissen natürlich, daß die Kleingewerbetreibenden so gut arme Schlucker, Proletarier sind, wie sie selber, und erblicken daher in denselben einfach *ebenbürtige Leute*; eine besondere Unterwürfigkeit halten sie aber mit Recht nicht allein für überflüssig, sondern auch für entwürdigend. Diejenigen Kleinbürger, welche dies nicht begreifen, mögen sich einmal ernstlich fragen, was denn eigentlich hinter ihrer ganzen Meisterherrlichkeit steckt, und sie werden bald das Richtige finden – *eine taube Nuß!*

Je mißlicher die Lage einer Menschenklasse ist, desto geneigter ist dieselbe, sich an eitle Hoffnungen – wie der Ertrinkende an den Strohhalm – anzuklammern; dies zeigt sich auch bei den Kleingewerbetreibenden. Es geht ihnen wie den Juden: sie warten bis ihr Messias kommt und sie zurückführt in das gelobte Land – der Zünfte. Sie scheinen gar keinen Begriff davon zu haben, daß das Zeitenrad nicht nach Rückwärts gedreht werden *kann*, und daß es lediglich nach Vorwärts, immer nach Vorwärts rollen *muß*, diejenigen erbarmungslos zermalmend, welche thöricht genug sind, sich ihm entgegenwerfen zu wollen. Staunend steht man vor dem Berge von Petitionen auf Abänderung der Gewerbeordnung im Sinne der Einschränkung freier Concurrenz, wie ihn die Handwerker aus allen Theilen Deutschlands im – Papierkorbe des Reichstags aufgeschichtet haben. Man weiß nicht, was man mehr bewundern soll, die Naivität, der in seiner großen Mehrheit aus Vertretern *kapitalistischer* Interessen zusammengesetzte Reichstag werde sich jemals um die Anliegen von Kleinbürgern kümmern, die lediglich bei den *Wahlen (als Stimmnullen!)* berücksichtigt werden, oder die Illusion, dem Handwerk könne überhaupt noch gesetzgeberisch geholfen werden. Die reaktionären Parteien scheuen sich zwar nicht, diesbezügliche Versprechungen zu machen, allein dieselben charakterisiren sich bei Licht besehen einfach als Täuschungsmittel. Und wenn vollends die *»Liberalen«* von einer Hebung der Handwerkerklasse reden, so begreift man kaum, wie sie dabei noch ernsthaft bleiben können; wahrscheinlich halten sie den Unverstand ihrer Zuhörer für noch größer, als ihre eigene Frechheit. Denn frech, im höchsten Grade frech ist es, wenn eine »liberale« Stimme die specielle Förderung kleingewerblicher Interessen verspricht. Die wirthschaftliche Seite des »liberalen« Programms trägt an ihrer Spitze die Devise: *»Freie Concurrenz!«* d. h. einen Wahlspruch, dessen Anwendung mit mathematischer Nothwendigkeit die

Foto, von H. Graf (um 1890)

totale Vernichtung des Handwerks herbeiführen muß. Kann ein nackter Mensch mit einem Dampfschiff um die Wette schwimmen? – (. . .)
Zum Ueberfluß haben verschiedene socialpolitische Quacksalber den Handwerkern mit buntschillernden Selbsthülfler-Phrasen die Gehirne verkleistert, vermuthlich um sich für das

Foto, von Ph. Hoff (um 1890)

schmähliche Fiasko, das ihnen bei Gelegenheit ähnlicher Experimentchen, welche sie mit den Lohnarbeitern anstellten, zu Theil wurde, einigermaßen zu entschädigen. Und so erwarten denn manche Kleingewerbetreibende Rettung durch Spar- und Vorschußvereine, Volksbanken und ähnliche Institute. Wir

wollen denselben nun durchaus nicht abrathen, sich an solchen Einrichtungen zu betheiligen; allein das müssen wir ihnen sagen, daß sie davon nur eine sehr untergeordnete Beihülfe zu erwarten haben. Es sind eben Palliativmittelchen, mit denen man, wenn es drauf und dran kommt, keinen Hund vor den Ofen locken kann. Selbst wenn keine Verwaltungsraths-Betrügereien und keine Cassirer-Diebstähle – bekanntlich Dinge, wie sie in jüngerer Zeit häufig auf der Tagesordnung stehen – vorkommen sollten, ist nur ganz Untergeordnetes von solchen Einrichtungen zu erwarten. Sie können den Zerfall des Handwerks keinesfalls *verhüten*, sondern höchstens um ein Geringes *aufschieben*, also den Todeskampf verlängern. Wer daher in den gedachten Corporationen einen sicheren Hort des Handwerks erblickt, der gibt sich so gut einer *Illusion* hin, wie Derjenige, welcher vom Zufall eine Umkehr der wirthschaftlichen Entwicklung erwartet.
Mit den Handwerkervereinen steht es ähnlich. Sofern dieselben als das genommen werden, was sie wirklich sind, als Vereine zur Pflege der harmlosen Geselligkeit, ist nichts dagegen zu erinnern; sofern man aber große Hoffnungen darauf baut und in dem Wahne lebt, durch etliche Gelegenheitsvorträge, welche der eine oder andere vermeintliche oder wirkliche Gelehrte – etwa über Centralafrika, städtische Alterthümer oder Kaninchenzucht – gnädiglich zum Besten gibt, könne sich die Handwerkerschaft Bildung und damit Freiheit erringen, steht man ohne Zweifel mit beiden Füßen auf dem Boden der *Illusion*.
Endlich ist es eine *Illusion*, wenn, wie man recht oft wahrnehmen kann, die Angehörigen gewisser Geschäftsbranchen, bei denen zufälliger Weise *momentan* der großindustrielle Einfluß noch wenig zur Geltung gelangt ist, den Glauben hegen, für sie sei kein Kräutlein gewachsen und ihr Gewerbe *könne* nicht im Großen oder maschinenmäßig betrieben werden. Man bedenke doch nur, zu welchen Geschäften *heute* schon der Betrieb im Großen vorgedrungen ist! Man hat Dampfwaschanstalten, Compostfabriken, Dienstmänner-Institute ec. ec., ja in einigen großen Städten wird sogar die Todtenbestattung durch Aktiengesellschaften besorgt. Auf der anderen Seite werden z. B. die Bedürfnisse der modernen Kunstgeschmacklosigkeit durch Oelfarbendruckbilder-Manufakturen u. dgl. befriedigt, gleich-

wie die literarische Kost für die »gebildeten Klassen« in Roman- und Reim-Fabriken gleichsam per Dampf gekocht wird. Aber Spaß bei Seite! – was existirt denn eigentlich für ein namhafteres Gewerbe, das nicht bereits da oder dort, und mit jedem Jahre in größerer Ausdehnung, *kapitalistisch* betrieben würde? Man fabricirt Kleidung, Stiefel und Schuhe, Möbel, Transportmittel, ganze Häuser, alle Arten von Galanteriewaaren und Luxus-Gegenständen, Thon- und Glaserzeugnisse, Gespinnste und Gewebe jeglicher Gattung, kurzum, was sich nur immer den Blicken darbietet, theils vermittelst Anwendung von Maschinerien, theils unter strengster und weitgehendster Arbeitstheilung, so großartig, wie möglich; und von einem *Unmöglich* läßt sich das Kapital keinesfalls abschrecken. Sage also ja Keiner zu laut, daß sein Geschäft allen Stürmen der Groß-Industrie gewachsen sei, sonst kann er es leicht erleben, daß ihn schon im nächsten Augenblicke irgend ein stiller Beobachter praktisch Lügen straft.

Man mag demnach die Sache drehen und wenden, wie man will, so erscheint jede Hoffnung der Handwerker als eine eitle, als *Illusion*. Ihre frühere Mittelstandsstellung *kann* nicht mehr erobert werden, ihre jetzige Nothstands-Station ist auf die Dauer *nicht haltbar*; darum müssen sie sich wohl oder übel bequemen, sich eine *neue* sociale Position zu erkämpfen. Dazu sind sie jedoch nur dann im Stande, wenn sie sich von ihren Vorurtheilen frei machen, ihren, wie wir gezeigt haben, unberechtigten Meisterstolz an den Nagel hängen, *mit den Lohnarbeitern gemeinsame Sache machen* und so als Glieder einer großen und binnen Kurzem unwiderstehlich auf ihr Ziel, die Befreiung der Arbeit von der Tyrannei der Kapitalisten, losmarschirenden Partei sich und dem ganzen arbeitenden Volke nützliche Dienste leisten.

(1876)

MAXIM GORKI

Über das Kleinbürgertum

Das Kleinbürgertum ist – der seelische Charakterzug der Repräsentanten der herrschenden Klassen der Gegenwart. Die Grundzüge des Kleinbürgertums sind – ein krüppelhaft entwickeltes Gefühl des Eigentumsrechtes, ein stets hochgespanntes Verlangen nach innerer und äußerer Ruhe, eine dunkle Angst vor allem, was auf irgend eine Weise diese Ruhe verscheuchen könnte, und ein hartnäckiges Streben, sich so rasch als möglich alles erklären zu können, was das gewöhnliche Gleichgewicht der Seele ins Schwanken bringt und die gewohnten Ansichten über das Leben und die Menschen stört.

Diese Erklärungen gibt sich der Kleinbürger indessen nicht zu dem Zwecke, um das Neue und Unbekannte zu begreifen, sondern bloß um sich selbst und seine passive Rolle im Kampfe ums Dasein zu rechtfertigen.

Das ekelerregende Gefühl des Eigentumsrechtes bei einer Gesellschaft, die auf der Knechtung der Menschen aufgebaut ist, kann vielleicht dadurch erklärt werden, daß das einzelne Individuum bloß im Gelde eine gewisse Möglichkeit zu sehen scheint, um sich frei und stark zu fühlen, da bloß das Geld das Individuum manchmal vor der Willkür des allmächtigen Ungeheuers – Staat genannt – beschützen kann.

Eine Erklärung ist jedoch keine – Rechtfertigung. Der Staat der Gegenwart ist durch die Kleinbürger zum Schutze ihres Eigentums geschaffen worden – die Kleinbürger aber haben dem Staate die Möglichkeit gegeben, sich bis zur vollkommenen Knechtung und Verstümmelung des einzelnen Individuums zu entwickeln. Suchet nicht von außen Schutz vor einer Euch feindlichen Macht – trachtet in Euch selbst einen Widerstand von der Gewalt zu entwickeln. Das Leben ist bekanntlich der Kampf der Herren um die Macht und der Knechte um die Befreiung von dem Joche dieser Macht. Das Tempo dieses Kampfes wird mit der Zunahme des Gefühles der persönlichen Würde und des Bewußtseins der einheitlichen Klasseninteressen in den Volksmassen immer rascher und rascher.

Foto, von Adolphe Braun (um 1870)

Das Kleinbürgertum wollte ruhig und angenehm leben, ohne sich an diesem Kampfe aktiv zu beteiligen, seine Lieblingsposition war – ein friedliches Dasein in der Nachhut der stärkeren Armee. Das innerlich kraftlose Kleinbürgertum beugt sich stets vor der rauhen äußeren Macht seiner Regierung, wenn aber – wie wir es gesehen und noch sehen – die Regierung gebrechlich zu werden anfängt, dann wird das Kleinbürgertum fähig, ihr einen Teil der Herrschaft über das Land abzubetteln oder sogar herauszureißen, wobei es sich auf die Kraft des Volkes stützt

und sich der Hände desselben zur Erlangung des Gewünschten bedient.
Das Kleinbürgertum hat das Volk mit einer grauen, klebrigen Hülle dicht überklebt, es kann aber nicht umhin, zu fühlen, wie dünn diese kalte Schichte ist, wie die ihm feindlichen Instinkte unter ihr brodeln, wie hell der klare, unversöhnliche Gedanke zu lodern anfängt und wie dabei die hundertjährige Lüge zerschmilzt und verbrennt ...
Dieser Ansturm der Energie von unten nach oben erweckt in dem Kleinbürgertum eine bange Angst vor dem Leben – im Grunde genommen, ist es eine Angst vor dem Volke, mit dessen blinder Kraft das Kleinbürgertum den gebrechlichen, engen und langweiligen Bau seines Wohlergehens aufgeführt hat. Auf dem unruhigen Boden dieser Angst, auf der Vorahnung einer Vergeltung flackern bei den Kleinbürgern hastige und ungeschickte Versuche auf, ihre Rolle als Parasiten des Volkes zu rechtfertigen – dann werden aus den Kleinbürgern Maltusse, Spencers, Lembons Lobrosos[1] – ihr Name ist Legion ...
Später einmal wird wahrscheinlich von irgend jemand eine »Geschichte der sozialen Lüge« – ein mehrbändiges Werk, geschrieben werden, in welchem alle diese furchtsamen Versuche einer Selbstrechtfertigung gesammelt, einen förmlichen Ararat[2] schamloser Anstrengungen bilden werden, mit welchem die augenscheinliche klare Wahrheit durch einen Haufen klebriger, listiger Lüge erdrückt werden sollte ...
Die Kleinbürger lassen sich stets durch das Wahngebilde einer Möglichkeit blenden, sich selbst und der großen Welt zu beweisen, daß sie an nichts schuldig sind.
Und sie beweisen in langweiligen, mehr oder minder wortreichen Redewendungen, daß es im Leben unbezwingliche, fatale Gesetze gebe, die von Gott oder der Natur oder von den Menschen selbst geschaffen worden sind, daß kraft dieser Gesetze der Mensch sich bloß auf dem Nacken seines Nächsten bequem einrichten könne und daß – wollten alle Arbeiter Koteletten essen – es auf der Erde an Kälbern mangeln würde ...

Die Gegensätze zwischen dem Volke und den ihm befehlenden Klassen sind – unversöhnlich. Jeder Mensch, welcher den Triumph der Wahrheit, der Freiheit und der Schönheit aufrichtig wünscht, muß, soviel es in seiner Macht steht, zugunsten

Foto, von Adolphe Braun (um 1870)

einer rascheren und normalen Entwicklung dieser Gegensätze bis zu ihrem Ende arbeiten, denn am Ende dieses Prozesses wird mit derselben Deutlichkeit vor allen Menschen das ganze Verbrecherische unserer gesellschaftlichen Ordnung erstehen und die Unmöglichkeit einer weiteren Existenz derselben in den gegenwärtigen Formen wird allen klar werden ...

Unser Kleinbürgertum ist stets bemüht gewesen, den Prozeß der normalen Entwicklung der Klassengegensätze hintanzuhalten.

Wenn die Reibung der feindlichen Kräfte im Leben stärker wird, dann verbergen die Kleinbürger ängstlich ihre Köpfe unter dem Fittig irgend einer versöhnenden Theorie. Selbst einer persönlichen Teilnahme am Kampfe ausweichend, bemüht sich der Kleinbürger, eine mehr oder minder autorative dritte Person beizuziehen, die er mit der Sorge, seine kleinbürgerlichen Interessen zu schützen, betraut. Früher hatte er sich für seine Zwecke sehr geschickt Gottes bedient, als Gott aber durch die kirchliche Ordnung erstickt worden war, da wandte er sich zur – Wissenschaft und war bemüht, überall Beweise einer Notwendigkeit für die Mehrzahl der Menschen, sich der Minderheit unterzuordnen, herauszufinden.

Wisset – jedesmal, wenn sich auf dem klaren und grandiosen Tempel der Wissenschaft ein dunkler, verdächtiger Schimmel bildet, hat – der Kleinbürger mit seiner frechen, unreinen Hand den Tempel der Wahrheit berührt ...

Die Wissenschaft ist durch die Erfahrung und durch den menschlichen Gedanken geboren worden, sie ist eine freie Kraft, welche sich den Interessen des Kleinbürgertums schwer unterwerfen läßt, – in der Wissenschaft finden sich keine Beweggründe, welche das Sein des Kleinbürgertums rechtfertigen würden, im Gegenteil – je mehr die Wissenschaft vorwärtsschreitet, desto greller beleuchtet sie die Schädlichkeit des Parasitentums.

Auf dem Boden angestrengter Versuche, das Unversöhnliche zu versöhnen, entwickelte sich beim Kleinbürger eine Krankheit – das Gewissen. Diese Krankheit hat viel allgemeines mit jenem ängstlich peinlichen Gefühle, welches der Müssiggänger und Schmarotzer in einer strengen Arbeiterfamilie empfindet, von der er erwartet, eines Tages fortgejagt zu werden. Im Grunde genommen ist das Gewissen dieselbe bloß schon abgeschwächte Furcht vor der Vergeltung, welche, wie der Rheumatismus, eine chronische Form angenommen hat ... Diese Eigentümlichkeit der kleinbürgerlichen Seele hat dem Kleinbürger gestattet, sich eine neue Versöhnungswaffe anzuschaffen, – die Humanität. Die Humanität – das ist eine Art von Religion, jedoch nicht so einheitlich und nicht so schön wie diese; es liegt darin etwas Logik, etwas gutes Gefühl, ein wenig Mitleid, viel Naivität und insbesondere ein christliches Bestreben, den Menschen anstatt des täglichen Brotes Seifenblasen zu geben. Schließlich und endlich ist es – ein dem Volke gereichtes Almosen, erbärmliche und schale Brocken, die vom reichen Lazarus seinem armen Namensbruder großmütig hingeworfen werden. Diese Versöhnungswaffe hatte keinen Erfolg, das Volk wurde dadurch nicht satter und auch nicht sanfter und es sah wie vordem, wenn auch stumm, mit seinen hungrigen Augen sehr böse zu, wie die Früchte seiner Arbeit von den anderen aufgefressen wurden ... Es war nun klar – die Humanität konnte den Kleinbürgern nicht als Waffe gegen den Ansturm der Gerechtigkeit dienen.

Der Kleinbürger liebt es, seinem Volke zu sagen: »Liebe deinen Nächsten wie dich selbst«, und während er dem Volke die Liebe lehrt, behält er sich – das unerschütterliche Recht vor, auf Kosten fremder Arbeit zu leben.

Als das Kleinbürgertum sich überzeugt hatte, daß das Volk nicht human sein wolle und daß die Lehre Christi mit der ihm vom Staate aufoktroyierten Rolle eines Knechtes nicht versöhne, da empfand es die Humanität und die Religion als überflüssigen Ballast in seiner engen, viereckigen, kleinen Seele, und es entstand in ihm der Wunsch, sich von diesem Ballaste zu befreien, – von da an begann eben der ekelhafte Zersetzungsprozeß der kleinbürgerlichen Seele.

Man mußte die trunkene Freude der Kleinbürger sehen, als Nietzsche laut von seinem Hasse gegen die Demokratie zu sprechen begonnen hatte.

Es schien ihnen, daß endlich nun ein Herkules erschienen sei, der die Augiasställe der kleinbürgerlichen Seele von dem grauen Durcheinander der Begriffe reinigen und von dem dichten, bunten Netz befreien würde, das sie solange, so eifrig und so nutzlos mit den eigenen Händen geflochten hatten und das sie mit negativen Fäden aneinandergebunden hatte – ich kann, doch ich darf nicht, ich darf, doch ich kann nicht, – dieses Netz hatte sie aneinandergebunden und sie schließlich in einen Zustand kraftloser Verzweiflung versetzt. Das Kleinbürgertum hatte unverzüglich aus Nietzsche ein Idol gemacht und seine ganze vielgestaltige Seele in einen einzigen bangen Aufschrei zusammengefaßt: »Rette sich, wer kann, die Welt geht unter, denn die Demokratie kommt!«

Doch es war ein Schrei der Agonie[3] des Kleinbürgertums selbst gewesen, das auf der Suche nach einem, wenn auch billigen, so doch dauerhaften Glücke, nach einer, wenn auch langweiligen, so doch geregelten Ruhe, nach einer, wenn auch engen, so doch festen Ordnung, vor Erschöpfung dem Sterben nahe war. Nietzsche war vielleicht ein Genie, doch Wunder war er nicht

Foto, von Adolphe Braun (um 1870)

imstande zu üben, er war nicht imstande, frisches, heißes Blut in ausgedorrte Adern zu gießen, er war nicht imstande, mit dem Feuer seiner Seele die kleinlichen Krämer in Aristokraten des Geistes umzuschmelzen. Der Aufruf zur Selbstwehr fiel auf einen unfruchtbaren Boden – das Kleinbürgertum lebt durch fremde Arbeit und kann bloß mit fremden Händen kämpfen.
Früher hatte das Kleinbürgertum die Menschen, deren Dienste es benötigte, durch Geld gekauft, später bestach es sie durch Versprechungen, und stets betrog es sie. Jetzt, da die Menschen angefangen haben, ihre persönlichen Interessen zu verstehen,

Foto, von Adolphe Braun (um 1870)

ist es schwer, sie zu betrügen. Die Menschen scheiden sich in immer schärferer Weise in zwei unversöhnliche Lager – in die Minderheit, welche mit allem, wodurch sie sich irgendwie verteidigen kann, bewaffnet ist und in die Mehrheit, welche bloß eine Waffe besitzt – die Hände – und bloß einen Wunsch – die Gleichheit. Rechts stehen die wie Maschinen leidenschaftslosen, in Eisen geschmiedeten Knechte des Kapitals. Sie sind gewohnt, sich als die Herren des Lebens zu betrachten, in der Tat

aber sind sie – willenlose Knechte des kalten, gelben Teufels, Gold genannt. Links vereinigen sich immer rascher und rascher zu einem unbesiegbaren Heere die wirklichen Herren des ganzen Lebens, die einzige lebende, alles in Bewegung versetzende Kraft – das Volk der Arbeiter ... ihr Herz glüht, von Siegesbewußtsein erfüllt, und sie sehen ihre Zukunft – die Freiheit ...
Zwischen diesen beiden Mächten bewegen sich hin und her, verwirrt und aufgeregt die Kleinbürger; – sie sehen, daß eine Versöhnung unmöglich ist, sie schämen sich rechts, sie fürchten sich entsetzlich – links zu gehen, der schmale Raum aber, auf dem sie sich hin und her unruhig bewegen, wird immer enger und enger, die Feinde rücken immer näher und näher gegeneinander vor, der Kampf beginnt schon ...
Was soll nun der Kleinbürger anfangen? Er ist kein Held, alles Heldenhafte scheint ihm unbegreiflich, bloß manchmal pflegt er sich im Theater an den Bühnenhelden zu ergötzen, ruhig überzeugt, daß diese Theaterhelden ihm das Leben nicht sauer machen werden. Er fühlt nicht die Zukunft, er lebt bloß mit dem Interesse des Augenblickes und seine Beziehung zum Leben drückt er folgendermaßen aus:

> Grüble nicht und sorge nicht,
> Der Wahnsinn sucht, die Lüge richtet,
> Heil' durch Schlaf die Tageswunden
> Und denk nicht an den kommenden Morgen.
> Im Leben lern' alles zu ertragen,
> Das Leid, den Kummer und die Freud'.
> Was ist zu wünschen? zu beklagen?
> Ein Tag durchlebt – und Gott sei dank!

Der Kleinbürger liebt das Leben, doch empfindet er nicht tief; die soziale Tragik ist seinen Gefühlen nicht zugänglich und bloß die Angst vor dem eigenen Tode ist er imstande tief zu empfinden und er drückt diese Angst manchmal klar und energisch aus. Der Kleinbürger ist stets ein Lyriker, das Phatos ist den Kleinbürgern ganz fremd, hier scheinen sie mit dem Fluche der Ohnmacht belegt worden zu sein.
Was sollen die Kleinbürger im Kampfe ums Dasein beginnen? Und so sehen wir auch, wie ängstlich und wie erbärmlich sie sich vor diesem Kampfe verstecken, jeder wie und wo er kann – in den dunklen Schlupfwinkeln des Mystizismus, in den hübschen

Gartenlauben der Ästhetik, die von ihnen aus gestohlenem Material in Eile zusammengezimmert worden sind, oder sie irren traurig und hoffnungslos in den Labyrinthen der Metaphistik umher, um dann zu den schmalen, vom Schmutze der Jahrhunderte alten Lüge verschütteten Pfaden der Religion zurückzukehren, und überall schleppen sie ihre klebrige Gemeinheit mit, das hysterische Stöhnen ihrer von einer kleinlichen Angst erfüllten Seele, ihre Talentlosigkeit, ihre Frechheit und alles, was sie berühren, überschütten sie mit einem Hagel kleinlicher, hübscher, jedoch leerer und kalter Worte, welche falsch und jämmerlich klingen ...

Dieses langweilige und aufgeregte, gänzlich nutzlose Hin- und Herrennen des durch das Vorgefühl seines Unterganges erschreckten Kleinbürgertums unserer Tage, das letzte Kapitel seiner farblosen Geschichte, könnte folgendermaßen benannt werden:

»Kleinbürger ist der, welcher in irgend etwas geschickt ist«. (...)

Die Rolle des Versöhners ist eine zwiefache und der Kleinbürger ist – der ewige Gefangene eines inneren Zwiespaltes. Alles, was er jemals erdacht, birgt in sich unversöhnliche und gemeine Widersprüche. Der Kleinbürger reicht dem Menschen gleichzeitig eine Flasche Schnaps und ein Büchlein über die Schädlichkeit des Alkohols und hebt von dieser und von jener Ware ein gewisses Prozent zu seinem Nutzen ein. Er spricht von der Notwendigkeit, humanere Gefängnisse zu bauen. Während er sich für die vollständige Ebenbürtigkeit der Frau ausspricht, verweigert er ihr aus Rücksicht zu einer »Real-Politik« – d. h. für eine Politik der raschesten und um jeden Preis einzusetzenden festen Ordnung – das Stimmrecht, ungeachtet dessen, daß seine Gattin wahrscheinlich nicht minder als er nach einem Siege der Ordnung und nach einem seelischen Gleichgewichte lechzt. Er ist bereit, die Freiheit in seine Arme – jedoch unbedingt nur als gesetzmäßige Gemahlin – zu schließen, um sie dann »im Bereiche der Gesetzlichkeit« nach Belieben vergewaltigen zu können. Wie alle Parasiten besitzt er eine erstaunliche Anpassungsfähigkeit, doch paßt er sich niemals der Wahrheit an. Er hat die Fähigkeit, bloß die Tatsachen der Wahrheit zu sehen und zu erfassen, doch die Wahrheit des menschlichen Strebens, Tatsachen zu schaffen, ist ihm fremd und unbegreiflich.

Seine kleine, langweilig-ehrgeizige, klebrige, von der Kriecherei vor der Kraft verzerrte, von einer unaufhörlichen Gier nach Ruhe und Wohlstand vergiftete Seele tritt am grellsten in den Zeitpunkten einer Auflehnung des Volkes zutage, da er, der graue, geschäftige und gierige Kleinbürger zwischen dem schwarzen Repräsentanten der Unterdrückung und dem roten Kämpfer um die Freiheit lange hin und her pendelt und sich bemüht, rascher zu verstehen – wer von den beiden wohl siegen wird? Wo ist der Stärkere, auf dessen Seite er sich stellen möchte, um rascher im Leben die Ordnung wieder einzusetzen, in seiner eigenen Seele Ruhe zu schaffen und ein Stück Macht an sich zu reißen?

Der Kleinbürger ist – ein erbärmliches Wesen und man sollte, wäre er nicht so schädlich, von ihm gar nicht sprechen, doch muß man von ihm mehr als von allem anderen sprechen, so zuwider es auch ist.

(1906)

WLADIMIR ILJITSCH LENIN

Der wild gewordene Kleinbürger

Im Kampf mit welchen Feinden innerhalb der Arbeiterbewegung hat sich der Bolschewismus entwickelt, gekräftigt und gestählt? Erstens und hauptsächlich im Kampf gegen den Opportunismus, der sich 1914 endgültig zum Sozialchauvinismus auswuchs, der endgültig auf die Seite der Bourgeoisie überging und sich gegen das Proletariat wandte. Das war natürlich der Hauptfeind des Bolschewismus innerhalb der Arbeiterbewegung. Dieser Feind bleibt auch der Hauptfeind im internationalen Maßstab. Diesem Feind hat der Bolschewismus stets die größte Aufmerksamkeit gewidmet und tut es auch heute. Über diese Seite der Tätigkeit der Bolschewiki ist man jetzt auch im Ausland schon ziemlich gut unterrichtet.

Etwas anderes muß von einem anderen Feind des Bolchewismus innerhalb der Arbeiterbewegung gesagt werden. Im Ausland ist es noch allzu wenig bekannt, daß sich der Bolschewismus entwickelt, formiert und gestählt hat im langjährigen Kampf gegen den *kleinbürgerlichen Revolutionarismus*, der dem Anarchismus ähnelt oder manches von ihm entlehnt und der in allem, aber auch allem Wesentlichen von den Bedingungen und Erfordernissen des konsequenten proletarischen Klassenkampfes abweicht. Theoretisch gilt es für Marxisten als durchaus feststehend und durch die Erfahrungen aller europäischen Revolutionen und revolutionären Bewegungen vollauf bestätigt, daß der Kleineigentümer, der Kleinbesitzer (ein sozialer Typus, der in vielen europäischen Ländern sehr weit, ja massenhaft verbreitet ist), weil er unter dem Kapitalismus ständiger Unterdrückung und sehr oft einer unglaublich krassen und raschen Verschlechterung der Lebenshaltung und dem Ruin ausgesetzt ist, leicht in extremen Revolutionarismus verfällt, aber nicht fähig ist, Ausdauer, Organisiertheit, Disziplin und Standhaftigkeit an den Tag zu legen. Der durch die Schrekken des Kapitalismus »wild gewordene« Kleinbürger ist eine soziale Erscheinung, die ebenso wie der Anarchismus allen kapitalistischen Ländern eigen ist. Die Unbeständigkeit dieses

Foto, von Adolphe Braun (um 1870)

Revolutionarismus, seine Unfruchtbarkeit, seine Eigenschaft, schnell in Unterwürfigkeit, Apathie und Phantasterei umzuschlagen, ja sich von dieser oder jener bürgerlichen »Mode«-strömung bis zur »Tollheit« fortreißen zu lassen – all das ist allgemein bekannt. Aber die theoretische, abstrakte Anerkennung dieser Wahrheiten bewahrt die revolutionären Parteien noch keineswegs vor den alten Fehlern, die stets aus unerwarteten Anlässen, in etwas neuer Form, in früher noch nicht gekannter Verhüllung oder Umgebung, unter originellen – mehr oder weniger originellen – Umständen auftreten.

(1920)

KURT TUCHOLSKY

Die Tür

Mein Postamt hat zwei Türen, zwei kleine, braune Türen. Wenn du eine Weile vor diesem Postamt stehst, so siehst du folgendes: Viele Leute gehen auf die linke Tür zu, rütteln an ihr, geben sie mißmutig auf und schlurchen durch die andere. Eine ist immer zu.
Warum?
Weil, spricht der Weise, der Beamte, der morgens die Türen aufschliessen darf, wenigstens einmal in seinem Leben ›regieren‹ muß. Weil er dem Publikum seinen Willen aufzwingen muß. Weil das Amt zeigen muß, daß es auch noch auf der Welt ist. Weil das Postamt nicht dazu da ist, damit wir unsere Briefe und Postanweisungen aufgeben, sondern damit die Beamten regieren können. So hat es den Anschein.
Nun geh einmal zu dem höchst entgegenkommenden Geheimrat in der Leipziger Straße und sage ihm das. Er wird freundlich lächeln, dir eine Zigarre anbieten – doch! manchmal tun Geheimräte das! – und wird dir lächelnd auseinandersetzen, daß das mit der Tür doch nur eine kleine Äußerlichkeit ist, nicht der Rede wert, aber wenn du wolltest, so würde er natürlich den Vorsteher anweisen ... Da lächelst du auch und sagst, das habest du natürlich gar nicht gewollt. Aber, sagst du, eine Äußerlichkeit sei es gerade nicht. Und weil dich der freundliche Geheimrat so fragend ansieht, da stehst du auf und sagst ihm etwa dieses:
»Herr Geheimrat! Ihre ganze Beamtenschaft ist zum großen Teil, soweit sie nicht durch diese böse Zeit korrumpiert ist, von erstaunlichem Pflichtbewußtsein und tut ihren schweren Dienst bei ziemlich kümmerlicher Bezahlung. Aber, Herr Geheimrat, sie ist falsch erzogen. Sie ist preußisch erzogen. Gehen Sie einmal, ohne sich zu legitimieren, in ein Anmeldebüro der Polizei, gehen Sie auf Ihre Postämter, gehen Sie in die staatlichen Dienststellen – bei kommunalen ists manchmal etwas besser – und hören und staunen Sie, wie Deutsche von Deutschen behandelt werden. Wie der Beamte in fast allen Fällen nur ›re-

giert‹, was so viel bedeutet wie ›Schwierigkeiten machen‹ – wie er in fast allen Fällen die kümmerlichen Interessen seines kleinen Ressorts viel höher wertet als das, was die Leute von ihm wollen, als das, wozu er eigentlich da ist. Er muß regieren. Er muß, auch wenn er genau weiß, wie zu helfen ist, Leute erst nach Hause schicken, er muß die Dienstvorschriften so genau auslegen, daß kein Haar ungekrümmt bleibt – er muß – schließlich – die zweite Tür zuriegeln, eben – nun, weil er doch etwas zu sagen hat und das den Leuten zeigen muß. Verstehen Sie das, Herr Geheimrat?«

Und der Geheimrat lächelt und sagt etwas von Übereifer der unteren Beamten und räuspert sich, allwas bedeuten soll, daß du nun gehen darfst, und du verabschiedest dich. Und willst zur Tür hinaus. Und da sagt der Geheimrat: »Nicht zu dieser, Herr Wrobel! Diese Tür dürfen nur Beamte benutzen!«

Moral: Solange Preußen sich einbildet, seine Laster wären seine Tugenden, so lange wird es wohl auf der Welt nicht recht mitspielen können.

(1920)

SIEGFRIED KRACAUER

Die Angestellten

Es besteht kein Zweifel darüber, daß sich heute Industrie und Handel in einer besonders schwierigen Situation befinden. Aus ihr herauszuhelfen ist auch die Absicht dieser Arbeit; obwohl sie weniger auf die Nöte der Unternehmer als auf die der Angestellten eingeht. Aber man kannte bisher jene mehr als diese, und die Aufklärung über soziale und menschliche Unzulänglichkeiten gereicht auf die Dauer stets der Gesamtheit zunutze.

Das Anschauungsmaterial zu der Arbeit ist in Berlin zusammengetragen worden, weil Berlin zum Unterschied von allen anderen deutschen Städten und Landschaften der Ort ist, an dem sich die Lage der Angestelltenschaft am extremsten darstellt. Nur von ihren Extremen her kann die Wirklichkeit erschlossen werden.

Bezug genommen worden ist hauptsächlich auf die Großbetriebe. Gewiß sind die Verhältnisse in vielen kleinen und mittleren Betrieben anders geartet. Aber der Großbetrieb ist das Modell der Zukunft. Die Probleme, die er aufgibt, die Bedürfnisse, die seinen Angestelltenmassen gemeinsam sind, bestimmen überdies mehr und mehr das innerpolitische Leben und Denken. (...)

Hunderttausende von Angestellten bevölkern täglich die Straßen Berlins, und doch ist ihr Leben unbekannter als das der primitiven Völkerstämme, deren Sitten die Angestellten in den Filmen bewundern. Die Funktionäre der Angestelltenverbände blicken, wie es nicht anders sein kann, nur selten über das Detail hinaus auf die Konstruktion der Gesellschaft. Die Unternehmer sind im allgemeinen keine unvoreingenommenen Zeugen. Die Intellektuellen sind entweder selbst Angestellte, oder sie sind frei, und dann ist ihnen der Angestellte seiner Alltäglichkeit wegen gewöhnlich uninteressant. Hinter die Exotik des Alltags kommen auch die radikalen Intellektuellen nicht leicht. Und die Angestellten selber? Sie am allerwenigsten haben das Bewußtsein ihrer Situation. Aber ihr Dasein verläuft doch in voller Öffenlichkeit? Durch seine Öffentlichkeit ist es, dem »Brief Ihrer Majestät« in E. A. Poes Erzählung gleich, erst recht vor Entdeckung geschützt. Niemand bemerkt den Brief, weil er obenauf liegt. Freilich sind gewaltige Kräfte im Spiel, die es hintertreiben möchten, daß einer hier etwas bemerkt.

Dabei wäre es längst an der Zeit, daß das Licht der Öffentlichkeit auf die öffentlichen Zustände der Angestellten fiele. Ihre Lage hat sich seit den Jahren vor dem Krieg von Grund auf verändert.

Schon rein zahlenmäßig: es gibt in Deutschland 3,5 Millionen Angestellte, von denen 1,2 Millionen Frauen sind. Im gleichen Zeitraum, in dem sich die Zahl der Arbeiter noch nicht verdoppelt hat, haben sich die Angestellten annähernd verfünffacht. Auf jeden fünften Arbeiter kommt gegenwärtig ein Angestellter. Auch die öffentlichen Beamten haben einen starken Zuwachs erfahren.

Diese gewaltigen Angestelltenmassen sind fast zur Hälfte im Handel, bei Banken und im Verkehr beschäftigt. Bemerkenswert ist, daß in den letzten Jahren die Zahl der Industrieangestellten besonders rasch zugenommen hat; sie beträgt jetzt bereits 1,35 Millionen. Der verbleibende Rest von einer halben Million entfällt auf Behörden, Organisationen usw. – Was die Berufsgliederung betrifft, so ist die weitaus bedeutendste Gruppe die der kaufmännischen Angestellten mit 2¼ Millionen. Ihr folgen in erheblichem Abstand die übrigen, fast gleich großen Gruppen der Büroangestellten, Techniker und Werkmeister, deren jede sich auf rund eine Viertelmillion beläuft.

Die Gründe für die ungeheure Vermehrung mögen in der Fachliteratur nachgelesen werden. Sie sind im wesentlichen an die Strukturwandlungen der Wirtschaft geknüpft. Die Entwicklung zum modernen Großbetrieb bei gleichzeitiger Veränderung seiner Organisationsform; das Anschwellen des Verteilungsapparates; die Ausdehnung der Sozialversicherung und der großen Verbände, die das Kollektivleben zahlreicher Gruppen regeln – das alles hat, jedem Abbau zum Trotz, die Ziffern nach oben getrieben. Daß gerade so viele Frauen in die Angestelltenberufe geströmt sind, läßt sich noch im besonderen aus der Erhöhung des Frauenüberschusses, den wirtschaftlichen

Folgen von Krieg und Inflation und dem Bedürfnis der neuen Frauengeneration nach wirtschaftlicher Selbständigkeit erklären. (...)

Sombart[1] hat einmal bemerkt, daß unsere großen deutschen Städte heute keine Industriestädte, sondern Angestellten- und Beamtenstädte seien. Wenn das von einer Stadt gilt, so von Berlin. Hier ist der wirtschaftliche Prozeß, der die Angestelltenmassen aus sich herausgesetzt hat, am weitesten gediehen; hier finden die entscheidenden praktischen und ideologischen Auseinandersetzungen statt; hier wird besonders auffällig die Gestalt des öffentlichen Lebens von den Bedürfnissen der Angestellten und denen bestimmt, die ihrerseits diese Bedürfnisse bestimmen möchten. Berlin ist heute die Stadt der ausgesprochenen Angestelltenkultur; das heißt einer Kultur, die von Angestellten für Angestellte gemacht und von den meisten Angestellten für eine Kultur gehalten wird. Nur in Berlin, wo die Bindungen an Herkunft und Scholle so weit zurückgedrängt sind, daß das Weekend große Mode werden kann, ist die Wirklichkeit der Angestellten zu erfassen. Sie ist auch ein guter Teil von der Wirklichkeit Berlins. (...)

»Warum wollen Sie kaufmännischer Angestellter werden?« – »Weil mir dieses Fach gefällt.« – »Welche Branche?« – »Dekorateur.« – »Warum gerade diese?« – »Weil es eine leichte und saubere Arbeit für mich ist.«
Andere Antwort auf die erste Frage: »Weil ich gerne Kopfarbeiten mache.«
Noch eine Antwort: »Ich möchte gerne verkaufen.« – »Warum wählen Sie kein Handwerk?« – »Ich möchte nicht gern in Fabriken arbeiten.«
Mit solchen Antworten füllen schulentlassene Knaben und Mädchen die Fragebogen aus, die sie von der Berufsberatungsstelle des Zentralverbands der Angestellten erhalten. Die Orthographie ist nicht immer einwandfrei, und oft überwuchert die illegale Grammatik der Umgangssprache die erlernten schriftdeutschen Regeln. Eins, zwei Jahre später, und literarisch gewiegte Lehrlinge werden in Geschäftsbriefen ihr: »Und empfehlen wir uns ...« mit Sicherheit schreiben.
Kopfarbeit, gerne verkaufen, leichte und saubere Arbeit – die

Blütenträume reifen nicht alle. Jedenfalls genügt es nicht, sich berufen zu fühlen, man muß auch erwählt sein. Erwählt von den Instanzen, die den Wirtschaftsprozeß antreiben, der sie treibt.

In Dresden sollen die Schuhmacher jüngst beschlossen haben, nur Lehrlinge mit Sekundarreife einzustellen. Nicht einmal sohlen und flecken darf also einer rein aus innerer Neigung. Die Narretei beweist, was auf dem letzten Gewerkschaftskongreß mit einiger Resignation festgestellt wurde: daß das Berechtigungswesen in unserem Wesen verankert ist. Wo nicht im Wesen, so doch noch immer im Grund der heutigen Gesellschaftsordnung. Man kennt oder kennt wahrscheinlich nicht die verschiedenen Berechtigungsnachweise, auf deren magische Einwirkung hin sich erst gewisse Sphären der Beamtenhierarchie erschließen. Neuerdings wird das Abitur als Voraussetzung für den gehobenen mittleren Beamten gewünscht, eine Forderung, gegen die sich zum Glück Severing gewandt hat. Wer hätte nicht diesen Chinoiserien nach Erledigung des alten Klassenstaats das gleiche Schicksal prophezeit wie den Ornamenten am Kurfürstendamm? Indessen, sie gedeihen auch in der Privatwirtschaft, und nicht nur als Arabesken. Die Großbanken und manche andere Handels- und Industriebetriebe machen den Eintritt in die Seligkeit ihrer kaufmännischen Abteilungen vom Einjährigen abhängig und bevorzugen junge Leute mit Abitur. Insgesamt hätten sich in Berlin, einer vertrauenswürdigen Mitteilung zufolge, von hundert kaufmännischen Lehrlingen fünfzig als Obersekundaner weiter vervollkommnen können. Von den glücklichen Zeugnisinhabern bleiben viele zeitlebens auf eine Tätigkeit beschränkt, die jeder strebsame frühere Volksschüler auch auszuüben vermöchte; der hohen Bildung entspricht keineswegs immer ein hohes Gehalt; Abbaumaßnahmen und sonstige Übel, die Schicksalsschläge heißen, treffen gleichmäßig Berechtigte und Unberechtigte. Da aber den oberen Mächten der Berechtigungsschein als ein Talisman gilt, jagen ihm alle nach, die es materiell können, und suchen seinen Monopolwert möglichst zu steigern. Der Andrang zu den höheren Schulen ist größer als die Liebe zur Erkenntnis, und die technischen Angestellten, die von den Fachschulen kommen, gründen Absolventenvereine. Bald wird jeder zu etwas berechtigt sein. Ein Mitglied des Deutschen Bankbeamtenvereins, das

George Grosz: aus dem »Spießer-Spiegel« (1925)

im Gespräch mit mir nicht ohne Genugtuung der Berechtigung sämtlicher Bankbeamten gedachte, knüpfte unmittelbar an diese Tatsache folgende Bemerkung: »Ein Teil von ihnen stammt aus gutbürgerlichem Haus. Ihr Niveau ist bestimmt nicht proletarisch.« Die Bemerkung ist in doppelter Hinsicht aufschlußreich. Denn sie drückt nicht nur einen wichtigen Zweck des Berechtigungswesens aus, sondern lehrt auch, daß der Zweck erreicht wird. Mögen gewisse Berechtigungsnachweise sachlich notwendig sein, andere sich aus dem engen Lebensraum erklären, Tatsache ist, daß die meisten Einjährigen und Abiturienten gut- und kleinbürgerlicher Herkunft sind. Proletarierkinder müssen schon sehr begabt sein, um über die acht Volksschulklassen hinauszudringen, und sind sie erst einmal hinreichend hochgeklettert, so entschwinden sie oft wie indische Fakire den Blicken. (...)

Ein Beamter eines Berliner Arbeitsamtes erklärte mir, daß Leute mit körperlichen Fehlern, Hinkende etwa oder gar schon Linksschreiber, als erwerbsbeschränkt aufzufassen und besonders schwer unterzubringen seien. Oft schult man sie um. Aus der verminderten Absatzfähigkeit von Runzeln und angegrauten Haaren macht der Beamte kein Hehl. Ich suche von ihm zu erfahren, welche Zauberkräfte nun eigentlich einer Erscheinung innewohnen müssen, damit sich die Pforten des Betriebs vor ihr auftun. Die Ausdrücke nett und freundlich wiederholen sich wie Repertoirestücke in seiner Antwort. Vor allem wollen die Arbeitgeber einen netten Eindruck haben. Leute, die nett wirken – zu einer solchen Wirkung gehören natürlich die netten Manieren –, werden auch dann genommen, wenn ihre Zeugnisse schlecht sind. Der Beamte meint: »Es sollte bei uns wie bei den Amerikanern sein. Der Mann muß ein freundliches Gesicht haben.« Um die Freundlichkeit des Mannes zu steigern, fordert das Arbeitsamt übrigens, daß er sich mit rasierten Wangen und in seinem besten Anzug bewerbe. Auch der Betriebsratsvorsitzende eines Großbetriebs empfiehlt den Angestellten, bei Chefbesuchen im Kriegsschmuck ihrer Feiertagskleider aufzutreten. Außerordentlich lehrreich ist eine Auskunft, die ich in einem bekannten Berliner Warenhaus erhalte. »Wir achten bei Engagements von Verkaufs- und Büropersonal«, sagt ein maßgebender Herr der Personalabteilung, »vorwiegend auf ein angenehmes Aussehen.« Von fern erinnert er etwas an Reinhold Schünzel in älteren Filmen. Was er unter angenehm verstehe, frage ich ihn; ob pikant oder hübsch. »Nicht gerade hübsch. Entscheidend ist vielmehr die moralisch-rosa Hautfarbe, Sie wissen doch ...«

Ich weiß. Eine moralisch-rosa Hautfarbe – diese Begriffskombination macht mit einem Schlag den Alltag transparent, der von Schaufensterdekorationen, Angestellten und illustrierten Zeitungen ausgefüllt ist. Seine Moral soll rosa gefärbt sein, sein Rosa moralisch untermalt. So wünschen es die, denen die Auslese obliegt. Sie möchten das Leben mit einem Firnis überziehen, der seine keineswegs rosige Wirklichkeit verhüllt. Wehe, wenn die Moral unter die Haut dränge und das Rosa nicht gerade noch moralisch genug wäre, um den Ausbruch der Begierden zu verhindern. Die Düsterkeit der ungeschminkten Moral brächte dem Bestehenden ebenso Gefahr wie ein Rosa, das unmoralisch zu flammen begänne. Damit beide sich aufheben, werden sie aneinander gebunden. Das gleiche System, das der Eignungsprüfungen bedarf, produziert auch dieses nette und freundliche Gemenge, und je mehr die Rationalisierung fortschreitet, desto mehr nimmt die moralisch-rosa Aufmachung überhand. Die Behauptung ist kaum zu gewagt, daß sich in Berlin ein Angestelltentypus herausbildet, der sich in der Richtung auf die erstrebte Hautfarbe hin uniformiert. Sprache, Kleider, Gebärden und Physiognomien gleichen sich an, und das Ergebnis des Prozesses ist eben jenes angenehme Aussehen, das mit Hilfe von Photographien umfassend wiedergegeben werden kann. Eine Zuchtwahl, die sich unter dem Druck der sozialen Verhältnisse vollzieht und zwangsläufig durch die Weckung entsprechender Konsumentenbedürfnisse von der Wirtschaft unterstützt wird.

Die Angestellten müssen mittun, ob sie wollen oder nicht. Der Andrang zu den vielen Schönheitssalons entspringt auch Existenzsorgen, der Gebrauch kosmetischer Erzeugnisse ist nicht immer ein Luxus. Aus Angst, als Altware aus dem Gebrauch zurückgezogen zu werden, färben sich Damen *und* Herren die Haare, und Vierziger treiben Sport, um sich schlank zu erhalten. »Wie werde ich schön?« lautet der Titel eines jüngst auf den Markt geworfenen Heftes, dem die Zeitungsreklame nachsagt, daß es Mittel zeige, »durch die man für den Augenblick und für die Dauer jung und schön aussieht.« Mode und Wirtschaft arbeiten sich in die Hand. Freilich, die meisten sind nicht in der Lage, einen Spezialarzt aufzusuchen. Sie werden die Beute von Kurpfuschern oder begnügen sich notgedrungen mit Präparaten, die so billig wie fragwürdig sind. In ihrem Interesse kämpft seit einiger Zeit der genannte Abgeordnete Dr. Moses im Parlament für die Eingliederung der Entstellungsfürsorge in die Sozialversicherung. Die junge »Arbeitsgemeinschaft kosmetisch tätiger Ärzte Deutschlands« hat sich dieser berechtigten Forderung angeschlossen. (...)

Auf die eigentliche Maschinenarbeit umgestellt haben sich in der Hauptsache die Großbanken und andere Großbetriebe, bei denen sich die kostspielige Kapitalanlage lohnt. Die geschäftlichen Vorteile des maschinellen Verfahrens sind kaum zu überschätzen, ermöglicht es doch etwa heute den Kontokorrentabteilungen der Banken, die Konten in kürzester Zeit fertigzustellen und stündlich auf dem laufenden zu sein. Dank der in dem Instrumentarium investierten Geistesarbeit bleibt seinen Handlangern der Besitz von Kenntnissen erspart, und wäre nicht der Besuch der Handelsschule obligatorisch, so brauchten sie überhaupt nichts zu wissen. Auch die Mysterien des Betriebs sind ihnen verschlossen, da sie nur mit Ziffern verkehren. Verlangt wird von ihnen eines: Aufmerksamkeit. Sie kann nicht frei schalten, sondern untersteht der Kontrolle des Apparats, den sie kontrolliert, und muß, im Verein mit dem Geräusch in den Maschinensälen, die Nerven um so mehr beanspruchen, je weniger der Gegenstand lockt, dem sie zu gelten hat. Einige beklagen sich über die mangelnde Rücksicht, die bei der Berechnung der zu leistenden Positionen auf die Ermüdung genommen werde. Allerdings gibt es Leute, die gerade diese Anspannung als besonders köstlich preisen. So schreibt einer triumphierend, daß die Maschinen schnell arbeiten, und fährt dann fort: »... sie können aber nicht mit abwesendem Geist bedient werden, sondern zwingen den Bedienenden, auch das Gehirn auf eine entsprechende ›Tourenzahl‹ zu bringen. Und das ist das Entscheidende: dadurch kommt Tempo in die Arbeit und damit meiner Meinung nach das, was auch einer einförmigen Arbeit Reiz gibt.« Der Enthusiasmus wird sofort verständlicher, wenn man erfährt, daß er in einer Betriebszeitung abgeschlagen worden ist, die bei skeptischen Angestellten die »Schleimtrompete« heißt. Wie strapaziös die mechanische Dauertätigkeit in Wirklichkeit ist, geht mittelbar daraus hervor, daß etliche mir bekannte Betriebe sie gleich dem oben geschilderten auf einen Bruchteil der Arbeitszeit beschränken und dem Maschinenpersonal fast durchweg Sonderzulagen zahlen. Daß den Maschinen so gern Mädchen vorgesetzt werden, rührt unter anderem von der angeborenen Fingergeschicklichkeit der jungen Dinger her, die freilich eine zu weit verbreitete Naturgabe ist, um ein hohes Tarifgehalt zu rechtfertigen. Als es dem Mittelstand noch besser ging, fingerten manche Mädchen, die jetzt lochen, auf den häuslichen Pianos Etüden. Ganz ist immerhin die Musik nicht aus jenem Prozeß geschwunden, den das Reichskuratorium für Wirtschaftlichkeit wie folgt definiert: »Rationalisierung ist die Anwendung aller Mittel, die Technik und planmäßige Ordnung bieten, zur Hebung der Wirtschaftlichkeit und damit zur Steigerung der Gütererzeugung, zu ihrer Verbilligung und auch zu ihrer Verbesserung.« Ganz ist sie nicht dahin. Ich weiß von einem Industriewerk, das die Mädchen mit einem Gehalt vom Lyzeum wegengagiert und sie durch einen eigenen Lehrer auf der Schreibmaschine ausbilden läßt. Der schlaue Lehrer kurbelt ein Grammophon an, nach dessen Klängen die Schülerinnen tippen müssen. Wenn lustige Militärmärsche ertönen, marschiert sich's noch einmal so leicht. Allmählich wird die Umlaufsgeschwindigkeit der Platte erhöht, und ohne daß es die Mädchen recht merken, klappern sie immer rascher. Sie werden in den Ausbildungsjahren zu Schnellschreiberinnen, die Musik hat das billig entlohnte Wunder bewirkt. (...)

Gegenüber der Kaiser-Wilhelm-Gedächtniskirche, dort, wo Gloriapalast und Marmorhaus einander wie stolze Dardanellenschlösser grüßen, stand jüngst ein Mann, der sich ein Schild umgehängt hatte. Der Mann wirkte kläglich, das Schild enthielt Bruchstücke seiner Autobiographie. Dem großgeschriebenen Text konnten die Passanten entnehmen, daß der Mann ein 25jähriger stellenloser Kaufmann war, der auf dem offenen Markt Arbeit suchte; gleichviel welche. Hoffentlich hat er sie gefunden, es sah nicht danach aus. Preisfrage: war der Mann jung oder alt? Nach einem in der G. d. A.-Zeitschrift[2] wiedergegebenen Zeitungsinserat zu schließen, ist er bereits als ein älterer Angestellter zu buchen. In der Annonce wünscht nämlich ein Herrenkonfektionsgeschäft einen älteren Verkäufer von 25 bis 26 Jahren. Wenn es so weitergeht, werden bald die Wickelkinder zu den Jüngeren zählen. Mag aber auch das Herrenkonfektionsgeschäft einen übertriebenen Begriff von Jugendlichkeit hegen, so ist doch heute tatsächlich die Altersgrenze im Geschäftsleben stark nach unten gerückt, und mit vierzig Jahren sind viele, die noch munter zu leben glauben, wirtschaftlich leider schon tot. (...)

Die Angestellten leben heute in Massen, deren Dasein, in Berlin und den übrigen großen Städten vor allem, mehr und mehr ein einheitliches Gepräge annimmt. Gleichförmige Berufsverhältnisse und Kollektivverträge bedingen den Zuschnitt der Existenz, die überdies, wie sich zeigen wird, dem uniformierenden Einfluß gewaltiger ideologischer Mächte untersteht. Alle diese Zwangsläufigkeiten haben unstreitig zur Heraufkunft gewisser Normaltypen von Verkäuferinnen, Konfektionären, Stenotypistinnen usw. geführt, die in den Magazinen und den Kinos dargestellt und zugleich gezüchtet werden. Sie sind ins Allgemeinbewußtsein eingetreten, das sich nach ihnen sein Gesamtbild von der neuen Angestelltenschicht formt. Die Frage ist, ob das Bild die Wirklichkeit entscheidend trifft.

Es deckt sich mit ihr nur zum Teil. Und zwar vernachlässigt es vorwiegend alle die Züge, Figuren und Erscheinungen, die aus dem Zusammenprall der gegenwärtigen Wirtschaftsnotwendigkeiten mit einer ihnen fremden Lebensmaterie entstehen. Das Leben der proletarischen wie überhaupt der »unteren« Volksschichten fügt sich ja keineswegs ohne weiteres den Forderungen der rationalisierten Wirtschaft. Ihnen entspricht vielmehr die in der eigentlichen Bourgeoisie heimische formale Bildung ungleich besser als das gebundene Denken jener Schichten, das von bestimmten Inhalten besetzt und in greifbaren Stoffen befangen ist. In seiner Unangemessenheit an das abstrakte wirtschaftliche Denken hat gewiß auch die Unternehmerklage über die Indolenz vieler Angestellten ihren Grund.

In Ausnahmefällen freilich glücken Übereinstimmungen, die an eine prästabilierte Harmonie glauben lassen. Ich kenne einen Zigarettenvertreter, der seine Branche so vollkommen vertritt, als sei er in sie hineingeboren. Er ist, was man einen schnieken Kerl nennt, er lebt und läßt leben, er macht eine brillante Konversation, er versteht sich auf Weiber und auf Gelegenheiten. Aber das Wunderbare ist, daß seine mannigfachen Gaben nicht wie sonst wohl bei Verkäufern und Vertretern bloße Arabesken[3] der Substanzlosigkeit sind, sondern einem wirklichen Grund entstammen und gut aufsitzen. Die Natur selbst ist hier schnieke; ein Benehmen, das gemeinhin einen in lauter Relationen lebenden Menschen kennzeichnet, ist hier aus dem vollen geschöpft. Nach seinen eigenen Worten wird er wie ein Fürst empfangen, wenn er im Prunkwagen der Firma bei den Kunden vorfährt. Da der elegante Wagen gerade die richtige Staffage für ihn ist, benutzt er ihn außerdem gern zu Ausflügen mit Damen und sonstigen privaten Zwecken; eine Großzügigkeit, die seiner Meinung zufolge mittelbar wieder der Firma zugute kommt, der gegenüber er auch nie ein Hehl aus den Extratouren gemacht hat. (Leider ist inzwischen durch die fortschreitende Konzentrationsbewegung in der Zigarettenindustrie der Autogebrauch rationiert worden, und die Damen werden das Nachsehen haben.) Der Mann ist kleiner Herkunft und wurzelt im Zentrum Berlins. Andere mit seinen Talenten und seinem Einkommen ausgestattete Leute erblicken ihre Lebensaufgabe darin, Kavaliere zu sein, die zur Oberklasse gehören. Er hingegen, ungerührt durch den gehobenen Amüsierbetrieb und durch Chancen, die seine charmante Verbindlichkeit vermutlich auszuwerten verstünde, hält fest zu seiner Angestellten-Gewerkschaft, der er schon viele Unorganisierte zugeführt hat. Nach Versammlungen oder Sitzungen der Ortsgruppe siedelt er oft mit den Kollegen und Kolleginnen in Kutscherkneipen und halbproletarische Lokale über, in denen er mindestens so ansässig wie im Auto ist. Die Wirte und Klavierspieler sind ihm bekannt, und über die Gäste weiß er Bescheid. Bald ist die Stimmung beschwingt, denn weder Mädchen noch Männer vermögen diesem Gemisch aus Mutterwitz, Schnödigkeit und Gemüt ernsthaft zu widerstehen. Seine Popularität erreicht den Gipfel, wenn er mit leidlicher Stimme aus der »Traviata« und dem »Lohengrin« zu singen beginnt. Dann ist der Alltag versunken, und weit über den Kollegenkreis hinaus schwelgen alle Anwesenden im Genuß eines schöneren Lebens.

Nicht oft läßt die Wirtschaft eine solche Lücke frei, in der einer von unten, der etwas ist, genau so sein darf, wie er ist. Manche bleiben unsicher ihr Leben lang wie jene ganz und gar kleinbürgerliche Sekretärin meiner Bekanntschaft, die dadurch einige Versiertheit vorzutäuschen sucht, daß sie immer ein »Well« in ihre Rede einflicht. Sie hat das Well dem Spracharsenal der Erfolgreicheren entnommen, die sich mühelos durchwinden, gelangt aber trotz der Krücke nicht recht von der Stelle, obwohl sie schon an die zehn Stellen hinter sich gebracht hat. Ein ereignisreiches Leben, das doch keinen Zug hat, weil es sich seiner Substanz nach windschief zu den Ansprüchen moderner Betriebe verhält. Die ohne Substanz tun sich leichter. Immerhin kann das Mädchen gerade noch mit, während andere ihre Natur austreiben müssen, um sich nur auf einem bescheidenen Posten zu behaupten. Ich habe einen Abend mit einigen älteren Angestellten verlebt, die tagsüber in mittleren kaufmännischen Berufen tätig sind. Der eine ist Bilanzbuchhalter, ein zweiter Kassenbeamter; gesetzte Männer, denen sicher für gewöhnlich außer dem Büroleben und dem engen Haushalt nichts anzumerken ist. Wir besuchten an jenem Abend einen Witwenball in der Gegend der Elsässer Straße, das echte Zille-Milljöh, mit Blechmusik, Gelegenheitsarbeitern, billigen Witwen und Dirnen. Es wurde Bier getrunken, und die Leute verwandelten sich vor meinen Augen. Das waren nicht mehr gedrückte Büroangestellte, sondern richtige Elementargewalten, die aus dem Gehege brachen und sich auf ziemlich unbekümmerte Weise vergnügten. Sie erzählten eindeutige Geschichten, kramten Schwänke aus, strichen im Saal umher, sinnierten in ihre Gläser hinein und tobten dann wieder. Der Tanzmeister trat an den Tisch, ein etwas vertrottelter Volkshumorist, der sich beim spendierten Bier unaufgefordert über seine Schicksale verbreitete. Er hat seine Glanzzeit als Musikclown gehabt und ist dann offenbar nach und nach heruntergekommen. Besonders merkwürdig an der Zusammenkunft war aber dies: daß der Bilanzbuchhalter als ein alter Spießgeselle des Tanzmeisters wirkte, als eine durchaus unbürgerliche Existenz, die niemals Büroräume lange von innen gesehen hat. Warum ist er nicht zu höheren Positionen emporgedrungen? Vielleicht hat die Uninteressiertheit der Vagabundennatur seinen Anstieg verhindert, und nun ist es zu spät. Es gibt eine Menge phantastischer E. T. A. Hoffmann-Figuren unter den Angestellten vorgerückteren Alters. Irgendwo sind sie steckengeblieben und erfüllen seitdem ununterbrochen banale Funktionen, die alles andere eher als unheimlich sind. Dennoch ist es, als seien diese Menschen in eine Aura des Grauens gehüllt. Sie strömt von den verwesten Kräften aus, die innerhalb der bestehenden Ordnung keinen Ausweg gefunden haben.

Das junge Volk, das in den breiten Schichten zwischen dem Proletariat und dem Bürgertum aufwächst, paßt sich mehr oder weniger leicht dem Betrieb an. Viele lassen sich unwissend treiben und machen mit, ohne noch zu ahnen, daß sie eigentlich gar nicht dazugehören.

Ferdinand Reznicek: Seligkeit (1901)

»Wenn jetzt a weiße Lilien aus dein Herzen in d' Höh' wachsen that und wann d' a paar Flügeln am Buckel hättst, dann meinet i grad, du warst a liabs Engerl und i war der Herrgott, der mit dir im Himmel umanandwalzt.«

Ich gedenke eines Mädchens, das von seinen Freundinnen »Heimchen« genannt wird. Heimchen ist ein am Gesundbrunnen wohnhaftes Proletarierkind und arbeitet in der Registratur einer Fabrik. Der Zauber des bürgerlichen Lebens erreicht sie gerade noch in seiner schäbigsten Gestalt, und gedankenlos nimmt sie alle Segnungen auf, die von oben herabträufen. Bezeichnend für sie ist, daß sie, im Tanzsaal oder im Vorstadtcafé, kein Musikstück anhören kann, ohne sofort den ihm zubestimmten Schlager mitzuzirpen. Aber nicht sie ist es, die jeden Schlager kennt, sondern die Schlager kennen sie, holen sie ein und erschlagen sie sanft. In einem Zustand völliger Betäubung bleibt sie zurück. (...)

Die heute übliche sexuelle Freizügigkeit etwa macht gerade in den unteren Angestelltenkreisen genug jungen Leuten zu schaffen. Sie möchten ihre eigenen Empfindungen ausdrücken; sie widersetzen sich dem System, das ihr Dasein zu bestimmen sucht, und werden doch von dem System übermannt. Ist einer dumpf und beschränkt wie ein mir bekannter einundzwanzigjähriger kaufmännischer Angestellter, so entstehen furchtbare Mißbildungen. Der an der Grenze des proletarischen Milieus aufgewachsene Jüngling gehört einer Angestellten-Organisation an, in der er sich mit Fanatismus betätigt. Da er sich nach geistigem Austausch sehnt und offenbar auch in der Jugendgruppe seines Verbandes wenig Gesinnungsgenossen findet, hat er eine Korrespondenz mit einem Mädchen in der Provinz angeknüpft, das ebenfalls Verbandsmitglied ist. Diese Privatkorrespondenz nun wird von ihm nach Methoden geführt, die der Registraturabteilung eines Großbetriebs würdig wären. Daß die Schriftstücke chronologisch in Mappen geheftet sind, läßt sich noch einigermaßen begreifen. Darüber hinaus trägt aber jede nichtssagende Ansichtskarte den Eingangs- und Abgangsstempel, und die abgeschickten Briefe werden in der stenographischen Urschrift aufbewahrt. Der Irrsinn, mit dem hier kaufmännische Prinzipien ein ihnen vorenthaltenes Gebiet durchdringen, bliebe ein Sonderfall, wäre nicht auch in den Briefen dem Gemüt die Zwangsjacke angelegt. Die Adressatin sei Käthe genannt. Sie reden sich beide nicht etwa mit den Vornamen, sondern als Jugendkollegen an. »Lieber Jugendkollege«, schreibt das neunzehnjährige Mädchen. In dieser Titulatur feiert ein auf Abwege geratener Verbandskollektivismus eine kleine unselige Orgie. Erlischt seine sprachbildnerische Kraft, so fährt sogleich das Geschäftsdeutsch mit der Knebelung fort. Käthe schreibt: »In der Anlage überreiche ich Dir noch das Programm unseres Elternabends.« Und am Schluß eines Briefes gibt sie zu den Akten: »Deinen weiteren Zeilen sehe ich gern entgegen.« (...)

In vielen Büros klappern Töchter gutbürgerlicher Familien, denen es nur um irgendeine Beschäftigung zu tun ist, die Taschengeld abwirft. Sie halten entweder mit oder leben zurückgezogen. So oder so lassen sie alles stehen, wie es steht. Aus dem Gros des höheren bürgerlichen Nachschubs hebt sich ein gerade in Berlin gar nicht so selten anzutreffender Typ heraus, den man am ehesten als Angestellten-Bohème bezeichnen kann. Mädchen, die in die Großstadt kommen, um Abenteuer zu suchen, und wie Kometen durch die Angestelltenwelt schweifen. Ihre Laufbahn ist unberechenbar, und ob sie auf der Straße oder im Hochzeitsbett enden, kann auch der beste Astronom nicht ermitteln. Ein vollkommenes Exemplar dieser Gattung ist die nette Fabrikantentochter aus Westdeutschland, die oft im Romanischen Café residiert. Dort gefällt es ihr besser als bei der Familie, der sie in ihrer Baskenmütze mit dem Zipfelchen drauf eines Tages durchgebrannt ist; besser auch als in dem Großbetrieb, in dem sie für 150 Mark monatlich an der Additionsmaschine arbeitet. Was soll man tun, wenn man leben will, richtig leben, und von zu Hause nicht den geringsten Zuschuß erhält? Gewiß, sie will und wird sich eine gehobenere Stellung erringen, aber die Büroarbeit ist für sie doch immer nur die unerläßliche Bedingung der Freiheit, die sie auskosten möchte. Nach Geschäftsschluß trinkt sie daheim in ihrem möblierten Zimmer noch rasch einen starken Kaffee, der sie wieder frisch macht, und dann geht es los, mitten ins Leben hinein, zu den Studenten und Künstlern, mit denen geschwatzt, geraucht und gepaddelt wird. Wahrscheinlich geschieht auch noch mehr. Über eine kurze Weile, und man hat sie gesehen. Die Kolleginnen in den Büros aber bleiben.
Die im bürgerlichen Deutschland ausgeprägte Sucht, sich durch irgendeinen Rang von der Menge abzuheben, auch wenn er nur eingebildet ist, erschwert den Zusammenhalt unter den Angestellten selber. Sie sind aufeinander angewiesen und möchten sich voneinander sondern. Man könnte sich der tausend Spielarten freuen, wären sie von einer einheitlichen Überzeugung umfangen. Aber sie hintertreiben eher das Bewußtsein der Verbundenheit, als daß sie in ihm wurzelten. Schon die untersten

Angestelltengruppen behandeln sich so, als seien sie durch Welten geschieden. Eine Berliner Zeitung brachte jüngst eine Geschichte, deren Pointe darin bestand, daß sich die Expedientin eines Warenhauses himmelhoch ihrer Kollegin überlegen dünkt, die nur die Verbindung zwischen Lager und Warenausgabe herzustellen hat. So sind auch die Kontoristinnen im Warenhaus gemeinhin geachteter als die Verkäuferinnen, und zwar genießen sie eine Wertschätzung, die annähernd durch den ihnen beigelegten Ehrentitel »Prinzessin« ausgedrückt wird. Dem nichtsahnenden Laien, der diese gewaltigen Bedeutungsunterschiede wahrnimmt, ist zumute, als eröffne sich ihm unter der Linse des Mikroskops ein neuer Kosmos voller Abgründe und Gipfel. Eine Schlucht von stattlicher Tiefe gähnt etwa auch zwischen den technischen und den kaufmännischen Angestellten in der Industrie. Diese traktieren jene, dem Bericht eines Leidtragenden zufolge, mit Hochmut und lassen sie gerne warten wie kleine Kunden; während jene wiederum das Vorurteil hegen, daß nur ihre Arbeit als produktiv gelten dürfe. Daß die Krone der Angestelltenschöpfung der Bankbeamte sei, ist zum mindesten bei den Bankbeamten ein weitverbreiteter Glaubenssatz. Er hat sich aus den Urzeiten der Branche fortgeerbt, ist ersichtlich an die intime Beschäftigung mit dem Geld geknüpft und erhält eine Art von äußerer Bestätigung durch die fürstlichen Bankpaläste im Renaissance-Stil. Kathedralen steigern so die Frömmigkeit, aus der sie erwachsen sind. Der ungeheure Abbau hat, wie mir der Betriebsratsvorsitzende einer Großbank erklärt, das Standesgefühl der angestammten Herrenkaste nur erschüttert, keineswegs aber getilgt. Seine Beobachtung wird durch die Auskünfte eines Angehörigen des Deutschen Bankbeamtenvereins auf wunderbare Weise erhärtet. Der betreffende Funktionär fügt nämlich der Bemerkung, daß der Horizont der Bankangestellten heute leider enger als früher sei, den tröstlichen Nachsatz an, daß sie darum noch im allgemeinen mehr Bildung besäßen als die verwandten Angestellten-Kategorien. Die Behauptung ihrer Souveränität soll das angegriffene Selbstbewußtsein stützen. (...)

Nichts kennzeichnet so sehr dieses Leben, das nur in eingeschränktem Sinne Leben heißen darf, als die Art und Weise, in der ihm das Höhere erscheint. Es ist ihm nicht Gehalt, sondern Glanz. Es ergibt sich ihm nicht durch Sammlung, sondern in der Zerstreuung. »Warum die Leute so viel in Lokale gehen?«, meint ein mir bekannter Angestellter, »doch wohl deshalb, weil es zu Hause elend ist und sie am Glanz teilhaben wollen.« Unter dem Zuhause ist übrigens außer der Wohnung auch der Alltag zu verstehen, den die Inserate der Angestellten-Zeitschriften umreißen. Sie betreffen in ihrer Mehrzahl: Federn; Kohinoor-Bleistifte; Hämorrhoiden; Haarausfall; Betten; Kreppsohlen; weiße Zähne; Verjüngungsmittel; Verkauf von Kaffee in Bekanntenkreisen; Sprechmaschinen; Schreibkrampf; Zittern, besonders in Gegenwart anderer; Qualitätspianos gegen wöchentliche Abzahlung usw. Eine zu Reflexionen neigende Stenotypistin äußert sich ähnlich zu mir wie jener Angestellte: »Die Mädels kommen meist aus geringem Milieu und werden vom Glanz angelockt.« Sie begründet dann höchst merkwürdig die Tatsache, daß die Mädels im allgemeinen ernste Unterhaltungen meiden. »Ernste Unterhaltungen«, sagte sie, »zerstreuen nur und lenken von der Umwelt ab, die man genießen möchte.« Wenn einem ernsten Gespräch zerstreuende Wirkungen beigemessen werden, ist es mit der Zerstreuung unerbittlicher Ernst.

(1929)

WILHELM REICH

Zur Massenpsychologie des Kleinbürgertums

Wir sagten, der Erfolg Hitlers sei weder aus seiner »Persönlichkeit« noch aus der objektiven Rolle, die seine Ideologie im zerrütteten Kapitalismus spielt, zu verstehen. Ebensowenig aus einer bloßen »Vernebelung« der Massen, die ihm folgten. Wir stellten die Frage ins Zentrum, *was in den Massen vorging, daß sie einer Partei Gefolgschaft leisteten, deren Führung objektiv sowohl wie subjektiv den Interessen der arbeitenden Menschenmassen genau entgegengesetzt war.*[1]

Zur Beantwortung dieser Frage ist zunächst festzuhalten, daß die nationalsozialistische Bewegung in ihrem ersten erfolgreichen Anlauf sich auf die breiten Schichten des sogenannten Mittelstandes stützte, also der Millionen privater und öffentlicher Beamter, der mittleren Kaufmannschaft und des mittleren und kleinen Bauerntums. *Vom Standpunkt seiner sozialen Basis gesehen, war der Nationalsozialismus ursprünglich eine kleinbürgerliche Bewegung, und dies überall, wo er auftrat*, ob in Italien, Ungarn, Argentinien oder Norwegen. Dieses Kleinbürgertum, das vorher im Lager der verschiedenen bürgerlich-demokratischen Parteien stand, mußte also eine innere Wandlung durchgemacht haben, daß es seinen politischen Standort wechselte. Aus der sozialen Lage und der ihr entsprechenden psychologischen Struktur des Kleinbürgertums erklären sich sowohl die grundsätzlichen Gleichheiten wie die Verschiedenheiten der bürgerlich-liberalen und der faschistischen Ideologien.

Das faschistische Kleinbürgertum ist das gleiche wie das kleinbürgerliche demokratisch liberale, nur in einer anderen historischen Epoche des Kapitalismus. Der Nationalsozialismus bezog seinen Zuwachs in den Wahljahren 1930 bis 1932 fast ausschließlich aus der deutschnationalen Partei, der Wirtschaftspartei und den kleineren Splitterparteien des Deutschen Reiches. Nur das katholische Zentrum bewahrte sogar in der Preußenwahl 1932 seine Position. Erst bei der Preußenwahl

1932 gelang dem Nationalsozialismus auch der Einbruch in die Industriearbeitermassen. Doch nach wie vor blieb der Mittelstand die Kerntruppe des Hakenkreuzes. In der schwersten wirtschaftlichen Erschütterung des kapitalistischen Systems seit seinem Bestande (1929–1932) trat in Gestalt des Nationalsozialismus der Mittelstand auf die politische Tribüne und hielt den revolutionären Umbau der Gesellschaft auf. Die politische Reaktion wußte diese Bedeutung des Kleinbürgertums sehr richtig einzuschätzen. »Der Mittelstand ist für die Existenz eines Staates von entscheidender Bedeutung«, hieß es in einem Flugblatt der Deutschnationalen vom 8. April 1932.

Die Frage nach der sozialen Bedeutung des Mittelstandes spielte innerhalb der Linken in den Diskussionen nach dem 30. Januar 1933 eine große Rolle. Bis zum 30. Januar war die Beachtung des Mittelstandes beträchtlich zu kurz gekommen, weil alle Interessen von der Beachtung der Entwicklung der politischen Reaktion, der autoritären Staatsführung gefesselt waren und weil die *massenpsychologische* Fragestellung den Politikern fernlag. Nachher begann man an verschiedenen Stellen die »Rebellion des Mittelstandes« in den Vordergrund zu rükken. Verfolgt man die Diskussion über diese Frage, so kann man feststellen, daß sich zwei Hauptmeinungen herausbildeten: die eine vertrat den Standpunkt, der Faschismus sei »nichts anderes« als die Parteigarde der Großbourgeoisie; die andere übersah diesen Tatbestand nicht, rückte jedoch die »Rebellion des Mittelstandes« in den Vordergrund, was ihren Vertretern den Vorwurf eintrug, daß sie die reaktionäre Rolle des Faschismus verwischten; man berief sich dabei auf die Berufung Thyssens zum Wirtschaftsdiktator, auf die Auflösung der wirtschaftlichen Mittelstandsorganisationen, auf das Abblasen der »zweiten Revolution«, kurz, auf den ab etwa Ende Juni 1933 immer mehr und offener hervortretenden rein reaktionären Charakter des Faschismus.

Man konnte einige Unklarheiten in der sehr heftigen Diskussion feststellen: Die Tatsache, daß der Nationalsozialismus sich nach der Machtergreifung immer mehr als imperialistischer Nationalismus enthüllte, der eifrig bestrebt war, alles »Sozialistische« aus der Bewegung auszuschalten und den Krieg mit allen Mitteln vorbereitete, widerspricht nicht der anderen Tatsache, daß der Faschismus, *von seiner Massenbasis her gesehen, in der*

Tat eine Mittelstandsbewegung war. Ohne das Versprechen, den Kampf gegen das Großkapital aufzunehmen, hätte Hitler die Mittelstandsschichten nie gewonnen. Sie verhalfen ihm zum Siege, weil sie *gegen* das Großkapital waren. Unter ihrem Drucke mußten die führenden Stellen zu *anti*kapitalistischen Maßnahmen ansetzen, wie sie sie unter dem Drucke des Großkapitals wieder abstoppen mußten. Wenn man nicht die subjektiven Interessen in der Massenbasis einer reaktionären Bewegung von der objektiven reaktionären Funktion unterscheidet, die einander widersprechen (und in der *Ganzheit* der Nazi-Bewegung zunächst vereinigt waren), muß man aneinander vorbeireden, indem der eine die reaktionäre Rolle des Faschismus, der andere die reaktionären Interessen der faschistischen Massen meint, wenn er von »Faschismus« spricht. In der Gegensätzlichkeit dieser zwei Seiten des Faschismus sind sämtliche seiner Widersprüche begründet, ebenso wie ihre Vereinigung in der *einen* Form: »Nationalsozialismus«, die die Hitlerbewegung kennzeichnet. Sofern der Nationalsozialismus seinen Charakter als Mittelstandsbewegung hervorzukehren gezwungen war *(vor* der Machtergreifung und knapp nachher*)*, ist er in der Tat *antikapitalistisch und revolutionär*; sofern er zur Festigung und Erhaltung der einmal errungenen Macht – da er das Großkapital *nicht* entrechtet – immer mehr seinen antikapitalistischen Charakter abstreift und seine kapitalistische Funktion immer ausschließlicher hervorkehrt, wird er zum extremen imperialistischen Verfechter und Festiger der großkapitalistischen Wirtschaftsordnung. Dabei ist völlig gleichgültig, ob und wie viele seiner Führer ehrlich oder unehrlich »sozialistisch« (in ihrer Auffassung!) gesinnt waren, ebensowenig wie, ob und wie viele Volksbetrüger und Machtjäger sind. Darauf kann man gründliche antifaschistische Politik nicht basieren. Aus der Geschichte des italienischen Faschismus hätte man alles für das Verständnis des deutschen Faschismus und seiner Zwiespältigkeit lernen können, denn auch der italienische Faschismus zeigte die beiden genannten einander strikt wiedersprechenden Funktionen zu einem Ganzen vereint.

Diejenigen, die die Funktion der Massenbasis des Faschismus entweder leugnen oder nicht gebührend einschätzen, stehen gebannt vor der Tatsache, daß der Mittelstand, weil er weder über

George Grosz: aus dem »Spießer-Spiegel« (1925)

die Hauptproduktionsmittel verfügt noch an ihnen arbeitet, auf die Dauer keine Geschichte machen kann, daher zwischen Kapital und Arbeiterschaft hin- und herschwanken muß. Sie übersehen, daß der Mittelstand, wenn auch nicht *auf die Dauer*, so doch für *geschichtlich kurz begrenzte Zeit* »Geschichte machen« kann und macht, wie es der italienische und deutsche Faschismus lehren. Nicht nur die Zerschlagung der Arbeiterorganisationen, die unzähligen Opfer, der Einbruch der Barbarei sind dabei gemeint, sondern vor allem die Verhinderung der Entwicklung der ökonomischen Krise zur politischen Umwälzung der Gesellschaft, zur sozialen Revolution. Es ist klar: Je größer

Umfang und Gewicht der Mittelstandsschichten in einer Nation sind, desto entscheidendere Bedeutung kommt ihnen als entscheidend wirkender gesellschaftlicher Kraft zu. 1933 bis 1942 ergab sich das Paradoxon, daß der nationalistische Faschismus den sozialrevolutionären Internationalismus als *internationale* Bewegung überflügeln konnte. Die Sozialisten und Kommunisten hatten Illusionen über das Fortschreiten der revolutionären Bewegung im Verhältnis zu dem der Reaktion und begingen derart schlechthin politischen Selbstmord, auch wenn die besten Motive zugrunde lagen. Diese Frage verdient die allergrößte Aufmerksamkeit. Der Prozeß, der sich im letzten Jahrzehnt in den Mittelstandsschichten aller Länder abspielte, verdient weit mehr Aufmerksamkeit als die banale, bekannte Tatsache, daß der Faschismus extremste wirtschaftliche und politische Reaktion bedeutet. Mit dem letzten allein kann man politisch nichts anfangen, was ja auch die Geschichte zwischen 1928 und 1942 reichlich bewiesen hat.

Der Mittelstand geriet in Bewegung und trat in der Gestalt des Faschismus als gesellschaftliche Kraft auf. Es kommt deshalb nicht auf die reaktionäre Absicht der Hitler und Göring, sondern auf die sozialen Interessen der Mittelstandsschichten an. Der Mittelstand hat infolge seiner charakterlichen Struktur eine ungeheure soziale Macht, weit über seine wirtschaftliche Geltung hinaus. Es ist die Schicht, die nichts Geringeres als mehrere tausend Jahre Patriarchat konserviert und mit allen seinen Widersprüchen lebendig hält.

Daß eine faschistische Bewegung überhaupt existiert, ist zweifellos gesellschaftlicher Ausdruck des nationalistischen Imperialismus. Daß aber diese faschistische Bewegung zu einer Massenbewegung werden, ja an die Macht gelangen konnte, was die imperialistische Funktion erst erfüllt, ist die Wirkung der Massenbewegung des Mittelstandes. Nur unter Beachtung dieser Gegensätze und Widersprüche, jedes zu seiner Zeit, kann man die einander widersprechenden Erscheinungen des Faschismus erfassen.

Die soziale Stellung des Mittelstandes ist bestimmt:

a. *durch seine Stellung im kapitalistischen Produktionsprozeß,*
b. *durch seine Stellung im autoritären Staatsapparat,*
c. *durch seine besondere familiäre Situation*,

die unmittelbar von der Stellung im Produktionsprozeß bestimmt ist und den Schlüssel zum Verständnis seiner Ideologie abgibt. Die Stellung des Kleinbauerntums, des Beamtentums und der mittleren Kaufmannschaft zeigt wirtschaftliche Verschiedenheiten, kennzeichnet sich aber durch eine in den Grundzügen *gleichartige* familiäre Situation.

Die rasche Entwicklung der kapitalistischen Wirtschaft im 19. Jahrhundert, die stetig und rasch fortschreitende Mechanisierung der Produktion, die Zusammenfassung der verschiedenen Produktionszweige in monopolistische Syndikate und Trusts sind die Grundlage der fortschreitenden Pauperisierung der kleinbürgerlichen Kaufleute und Gewerbetreibenden. Der Konkurrenz der billiger und rationeller arbeitenden Großindustrie nicht gewachsen, verfallen die kleinen Unternehmungen unrettbar.

> »Der Mittelstand hat von diesem System nichts anderes zu erhoffen als schonungslose Vernichtung. Darum also geht es: Ob alle in eine große graue und öde Masse von Proletariat versinken, wo alle dasselbe haben, nämlich nichts, oder ob die Kraft und der Fleiß den einzelnen wieder in die Lage versetzen sollen, sich in mühevoller Lebensarbeit sein Eigentum zu schaffen. Mittelstand oder Prolet! Darum geht es!«

mahnten die Deutschnationalen vor der Reichspräsidentenwahl 1932. Die Nationalsozialisten gingen nicht so plump vor, eine breite Kluft zwischen Mittelstand und Industriearbeiterschaft in der Propaganda aufzureißen, und hatten damit mehr Erfolg.

In der Propaganda der NSDAP spielte der Kampf gegen die großen Kaufhäuser eine große Rolle. Doch der Widerspruch zwischen der Rolle, die der Nationalsozialismus für die Großindustrie spielte, und den Interessen des Mittelstandes, auf die er sich stützte, kam etwa in Hitlers Gespräch mit Knickerbokker zum Ausdruck: »Wir werden die deutsch-amerikanischen Beziehungen nicht von einem Kramladen abhängig machen (gemeint war das Schicksal von Woolworth in Berlin) ... die Existenz derartiger Unternehmungen bedeutet eine Förderung des Bolschewismus ... Sie zerstören viele kleine Existenzen. Deshalb werden wir sie nicht billigen, aber Sie können versichert sein, daß Ihre Unternehmungen dieser Art in Deutschland um nichts anders behandelt werden sollen als ähnliche deutsche Unternehmungen.« Die ausländischen Privatschulden belasten den Mittelstand ungeheuer. Während aber Hitler für die Zahlung der Privatschulden war, weil er außenpolitisch von der Erfüllung der Auslandsforderungen abhing, forderten seine Anhänger die Annullierung dieser Schulden. Das Kleinbürgertum rebellierte also »gegen das System«, worunter es die »marxistische Herrschaft« der Sozialdemokratie verstand.

Sosehr nun diese Schichten des Kleinbürgertums in der Krise zum organisatorischen Zusammenschluß drängten, die wirtschaftliche Konkurrenz der kleinen Unternehmungen hatte sich doch gegen die Grundlegung eines Solidaritätsgefühls, dem des Industriearbeiters entsprechend, ausgewirkt. Schon infolge seiner sozialen Lage kann der Kleinbürger sich weder mit seiner sozialen Schichte noch auch mit dem Industriearbeiter solidarisieren; mit seiner eigenen Schicht nicht, weil da die Konkurrenz vorherrscht, mit dem Industriearbeiter nicht, weil er gerade die Proletarisierung am meisten fürchtet. Trotzdem bewirkte die faschistische Bewegung einen Zusammenschluß des Kleinbürgertums. Auf welcher massenpsychologischen Basis?

Die Antwort darauf gibt die soziale Stellung des kleinen und mittleren staatlichen und privaten Beamtentums. Der durchschnittliche Beamte ist wirtschaftlich schlechter gestellt als der durchschnittliche spezialisierte Industriearbeiter; diese schlechte Stellung wird zum Teil wettgemacht durch die geringfügige Aussicht auf Karriere, beim Staatsbeamten vor allem durch die lebenslängliche Versorgung. Derart von der obrigkeitlichen Autorität abhängig, bildet sich in dieser Schicht eine Konkurrenzhaltung gegenüber den Kollegen heraus, die der Entwicklung von Solidarität entgegenwirkt. Das soziale Bewußtsein des Beamten ist nicht gekennzeichnet durch Schicksalsgemeinschaft mit seinen Arbeitskollegen, sondern durch seine Stellung zur staatlichen Obrigkeit und zur »Nation«. Diese besteht in einer völligen *Identifizierung mit der Staatsmacht*, beim privaten Angestellten in einer Identifizierung mit dem Unternehmen, dem er dient. Er ist ebenso Untertan wie der Industriearbeiter. Weshalb entwickelt er kein Solidaritätsgefühl wie dieser? Das beruht auf seiner Zwischenstellung zwischen Obrigkeit und Handarbeiterschaft. Nach oben Untergebener ist er nach unten Vertreter dieser Obrigkeit und ge-

nießt als solcher eine besondere moralische (nicht materielle) Schutzstellung. Die restlose Ausbildung dieses massenpsychologischen Typus finden wir in den Feldwebeln der verschiedenen Armeen.
Die Macht dieser Identifizierung mit dem Dienstgeber erkennen wir in krasser Form bei Angestellten adeliger Häuser, Kammerdienern etc., die sich durch Übernahme von Haltung, Denkart, Auftreten der herrschenden Klasse restlos verändern und sogar, um die niedere Herkunft zu übertönen, dieses Wesen übertreiben.
Diese Identifizierung mit der Behörde, dem Unternehmen, dem Staat, der Nation etc., die sich in die Formel kleiden läßt: »*Ich* bin der Staat, die Behörde, das Unternehmen, die Nation«, stellt eine psychische Realität dar und ist eines der besten Beispiele für eine zur materiellen Kraft gewordene Ideologie. Zunächst schwebt dem Angestellten, dem Beamten nur das Ideal, so wie der Vorgesetzte zu sein, vor, bis allmählich durch die chronische materielle Abhängigkeit sich das Wesen im Sinne der herrschenden Schicht umbaut. Ständig den *Blick nach oben gerichtet*, bildet der Kleinbürger eine *Schere aus zwischen seiner wirtschaftlichen Lage und seiner Ideologie*. Er lebt in kleinen Verhältnissen, aber er tritt nach außen repräsentativ auf, dies oft bis zur Lächerlichkeit übertreibend. Er ernährt sich schlecht und ungenügend, aber er legt großen Wert auf »anständige Kleidung«. Der Zylinder und der Bratenrock werden die materiellen Symbole dieser charakterlichen Struktur. Und weniges ist für die massenpsychologische Beurteilung einer Bevölkerung auf den ersten Blick geeigneter als die Beobachtung ihrer Kleidung. Durch den »Blick nach oben« unterscheidet sich die kleinbürgerliche Struktur spezifisch von der Struktur des Industriearbeiters.
Wie tief reicht nun diese Identifizierung mit der Autorität? Daß eine solche besteht, war bekannt. Die Frage ist aber, in welcher Weise außer unmittelbar wirkenden wirtschaftlichen Seinsfaktoren emotionelle Umstände die kleinbürgerliche Haltung unterbauen und derart festlegen, daß die kleinbürgerliche Struktur auch in Zeiten der Krise, auch in Zeiten, in denen die Arbeitslosigkeit die unmittelbare wirtschaftliche Basis zerstört, nicht ins Wanken gerät.
Wir sagten früher, daß die wirtschaftliche Stellung der verschie-

Robert Doisneau: Im Bistro (Foto, 1960)

denen Schichten des Kleinbürgertums eine verschiedene, ihre familiäre Lage aber in den Grundzügen die gleiche sei. *In dieser familiären Lage haben wir den Schlüssel zum emotionellen Unterbau der früher beschriebenen Struktur.* (...)
In seinem Bestreben, sich vom Handarbeiter abzugrenzen, kann das städtische Kleinbürgertum, da es wirtschaftlich nicht besser gestellt ist als die Industriearbeiterschaft, nur auf seine familiären und sexuellen Lebensformen sich stützen, die es

dann in bestimmter Weise ausbaut. Was wirtschaftlich unzulänglich ist, muß sexualmoralisch kompensiert werden. Dieses Motiv ist beim Beamtentum das wirksamste Element seiner Identifizierung mit der Staatsmacht. Da man nicht so gestellt ist wie das Großbürgertum, gleichzeitig aber mit ihm identifiziert ist, müssen die sexualmoralischen Ideologien wettmachen, was die wirtschaftliche Lage nimmt. Die sexuellen und die von ihnen abhängigen kulturellen Lebensformen dienen im wesentlichen der Abgrenzung gegen *unten*.

Die Summe dieser moralischen Haltungen, die sich um die Stellung zum Sexuellen gruppieren und gemeinhin als »Spießertum« bezeichnet werden, gipfelt in den Vorstellungen – wir sagen *Vorstellungen*, nicht Taten – von *Ehre* und *Pflicht*. Man muß die Wirkung dieser beiden Worte auf das Kleinbürgertum richtig einschätzen, um es auch der Mühe wert zu halten, sich mit ihnen eingehend zu beschäftigen. Kehren sie doch auch in der faschistischen Diktatur-Ideologie und Rassetheorie immer wieder. Praktisch zwingen ja gerade die kleinbürgerliche Daseinsweise und der kleinbürgerliche Warenverkehr vielfach das gerade gegenteilige Verhalten auf. In der privaten Warenwirtschaft gehört ein Stück Unehrenhaftigkeit sogar zur Existenz. Kauft ein Bauer ein Pferd, so wird er es in jeder Weise entwerten. Verkauft er das gleiche Pferd ein Jahr später, so wird es jünger, besser und tüchtiger geworden sein als ein Jahr vorher. Die »Pflicht« beruht auf Geschäftsinteressen und nicht auf nationalen Charaktereigenschaften. Die eigene Ware wird immer die beste sein, die fremde immer die schlechtere. Die Entwertung des Konkurrenten, meist eine jeder Ehrlichkeit bare Handlung, ist ein wesentliches Werkzeug des »Geschäfts«. Auftreten und Benehmen der kleinen Geschäftsleute zeugen in Überhöflichkeit und in Unterwerfung unter den Kunden von dem grausamen Zwang der wirtschaftlichen Daseinsweise, die den besten Charakter auf die Dauer verbiegen muß. Trotzdem spielt der Begriff der »Ehre« und der »Pflicht« im Kleinbürgertum eine so entscheidende Rolle. Das läßt sich aus Verdekkungsabsichten grob materieller Herkunft nicht allein erklären. Denn bei aller Heuchelei, die Ekstase dabei ist echt. Es fragt sich nur, aus welchen Quellen sie strömt.

Sie kommt aus Quellen des unbewußten Gefühlslebens, die man zunächst nicht beachtet, deren Zusammenhang vor allem

mit jener Ideologie man typisch und gern übersieht. Die Analyse des Kleinbürgers läßt aber keinen Zweifel über die Bedeutung des Zusammenhanges seines sexuellen Lebens mit seiner Ideologie von »Pflicht« und »Ehre«.
Zunächst spiegelt sich die staatliche und ökonomische Stellung des Vaters in seinem patriarchalischen Verhältnis zur übrigen Familie wider. Der autoritäre Staat hat als seinen Vertreter in jeder Familie den Vater, wodurch sie sein wertvollstes Machtinstrument wird.
Die autoritäre Stellung des Vaters gibt seine politische Rolle wieder und enthüllt die Beziehung der Familie zum autoritären Staat. Die gleiche Stellung, die der Vorgesetzte dem Vater gegenüber im Produktionsprozeß einnimmt, hält dieser innerhalb der Familie fest. Und seine Untertanenstellung zur Obrigkeit erzeugt er neu in seinen Kindern, besonders seinen Söhnen. Aus diesen Verhältnissen strömt die passive, hörige Haltung der kleinbürgerlichen Menschen zu Führergestalten. (...)
Diese Stellung des Vaters erfordert nämlich strengste Sexualeinschränkung der Frauen und Kinder. Entwickeln die Frauen unter kleinbürgerlichen Einflüssen eine resignierende Haltung, die unterbaut ist von verdrängter sexueller Rebellion, so die Söhne neben einer untertänigen Stellung zur Autorität gleichzeitig eine starke Identifizierung mit dem Vater, die später zur gefühlsbetonten Identifizierung mit jeder Obrigkeit wird. Es wird noch lange ein ungelöstes Rätsel bleiben, wie es möglich ist, daß die Herstellung der psychischen Strukturen der tragenden Schichte einer Gesellschaft genauso in das ökonomische Gefüge und zu den Zwecken der herrschenden Mächte paßt wie die Teile einer Präzisionsmaschine. (...)
Die revolutionäre Bewegung hatte auch die Bedeutung der dem Anscheine nach nebensächlichen kleinen Gewohnheiten des Alltags nicht richtig eingeschätzt, ja sehr oft sie in falscher Weise ausgenützt. Das kleinbürgerliche Schlafzimmer, das sich der »Prolet« anschafft, sobald er Möglichkeiten dazu hat, auch wenn er sonst revolutionär gesinnt ist, die dazugehörige Unterdrückung der Frau, auch wenn er Kommunist ist, die »anständige« Kleidung am Sonntag, steife Tanzformen und tausend andere »Kleinigkeiten« haben bei chronischer Wirkung unvergleichlich mehr reaktionären Einfluß, als Tausende von revolutionären Versammlungsreden und Flugzetteln gutmachen kön-

nen. Das enge konservative Leben wirkt unausgesetzt, dringt in jede Ritze des Alltags ein; die Fabrikarbeit und der revolutionäre Flugzettel wirken dagegen nur stundenweise. Es war daher ein schwerer Fehler, daß man den konservativen Tendenzen der Arbeiterschaft Rechnung trug, indem man, »um an die Massen heranzukommen«, Feste veranstaltete, die der reaktionäre Faschismus weit besser traf. In dem »Abendkleid«, das sich eine Arbeiterfrau zu einem solchen »Fest« anlegte, lag mehr Wahrheit über die reaktionäre Struktur des Arbeiters als in hundert Artikeln. Das Abendkleid oder das familiäre Biertrinken sind ja nur äußerer Ausdruck eines Vorganges in dem betreffenden Arbeiter, ein Zeichen dafür, daß die Anlage zum Empfang nationalsozialistischer Propaganda bereits vorhanden war. Wenn dann der Faschist noch dazu »Abschaffung des Proletariats« versprach und damit Erfolg hatte, so hatte in 90 von 100 Fällen nicht sein Wirtschaftsprogramm, sondern das Abendkleid gewirkt. Wir müssen mehr, viel mehr auf diese Dinge des Alltagslebens achten. An ihnen formiert sich der gesellschaftliche Fortschritt oder das Gegenteil davon *konkret*, nicht an den politischen Phrasen, die nur vorübergehende Begeisterung wecken.

(1933/1942)

BERTOLT BRECHT

Die sieben Todsünden der Kleinbürger

Faulheit
(im Begehen des Unrechts)

Stolz
auf das Beste des Ichs
(Unkäuflichkeit)

Zorn
über die Gemeinheit

Völlerei
(Sättigung, Selberessen)

Unzucht
(selbstlose Liebe)

Habsucht
bei Raub und Betrug

Neid
auf die Glücklichen

Das Ballett soll die Darstellung einer Reise zweier Schwestern aus den Südstaaten sein, die für sich und ihre Familie das Geld zu einem kleinen Haus erwerben wollen. Sie heißen beide Anna. Die eine der beiden Annas ist die Managerin, die andere die Künstlerin; die eine (Anna I) ist die Verkäuferin, die andere (Anna II) die Ware. Auf der Bühne steht eine kleine Tafel, auf der die Route der Tournee durch sieben Städte aufgezeichnet ist und vor der Anna I mit einem kleinen Zeigestock steht. Auf der Bühne ist auch der immer wechselnde Markt, auf den Anna II von ihrer Schwester geschickt wird. Am Schluß von jedem der Bilder, die zeigen, wie die sieben Todsünden vermieden werden können, kehrt Anna II zu Anna I zurück, und auf der Bühne ist die Familie der beiden, Vater, Mutter und zwei Söhne, in Loui-

siana, und hinter ihr wächst das kleine Haus, das durch die Vermeidung der sieben Todsünden verdient wird.

Lied der Schwester

Meine Schwester und ich stammen aus Louisiana
Wo die Wasser des Mississippi unter dem Mond fließen
Wie Sie aus den Liedern erfahren können
Und wir wollen einmal dorthin zurückkehren
Lieber heute als morgen.

Wir sind aufgebrochen vor vier Wochen
Nach den großen Städten, unser Glück zu versuchen
Und in sieben Jahren, denken wir, haben wir es geschafft
Dann gehen wir zurück
Aber lieber schon in sechs Jahren.
Denn auf uns warten unsere Eltern und zwei Brüder
in Louisiana
Ihnen schicken wir alles Geld, das wir verdienen
Und von diesem Geld soll gebaut werden
Ein kleines Haus am Mississippifluß in Louisiana
Nicht wahr, Anna?
Ja, Anna.

Meine Schwester ist schön, ich bin praktisch.
Meine Schwester ist ein bißchen verrückt, ich bin bei
Verstand.
Wir sind eigentlich nicht zwei Personen
Sondern nur eine einzige.
Wir heißen beide Anna
Wir haben eine Vergangenheit und eine Zukunft
Ein Herz und ein Sparkassenbuch
Und jede macht nur, was für die andere gut ist
Nicht wahr, Anna?
Ja, Anna.

1
Faulheit

Dies ist die erste Stadt ihrer Tournee, und um sich das erste Geld zu verschaffen, führen die Schwestern einen Trick aus. Durch den Park der Stadt schlendernd, spähen sie nach Ehepaaren aus. Anna II stürzt dann auf den Mann zu, als kenne sie ihn, umarmt ihn, macht ihm Vorwürfe usw., kurz bringt ihn in Verlegenheit, während Anna I sie zurückzuhalten sucht. Dann wirft sich Anna II plötzlich auf die Frau und bedroht diese mit ihrem Sonnenschirm, während jetzt Anna I von dem Mann Geld erpreßt, dafür, daß sie ihre Schwester wegschafft. Diesen Trick führen sie sehr schnell mehrere Male aus. Dann aber geschieht es, daß Anna I einmal einen Mann, den sie zu sich von seiner Frau weggelockt hat, zu erpressen versucht im Vertrauen darauf, daß ihre Schwester inzwischen seine Frau belästigt hat, aber sie sieht mit Schrecken, daß ihre Schwester, anstatt zu arbeiten, auf der Bank sitzt und schläft. Sie muß sie wecken und zur Arbeit anhalten.

Lied der Familie

Hoffentlich nimmt sich unsere Anna auch zusammen
Sie war ja immer etwas eigen und bequem
Und wenn man sie nicht aus dem Bett herauswarf
Stand die nicht auf am Morgen
Und dabei sagten wir immer: Faulheit
Ist aller Laster Anfang, Anna.

Andrerseits ist unsere Anna
Ja ein sehr vernünftiges Kind
Folgsam und ihren Eltern ergeben
Und so wird sie es, wir möchten es hoffen, auch
Nicht am nötigen Fleiß fehlen lassen
In der Fremde.

Otto Dix: Hedwig II (1920)

2
Stolz

Ein kleines, schmutziges Kabarett, Anna II betritt die Bühne, von dem Beifall der 4–5 Gäste empfangen, die so entsetzlich aussehen, daß sie sehr erschrickt. Sie ist ärmlich angezogen, aber sie tanzt etwas sehr Apartes, sie gibt ihr Bestes und sie hat keinen Erfolg. Die Gäste sind unendlich gelangweilt, sie gähnen wie die Haifische (ihre Masken zeigen in riesigen Mäulern schreckliche Zähne), sie werfen Gegenstände auf die Bühne, ja sie schießen sogar die einzige Lampe herunter. Anna II tanzt weiter, ihrer Kunst hingegeben, bis sie der Patron von der Bühne holt, eine andere Tänzerin, eine dicke alte Vettel, auf die Bühne schickt und Anna zeigt, wie man es machen muß, hier Beifall zu erwerben. Die Vettel tanzt ordinär und sexuell und erwirbt enormen Beifall. Anna weigert sich, ebenso zu tanzen. Aber Anna I, die neben der Bühne gestanden hat, zuerst als einzige der Schwester Beifall gespendet und weinend ihren Mißerfolg gesehen hat, bewegt sie, so zu tanzen, wie es verlangt wird. Sie reißt ihr den zu langen Rock ab und schickt sie wieder auf die Bühne, wo die Vettel ihr das Tanzen beibringt, indem sie ihr die Röcke höher hebt unter dem Beifall des Publikums. Und sie ist es, die die gebrochene Schwester zurückgeleitet zu der kleinen Tafel, um sie zu trösten.

Lied der Schwester

Als wir aber ausgestattet waren
Wäsche hatten und Kleider und Hüte
Fanden wir eine Stelle in einem Kabarett als Tänzerin
In Memphis, der zweiten Stadt unserer Reise.

Ach es war nicht leicht für Anna
Kleider und Hüte machen ein Mädchen hoffärtig
Also wollte sie eine Künstlerin sein und Kunst machen
In Memphis, der zweiten Stadt unserer Reise
Und das ist nicht das was
Die Leute wollen.

Denn die Leute zahlen und wollen
Daß man etwas herzeigt für das Geld
Wenn da eine ihre Blöße versteckt wie einen faulen Fisch
Kann sie auf keinen Beifall rechnen.

Also sagte ich meiner Schwester ernsthaft: Anna
Stolz ist etwas für die reichen Leute!
Tu, was man von dir verlangt, und nicht das
Was du willst, daß sie von dir verlangen.

Manchen Abend hatte ich mit ihr meine Mühe
Ihr den Stolz abzugewöhnen war nicht einfach!
Und ich tröstete sie und sagte ihr:
Denk an unser Haus in Louisiana!
Und dann sagte sie: ja, Anna.

Lied der Familie

Das geht nicht vorwärts!
Was die da schicken
Das sind keine Summen, mit denen man ein Haus baut!
Die verfressen alles selber!
Denen muß man den Kopf waschen
Sonst geht das nicht vorwärts.
Was die da schicken
Das sind keine Summen, mit denen man ein Haus baut.
Denen muß man den Kopf waschen
Die verfressen alles selber.

3
Zorn

Anna ist Statistin bei einer Filmaufnahme. Der Star, ein Mann vom Typus Douglas Fairbanks, reitet auf einem Pferd über einen Blumenkorb. Da das Pferd ungeschickt ist, wird es von dem Star geschlagen. Es ist niedergestürzt und kann trotz der Decke, die man ihm unterlegt, und dem Zucker, den man ihm vorhält, nicht mehr aufstehen. Da schlägt der Star es wieder, und in diesem Augenblick tritt die kleine Statistin vor, nimmt ihm die Peitsche aus der Hand und schlägt auf ihn ein, vom Zorn ergriffen. Sie wird sofort entlassen. Aber ihre Schwester stürzt auf sie zu und bewegt sie, zurückzukehren, sich vor dem Star auf die Knie zu werfen und ihm die Hand zu küssen, worauf er sie dem Regisseur wieder empfiehlt.

Lied der Schwester

Jetzt geht es vorwärts. Jetzt sind wir schon in Los Angeles.
Dem Statisten stehen alle Türen offen.
Wenn wir uns jetzt zusammennehmen
Und jeden Fehltritt vermeiden
Geht es unaufhaltsam nach oben.

Wer dem Unrecht in den Arm fällt
Den will man nirgendwo haben.
Wer über die Roheit in Zorn gerät
Der lasse sich gleich begraben.
Wer die Gemeinheit nicht duldet
Wie soll der geduldet werden?
Wer da nichts verschuldet
Der sühnt auf Erden.

So habe ich meiner Schwester den Zorn abgewöhnt
In Los Angeles, der dritten Stadt unserer Reise.
Und die offene Mißbilligung des Unrechts
Die so sehr geahndet wird.
Immer sagte ich zu ihr: Halt du dich zurück, Anna
Du weißt, wohin die Unbeherrschtheit führt!
Und sie gab mir recht und sagte:
Ich weiß es, Anna.

4
Völlerei

Anna ist jetzt selber ein Star. Sie hat einen Kontrakt gemacht, nach dem sie ihr Gewicht halten muß, und darf also nichts essen. Eines Tages stiehlt sie einen Apfel und verspeist ihn im geheimen, aber wie sie gewogen wird, wiegt sie ein Gramm mehr und der Impresario rauft sich die Haare. Von nun an wird sie von ihrer Schwester beim Essen überwacht. Zwei Diener mit Revolvern servieren ihr, und von der gemeinsamen Platte darf sie nur ein kleines Fläschchen nehmen.

Lied der Familie

Da ist ein Brief aus Philadelphia
Anna geht es gut: sie verdient jetzt endlich.
Sie ist einen Kontrakt eingegangen als Tänzerin
Danach darf sie nicht zuviel essen.
Das wird schwer sein: sie ist sehr verfressen.
Wenn sie sich da nur an den Kontrakt hält!
Sie wollen keine Nilpferde in Philadelphia
Nun, natürlich.

Sie wird jeden Tag gewogen
Wehe, wenn sie ein Gramm zunimmt
Denn die stehen auf dem Standpunkt
52 Kilo haben sie erstanden
Und was mehr ist, wäre auch von Übel.

Aber Anna ist ja sehr verständig!
Sie wird sorgen, daß Kontrakt Kontrakt ist
Sie wird sagen: fressen kannst du schließlich
In Louisiana, Anna, Hörnchen! Schnitzel! Hühnchen!
Und die kleinen gelben Honigkuchen!

Denk an unser Haus in Louisiana!
Sieh, es wächst schon, Stock- um Stockwerk wächst es!
Halte an dich: Freßsucht ist von Übel.

5
Unzucht

Anna hat jetzt einen Freund, der sehr reich ist, sie liebt und ihr Kleider und Schmuck bringt, und einen Geliebten, den sie liebt und der ihr den Schmuck wieder wegnimmt. Anna I macht ihr Vorwürfe und setzt durch, daß sie sich von Fernando trennt und Edward treu bleibt. Aber eines Tages kommt Anna II an einem Café vorbei, vor dem Anna I mit Fernando sitzt, der nun, übrigens erfolglos, um sie wirbt, und Anna II stürzt sich auf Anna I und wälzt sich mit ihr vor den Augen Edwards und seiner Freunde und denen der zugelaufenen Gaffer und Straßenkinder balgend auf der Straße. Die Kinder zeigen sich ihren kostbaren Hintern und Edward flieht voller Entsetzen. Da macht Anna I der Schwester Vorwürfe und schickt sie zurück zu Edward, nach einem rührenden Abschied von Fernando.

Lied der Schwester

Und wir fanden einen Mann in Boston
Der bezahlte gut, und zwar aus Liebe.
Und ich hatte meine Mühe mit meiner Schwester
Denn auch sie liebte: aber einen andern
Und dem bezahlte sie, und auch aus Liebe.

Ach, ich sagte ihr oft: ohne Treue
Bist du höchstens die Hälfte wert
Man bezahlt nicht für solche Säue
Sondern nur das, was man verehrt!

Das kann eine machen
Die auf niemand angewiesen ist
Eine andere hat nichts zu lachen
Wenn sie ihre Situation vergißt.

Ihr sagte ich: Setz dich nicht zwischen zwei Stühle!
Und dann besuchte ich ihn
Und sagte ihm: Solche Gefühle
Sind für meine Schwester der Ruin.

Das kann eine machen
Die auf niemand angewiesen ist.
Eine andre hat nichts zu lachen
Wenn sie sich so vergißt.

Leider traf ich dann Fernando noch öfter
Es war nichts zwischen uns! Lächerlich!
Aber meine Schwester sah uns, und leider
Stürzte sie sich gleich auf mich.

Das sind leider die Sachen
Die man zu oft vergißt!
Da kann man eben nichts machen
Wenn der Schein gegen einen ist.

Und sie zeigte ihren weißen Hintern
Mehr wert wie eine kleine Fabrik
Gratis den Gaffern und Straßenkindern
Der Welt profanem Blick.

Ferdinand von Reznicek: Ich habe die Wahl (um 1900)
«Ich habe die Wahl, ich kann eine Liebes- und eine Geldehe eingehen.« – »Dann heirate aus Liebe, dem anderen kannst du während deiner Ehe das Geld immer noch abnehmen.«

Immer gibt's solche Sachen
Wenn man sich einmal vergißt!
So was kann nur eine machen
Die auf niemand angewiesen ist.

Ach, war das schwierig, alles einzurenken!
Abschied zu nehmen von Fernando und bei Edward
Sich zu entschuldigen! Und die langen Nächte
Wo ich meine Schwester weinen hörte und sagen:
Es ist richtig so, Anna, aber so schwer.

Otto Dix: Die sieben Todsünden (1933)

6
Habsucht

Nach kurzer Zeit ist Edward ruiniert durch Anna und erschießt sich, und in den Zeitungen steht Schmeichelhaftes über Anna, die Leser ziehen ehrfurchtsvoll den Hut vor ihr, der sie sofort, die Zeitung in der Hand, folgen, um sich zu ruinieren. Als sich aber kurze Zeit danach, von Anna ausgeraubt, ein zweiter junger Mann aus dem Fenster stürzt, greift die Schwester ein und rettet einen dritten, der sich eben erhängen will, indem sie Anna II sein Geld wieder abnimmt und es ihm zurückgibt. Sie tut es, weil die Leute schon anfangen, einen Bogen um ihre Schwester zu machen, die ihrer Habsucht wegen in schlechten Ruf gekommen ist.

Lied der Familie

Wie da in der Zeitung steht, ist unsere Anna
Jetzt in Tennessee, und um sie schießen sich
Allerhand Leute tot: da wird sie viel Geld machen.

Wenn so was in der Zeitung steht
Das ist gut! Das macht einen Namen! und hilft
Einem Mädchen vorwärts

Wenn sie da nur nicht
Allzu gierig ist
Sonst macht man bald
Einen Bogen um sie.

Wer seine Habsucht zeigt
Um den wird ein Bogen gemacht
Mit Fingern zeigt man auf ihn
Dessen Geiz ohne Maß ist.
Wenn die eine Hand nimmt
Muß die andere geben
Nehmen für Geben muß es heißen!
Pfund für Pfund
Heißt das Gesetz!

Hoffentlich ist unsre Anna so vernünftig
Und nimmt den Leuten nicht ihr letztes Hemd weg
Sondern weiß: nackte Habsucht
Gilt nicht als Empfehlung.

7
Neid

Noch einmal sieht man Anna durch die große Stadt gehen, sie erblickt auf ihrem Gang andere Annas (die Tänzer tragen alle Annas Maske) sich dem Müßiggang hingeben usw., also alle Todsünden unbesorgt begehen, die ihr versagt sind. In einem Ballett wird das Thema »DIE LETZTEN WERDEN DIE ERSTEN SEIN« dargestellt: Während die andern Annas stolz einhergehen im Licht, schleppt sich ihre Schwester Anna II mühsam und gebückt hin, aber dann beginnt ihr Aufstieg, sie geht stolzer und stolzer, im Triumph endlich, während die andern Annen verfallen und ihr demütig eine Gasse bahnen müssen.

Lied der Schwester

Und die letzte Stadt unserer Reise war San Francisco.
Alles ging nach Wunsch. Nun Anna
War oft müde und beneidete jeden
Der seine Tage zubringen durfte in Trägheit
Nicht zu kaufen und stolz
In Zorn geratend über jede Roheit
Hingegeben seinen Trieben, ein Glücklicher!
Liebend nur den Geliebten und
Offen nehmend, was immer er braucht!
Und ich sagte meiner armen Schwester:

Schwester, wir alle sind frei geboren
Wie es uns gefällt, können wir gehen im Licht
Also gehen herum aufrecht wie im Triumph die Toren
Aber wohin sie gehen, das wissen sie nicht.

Schwester, folg mir und verzicht auf die Freuden
Nach denen es dich wie die andern verlangt
Ach, überlaß sie den törichten Leuten
Denen es nicht vor dem Ende bangt.

Iß nicht, trink nicht und sei nicht träge.
Die Strafe bedenk, die auf Liebe steht!
Bedenk, was geschieht, wenn du tätst, was dir läge!
Nütze die Jugend nicht: sie vergeht!

Schwester folg mir, du wirst sehen, am Ende
Gehst im Triumph du aus allem hervor
Sie aber stehen, o schreckliche Wende!
Zitternd im Nichts vor geschlossenem Tor!

Lied der Schwester

Dann kehrten meine Schwester und ich zurück nach
  Louisiana
Wo die Wasser des Mississippi unter dem Mond fließen
Wie Sie aus den Liedern erfahren können
Vor sieben Jahren aufgebrochen nach den großen
Städten
Unser Glück zu versuchen: jetzt
Haben wir es geschafft.
Jetzt ist es gebaut, jetzt steht es da
Unser kleines Haus in Louisiana
Unser kleines Haus am Mississippifluß in Louisiana.

(1933)

Der Verrat

Dort kommen Verräter, sie haben
Dem Nachbarn die Grube gegraben.
Sie wissen, daß man sie kennt.
Vielleicht: die Straße vergißt nicht?
Sie schlafen schlecht: noch ist nicht
Aller Tage End.

Breslau, 1933. Kleinbürgerwohnung. Eine Frau und ein Mann stehen an der Tür und horchen. Sie sind sehr blaß.

DIE FRAU Jetzt sind sie drunten.
DER MANN Noch nicht.

DIE FRAU Sie haben das Geländer zerbrochen. Er war schon bewußtlos, wie sie ihn aus der Wohnung geschleppt haben.

DER MANN Ich habe doch nur gesagt, daß das Radio mit den Auslandssendungen nicht von hier kam.

DIE FRAU Du hast doch nicht nur das gesagt.

DER MANN Ich habe nichts sonst gesagt.

DIE FRAU Schau mich nicht so an. Wenn du nichts sonst gesagt hast, dann hast du eben nichts sonst gesagt.

DER MANN Das meine ich auch.

DIE FRAU Warum gehst du nicht hin auf die Wache und sagst aus, daß sie keinen Besuch hatten am Samstag.

Pause.

DER MANN Ich geh nicht auf die Wache. Das sind Tiere, wie sie mit ihm umgegangen sind.

DIE FRAU Es geschieht ihm recht. Warum mischt er sich in die Politik.

DER MANN Aber sie hätten ihm nicht die Jacke zu zerreißen brauchen. So dick hat es unsereiner nicht.

DIE FRAU Auf die Jacke kommt es doch nicht an.

DER MANN Sie hätten sie ihm nicht zerreißen brauchen.

(1938)

KURT BARTSCH

Sozialistischer Biedermeier

Zwischen Wand- und Widersprüchen
Machen sie es sich bequem.
Links ein Sofa, rechts ein Sofa
In der Mitte ein Emblem.

Auf der Lippe ein paar Thesen
Teppiche auch auf dem Klo.
Früher häufig Marx gelesen.
Aber jetzt auch so schon froh.

Denn das ›Kapital‹ trägt Zinsen:
Eignes Auto. Außen rot.
Einmal in der Woche Linsen.
Dafür Sekt zum Abendbrot.

Und sich noch betroffen fühlen
Von Kritik und Ironie.
Immer eine Schippe ziehen
Doch zur Schippe greifen nie.

Immer glauben, nur nicht denken
Und das Mäntelchen im Wind.
Wozu noch den Kopf verrenken
Wenn wir für den Frieden sind?

Brüder, seht die rote Fahne
Hängt bei uns zur Küche raus.
Außen Sonne, innen Sahne.
Nun sieht Marx wie Moritz aus.

(1971)

JOSEF SKÁLA

Warum eben Kafka?

Wieso und warum haben die Revisionisten eben das Werk von Franz Kafka ausgenutzt? Kafka gehört zu den Gründern des sogenannten literarischen Modernismus. Diese Literatur der imperialistischen Phase des Kapitalismus betrachtet die sich verschärfenden Widersprüche der bürgerlichen Gesellschaft mit den Augen der kleinbürgerlichen, pessimistischen Skepsis; sie äußert die Gefühle des von der kapitalistischen Großproduktion dezimierten[1] Kleinbürgers, der sich vergebens danach sehnt, an den Riesengewinnen teilzuhaben, die nur eine ›ausgewählte‹ Minderheit einstecken kann; er versteht seine Situation als eine ewige Bürde der Menschheit.

Die Rechtsrevisionisten[2] haben Kafka gewählt, um mit Hilfe seiner Werke die Prinzipien der Kunst des sozialistischen Realismus zu widerlegen und um Kafkas ›allgemein menschliche und fortschrittliche‹ Logik und Terminologie zum kritischen Maßstab des sozialistischen Aufbaus zu machen, zum Werkzeug der Erosion des Sozialismus.

(1973)

HANS MAGNUS ENZENSBERGER

Von der Unaufhaltsamkeit des Kleinbürgertums

Eine soziologische Grille

Daß Sie, der Sie dies lesen, dies lesen, ist fast schon ein Beweis: ein Beweis dafür, daß Sie dazugehören. Verzeihen Sie, edle Leserin, treuer Leser, diese direkte Anrede. (Beweis ist vielleicht zuviel gesagt.) Ich räume ein, daß ich »im folgenden« mehr zu behaupten als zu beweisen vorhabe, zum Beispiel dies: daß es so etwas wie Kleinbürgertum gebe. Ohne Wimperzucken. Schließlich ist *Kleinbürgertum* ein Wort wie jedes andere, auch wenn es sich altertümlich anhört (wie *edle Leserin*), und daß es meistens in gereiztem Ton, gleichsam spuckend, ausgesprochen wird, ist nicht meine Schuld. Das war schon immer so, seitdem Ludwig Börne, ein Kleinbürger, es circa 1830 ins politische Vokabular der Deutschen eingeführt hat.

Skrupellos, nämlich ohne die »Literatur«, das sind ein paar zehntausend Seiten über den Klassenbegriff bei M., E. und X., durchwühlt zu haben, behaupte ich ferner, daß die Klasse, die hier gemeint ist, nur aus ihrer Negation heraus sich bestimmen läßt, nämlich als diejenige Klasse, die weder noch.

Nicht aus Neugier, sondern bloß in der Hoffnung, mich Ihnen verständlich zu machen, erlaube ich mir einige Fragen.

– Leben Sie, oder könnten Sie von der Rendite des Kapitals leben, das Sie in Produktionsmitteln angelegt haben?

– Nein?

Sehen Sie, das habe ich vermutet.

– Soll das aber heißen, Sie leben ausschließlich davon, daß Sie Ihre Arbeitskraft stundenweise an einen Kapitalisten verkaufen, der sich den Mehrwert aus Ihrer Arbeit aneignet?

– Ja? Sind Sie sicher?

– Also keine Stipendien? keine Zinsen? Honorare? Zuschüsse? Spesen? Gewinn- und Handelsspannen? Tantiemen? Mieten? Prämien? Provisionen?

– Kein akkumuliertes Ausbildungskapital? kein Wechsel von zuhaus? keine Planstelle? keine Eigentumswohnung? keine

Aufwandsentschädigung? keine eigenen Produktionsmittel, nicht einmal eine Handbibliothek? Mit einem Wort, keine Einkünfte, abgeleitet aus dem Mehrwert, den andere geschaffen haben?

Ich bitte noch einmal um Entschuldigung für diese pedantischen und aufdringlichen Fragen.

Möglicherweise ist es ja nicht die Sache, was Sie stört, sondern nur das Wort. Es hört sich so kläglich an: Kleinbürgertum. Mit dieser Verlegenheit stünden Sie wahrhaftig nicht alleine da. Aus diesem Grunde ist denen, die ich meine, für das, was ich meine (und wozu ich mich zähle), auch eine Menge anderer Namen eingefallen. Bitte suchen Sie sich heraus und kreuzen Sie einfach an, was Ihnen gefällt:

Mittelklasse (alte, neue, obere, untere, mittlere, »gehobene«);
Gewerbetreibende (kleine), Handwerk, Mittel»stand«;
Angestellten»schicht« (mittlere, höhere usw.);
Beamten»tum«, »sonstige Dienstkräfte«, Bürokratie;
Manager, »Spezialisten«, Technokraten, technische Intelligenz;
»Selbständige«, »freie« Berufe;
»Akademiker«, Intelligenz (»freischaffende«, wissenschaftliche usw.).

Sie sehen also, niemand will Ihnen zu nahe treten. Sie sind nur eingeladen, sich, wenn irgend möglich, betroffen zu fühlen, und gebeten, mir der Einfachheit halber den inklusiven Gebrauch der 1. Person Plural zu gestatten. Vielen Dank.

Wir gehören also einer Klasse an, die das, worauf es ankommt, weder beherrscht noch besitzt: die berühmten Produktionsmittel, und die das, worauf es ebenfalls ankommt, den berühmten Mehrwert, nicht erzeugt (oder nur indirekt und nebenbei, ein Punkt, um den in Seminaren heftig gerungen wird; aber so wund, wie man uns weismachen will, ist er keineswegs). Genau so ungenau verhält sich das. Zu den beiden Hauptkontrahenten des (berühmten) Hauptwiderspruchs gehört das Kleinbürgertum nicht, es ist weder die herrschende noch die ausgebeutete, sondern die Klasse dazwischen, die Klasse, die übrig bleibt, der schwankende Rest.

Ein Rest, zu tragen peinlich, besonders für die Liebhaber sauberer, netter, übersichtlicher Weltbilder. Die schwankende ist nämlich immer auch die störende Klasse. Ihre Existenz bringt fortwährend Theorie und Praxis durcheinander. Um diesen Skandal aus der Welt zu schaffen (und aus einer Reihe von anderen Gründen, die uns vielleicht noch beschäftigen werden), hat es im Lauf der letzten hundert Jahren an Versuchen nicht gefehlt, das Kleinbürgertum zu liquidieren. Bis zu einem gewissen Grad, so hieß es, könne man diese Arbeit den (ehernen) Gesetzmäßigkeiten der Geschichte überlassen. Ganz von selber, so hieß es, und so heißt es hie und da immer noch, werde sich ein Teil unserer Klasse, und zwar der kleinere, auf die Seite der Böcke schlagen, aufsteigen zur großen Bourgeoisie und infolgedessen mit ihr, der todgeweihten, untergehen; der andere, natürlich weitaus größere, werde sich auf der Seite der Schafe wiederfinden und dort die Früchte des Sozialismus ernten: diese Gerechten nämlich würden sich, aufgrund der (berühmten) Bewegungsgesetze des Kapitals, proletarisieren, wenn auch nicht immer ganz freiwillig. Der verschwindend kleine Rest von Ungerechten müsse dann eben zum Verschwinden gebracht werden. Unsere Voreltern, soweit sie der hier beschriebenen Klasse angehörten, haben die Botschaft wohl vernommen und an die Prophezeiung inbrünstig geglaubt, mit Furcht und Zittern.

Sie ist nicht eingetroffen. Was immer aus dem Kleinbürgertum geworden sein mag, seine Apokalypse hat nicht stattgefunden. Weder die fortschreitende Konzentration des Kapitals, noch die säkulare Inflation; weder der wissenschaftlich-technische Fortschritt noch Kriege und Krisen haben ihm den Garaus gemacht. Nicht einmal die Einführung einer Art von Sozialismus hat die schwankende Klasse in der Sowjetunion, in Osteuropa und in den Ländern der Dritten Welt beseitigen können. Sie hat ganz im Gegenteil Kleinbürger neuen Typs hervorgebracht, Kleinbürger der siegreichen Revolution, Bonzen, Kader, Funktionäre: eigentümliche Mutanten, unerhörte Ausprägungen einer »neuen Klasse«, die der alten ziemlich ähnlich sieht.

Aber auch in den kapitalistischen Gesellschaften hat sich der gute alte, der böse alte *petit bourgeois* nicht unverändert erhalten. Die Biedermeier-Figuren des kleinen Handwerkers, des Ladenbesitzers, des Bildungsbürgers und des Honoratioren spielen nicht mehr, wie einst, die Hauptrolle. (Ein Blick in die deutschen Parlamente zeigt freilich, daß dieser Typus keineswegs ausgestorben ist.) Alle seine Einbußen hat der »Mittelstand« jedoch scheinbar mühelos wettgemacht, ja er hat sich quantitativ noch ausgebreitet, zäh und unauffällig wie das Gras. Mit jeder strukturellen Veränderung in der Gesellschaft hat er sozusagen neue Wurzelausläufer vorgetrieben. Die Verwissenschaftlichung der Produktion, das Wachstum der tertiären und quartären Sektoren der Ökonomie, die Aufblähung privater und öffentlicher Verwaltungen, die Ausdehnung der Bewußtseins-Industrie, der pädagogischen und medizinischen Institutionen: das Kleinbürgertum war immer dabei. Auch nach jeder politischen Umwälzung hat es sich sofort in den neu entstandenen Staats- und Parteiapparaten installiert und seinen sozialen »Besitzstand« nicht nur verteidigt, sondern erweitert.

Eine Theorie, die imstande wäre, die Überlebenskraft, das Durchsetzungsvermögen, den historischen Erfolg dieser Klasse zu begründen, scheint es gegenwärtig nicht zu geben. Erklärungsbedürftig ist allein schon die Tatsache, daß das Kleinbürgertum grob und hartnäckig unterschätzt worden ist, und zwar seit mindestens hundertundfünfzig Jahren. Niemand hat zu dieser Geringschätzung mehr beigetragen als die kleine Bourgeoisie selber. Das hängt sicherlich mit ihrem eigentümlichen Klassenbewußtsein zusammen. Es war von Anfang an gebrochen, und heute läßt es sich überhaupt nur noch als schierer Mangel beschreiben. Denn so wie die Klasse sich analytisch nur ex negativo bestimmen läßt, so versteht sie sich auch selber. Der Kleinbürger will alles, nur nicht Kleinbürger sein. Seine Identität versucht er nicht dadurch zu gewinnen, daß er sich zu seiner Klasse bekennt, sondern dadurch, daß er sich von ihr abgrenzt, daß er sie verleugnet. Was ihn mit seinesgleichen verbindet, gerade das streitet er ab. Gelten soll nur, was ihn unterscheidet: der Kleinbürger, das ist immer der andere. Dieser sonderbare Selbsthaß wirkt wie eine Tarnkappe. Mit seiner Hilfe hat sich die Klasse insgesamt fast unsichtbar gemacht. Solidarisches und kollektives Handeln kommt für sie nicht in Frage; zum Selbstbewußtsein einer Klasse für sich wird sie es nie bringen. Der Verdrängungsmechanismus führt subjektiv dazu, daß sie gesellschaftlich nicht für voll genommen wird; objektiv verhindert er die Ausbildung eindeutig bestimmter, umfassender politischer Klassenorganisationen. Das gesellschaftliche Bild des Klein-

bürgertums tendiert zur Mimikry; die Klasse wird, je mehr sie zunimmt, um so verkennbarer.
Wahrscheinlich hat es eine derartig gespaltene, zertrümmerte Klasse nie zuvor gegeben. Die extreme objektive und subjektive Fraktionierung der kleinen Bourgeoisie ist kein Rätsel. Sie ergibt sich aus ihrer ökonomischen Lage und aus ihrer Geschichte. Ihr Verhältnis zu den Produktionsmitteln ist immer vielfach abgeleitet und vermittelt. Das führt einerseits dazu, daß sie mit der Unfähigkeit zur politischen Machtergreifung geschlagen ist. Zur herrschenden kann und will es diese Klasse nicht bringen, und auch diese Impotenz ist eigentümlich verinnerlicht. Der Kleinbürger lehnt die Macht ab und betet sie an, das heißt aber, er delegiert sie und nimmt sie nur als delegierte wahr, indem er sie verwaltet, rechtfertigt und bezweifelt. Je kleiner aber die eigentlich herrschende Klasse wird, desto mehr braucht sie das Kleinbürgertum, um ihre Herrschaft zu verallgemeinern und zu vermitteln. Anders könnte die Arbeiterklasse schon längst nicht mehr entwaffnet und in Schach gehalten werden. So ist auch der politische Einfluß der kleinen Bourgeoisie ex negativo zu bestimmen, als eine Art unartikulierter Veto-Macht. Daher erklärt sich das Interesse des Kleinbürgertums an der formalen Seite der Politik, an Prozeduren, Vorschriften, legalistischen Regeln und Verkehrsformen.
Die Unfähigkeit zur Vereinheitlichung und zum Zusammenschluß hat aber auch eine Kehrseite. Die Mannigfaltigkeit, die tausendfach abgestufte Artikulation nach Status, Berufsgruppe und Besitz begründet auch die Zählebigkeit, die Dynamik und Aggressivität der Klasse. Sie ist ein Vorteil in der sozialen Evolution, ein Faktor der Selbsterhaltung. In biologischen Systemen gilt der Satz, daß eine Spezies um so schwerer auszurotten ist, je größer ihre Variabilität, ihr genetischer Pool. Eine analoge Faustregel gilt in der Gesellschaft. Ein sozialer Monolith kann Veränderungen der historischen Bedingungen schwerer überleben als ein in sich mannigfach gegliedertes Ensemble. Die Fähigkeit zur Anpassung, ideologisch wenig geschätzt und gerade von Kleinbürgern eifrig verschrieen als Charakterlosigkeit und Opportunismus, vergrößert ohne Zweifel die Überlebenschancen einer Klasse. Niemand besitzt sie in höherem Grade als der *petit bourgeois*. Keine soziale Nische ist so klein, so abgelegen, so exponiert, daß er nicht versuchen würde, sie zu besetzen.

Sich niemals endgültig festlegen und jede Möglichkeit ergreifen: das ist das einzige, was die Klasse aus ihrer wechselvollen Geschichte gelernt hat.

Längst hat sie sich von ihrem einstigen Sozialcharakter verabschiedet, dem behäbigen, pfahlbürgerlichen, geruhsam-philiströsen Habitus ihrer ersten Blütezeit. (Wieweit es mit dieser Vorliebe fürs selbstzufriedene Beharren eigentlich historisch hergewesen sein mag, ist übrigens noch die Frage: auch das alte Kleinbürgertum des neunzehnten Jahrhunderts war eine nervöse, reizbare, leicht entrüstete und empörte Klasse mit einem sporadisch auftauchenden Hang zum Radikalen, zur plötzlichen Aufregung, kritisch aus Ressentiment und mutig aus Angst. Kleinbürger waren es, die das Abziehbild vom Spießer entwarfen, und aus Kleinbürgern hat sich ganz überwiegend die Bohème rekrutiert, deren Spezialität es war, andere Kleinbürger zu erschrecken.)

Heute wimmelt die Klasse von Fortschrittsmännern, und niemand ist begieriger als sie, den neuesten Trend beim Schopf zu packen. Immer ist sie auf dem laufenden. Niemand ist fähig, seine Ideologien, seine Kleider, seine Verkehrsformen und Gewohnheiten rascher zu ändern als der Kleinbürger. Er ist ein neuer Proteus, lernfähig bis zum Identitätsverlust. Stets auf der Flucht vor dem Veralteten, hastet er hinter sich selber her.

Politische Niederlagen mögen die Arbeiterklasse in ihrem Klassenbewußtsein erschüttern; es ist aber unmöglich, ihr die ruhige Überzeugung von der Notwendigkeit ihrer Existenz zu rauben. Auch die Großbourgeoisie hält sich für unentbehrlich. Das Kleinbürgertum hingegen hat ununterbrochen mit dem Gefühl zu kämpfen, daß es überflüssig ist. Der Zynismus ist ein Privileg der Herrschenden. Die verdrängende Klasse aber ist auf Rechtfertigung bedacht; sie befindet sich auf einer permanenten Suche nach Sinn. Sie ist ebenso findig wie skrupellos, doch stets der Moral bedürftig. In der Rationalisierung und im Zweifel hat sie es zu einsamer Meisterschaft gebracht. Aber ihre Selbstkritik und ihre Selbstverleugnung sind von begrenzter Tragweite. Eine Klasse kann sich nicht selbst abschaffen. Somit dienen Zweifel und Kaputtheit dem Kleinbürgertum letzten Endes als Ansporn und Genuß. Es zu verunsichern ist ein Kinderspiel. Es von sich abzubringen ist ein Ding der Unmöglichkeit. Die kleine Bourgeoisie stellt sich fortgesetzt in Frage, sie ist die experimentelle Klasse par excellence. Aber der Prozeß ihrer Selbstanfechtung dient nur der Erhaltung und Erweiterung ihrer eigenen Sphäre. Ihre Verunsicherung hat Methode: zielstrebig wird sie einer Strategie nutzbar gemacht, die von der Chimäre der Sicherheit nicht abläßt.

Wie erklärt sich die zentrale Position, die das Kleinbürgertum in allen hochindustriellen Gesellschaften der Gegenwart behauptet? Unsere Klasse verfügt weder über das Kapital, noch hat sie direkten Zugriff auf die Produktionsmittel; von der politischen und ökonomischen Macht ist sie so weit entfernt wie eh und je. Weiß sie selber nicht, worin ihre Stärke liegt? Oder ist sie nur zu ängstlich, um die Katze aus dem Sack zu lassen? Dabei ist die Antwort naheliegend, einfach und lapidar: Das Kleinbürgertum verfügt in allen hochindustrialisierten Gesellschaften heute über die kulturelle Hegemonie. Es ist zur vorbildlichen Klasse geworden, der einzigen, die im massenhaften Maßstab die Lebensformen des Alltags produziert und für alle andern verbindlich macht. Sie besorgt die Innovation. Sie legt fest, was für schön und erstrebenswert gilt. Sie bestimmt, was gedacht wird. (Die herrschenden Gedanken sind nicht mehr die der Herrschenden, sondern die des Kleinbürgertums.) Sie erfindet Ideologien, Wissenschaften, Technologien. Sie diktiert, was Moral und Psychologie bedeuten. Sie entscheidet darüber, was im sogenannten Privatleben »läuft«. Sie ist die einzige Klasse, die Kunst und Mode, Philosophie und Architektur, Kritik und Design erzeugt.

Die gesamte Sphäre des Massenkonsums ist entscheidend von den Vorstellungen der kleinen Bourgeoisie geprägt. Markenartikel und Werbung sind Projektionen ihres Bewußtseins. Im Konsum finden sich alle Züge des kleinbürgerlichen Sozialcharakters als verallgemeinerte wieder: Dynamik und Vereinzelung, Fortschritt als Flucht nach vorn, Formalismus und ständige Innovation, Überflüssigkeit und Abgrenzungsbedürfnis. Es genügt, auf die Gestalt der beiden Konsumgüter hinzuweisen, die für unsere Zivilisation emblematisch sind: das Fernsehgerät und das private Automobil. Nur der Kleinbürger konnte diese bemerkenswerten Gegenstände ersinnen.

Ähnlich imponierend sind seine Leistungen auf dem Gebiet der immateriellen Produktion. Die Apparate des Überbaus sind allenthalben von Angehörigen unserer Klasse besetzt, und sogut wie alle »Strömungen«, »Richtungen« und »Bewegungen«, die in hochindustrialisierten Gesellschaften eine Rolle spielen, sind von der kleinen Bourgeoisie inspiriert, getragen und durchgesetzt worden: vom Tourismus bis zum Do-it-yourself, von der künstlerischen Avantgarde bis zur Urbanistik, von der Studentenbewegung bis zur Ökologie, von der Kybernetik bis zur Frauenbewegung, vom Leistungssport bis zur »sexuellen Befreiung«, und so weiter und so immer fort. Jede alternative Regung innerhalb unserer Kultur hat das Kleinbürgertum unverzüglich enteignet und absorbiert – es genügt, an das Beispiel der Rock-Musik zu erinnern, die ursprünglich eine autonome Äußerung von jungen Proletariern war, ebenso wie fünfzig Jahre zuvor der Jazz ... Selbst ursprünglich ganz subversive Ideologien wie die des Anarchismus oder des Marxismus sind heute großenteils von der kleinen Bourgeoisie in Beschlag gelegt.

Wie die »experimentelle Klasse« zu ihrer kulturellen Hegemonie gelangt ist, das könnte nur eine eingehende materialistische Untersuchung aufklären. Ein hoher Industrialisierungsgrad ist sicherlich dafür eine notwendige, wenn auch vielleicht keine ausreichende Bedingung. Das Modell der kleinbürgerlichen Kultur setzt einen gewissen gesellschaftlichen Reichtum voraus. Erst wenn die Produktion hochgradig organisiert ist, kann sich die gesellschaftliche Sphäre der Distribution, der Zirkulation und der Verwaltung derartig ausdehnen, daß eine breite »Mittelklasse« entsteht. Umgekehrt schmilzt erst mit zunehmender Zentralisation und Konzentration des Kapitals die herrschende Klasse so weit zusammen, daß sie die kulturelle Hegemonie einbüßt.

Die frenetische Produktivität der kleinen Bourgeoisie, ihre Fähigkeit zur Innovation aber dürfte sich einfach aus der Tatsache erklären, daß ihr nichts anderes übrigbleibt. Sie ist »intelligent«, »begabt«, »erfinderisch«, weil ihr Überleben davon abhängt. Die Inhaber der Macht haben das nicht nötig: sie lassen erfinden, sie kaufen Intelligenz auf und »ziehen« Begabungen »heran«. Dem Proletariat dagegen wird jede autonome Produktivität systematisch ausgetrieben. »Ihr habt nicht zu denken!« So brüllte schon F. W. Taylor, Kleinbürger und Vater der Rationalisierung, die Produktionsarbeiter an, und dabei ist es selbstverständlich nicht nur im Westen geblieben. So erklärt

sich das fabelhafte Talent der kleinen Bourgeoisie, wie die meisten ihrer andern Eigenschaften, ex negativo.
Eine ganz andere Frage aber ist, was die hegemoniale Kultur des Kleinbürgertums so unwiderstehlich macht. Wie konnte sie zum universellen Vorbild werden, dem Milliarden von Menschen nacheifern? Was zeichnet dieses Modell aus? Kraft welcher Qualitäten schafft es, im nationalen wie im Weltmaßstab, so gut wie alle alternativen Entwürfe ab?
Daß das europäische Proletariat in seinen Lebensformen und Aspirationen von der kleinbürgerlichen Kultur gezeichnet ist, das ist eine Binsenwahrheit. Aber auch die alte Lebensweise der Großbourgeoisie ist durch sie vollständig liquidiert worden; ihr Luxus ist auf das Format der Illustrierten geschrumpft; ihr »exklusiver« Standard ist bloß noch der von Kleinbürgern, die sich eine teurere Marke leisten. Umgekehrt ist es nur eine Frage der Zeit, bis die elektrische Zahnbürste auch in den Slums ihren Siegeszug antritt. Und schon heute gibt es keinen orientalischen Bazar mehr, keinen malaiischen oder karibischen Markt, auf dem die Leitfossilien der kleinbürgerlichen Kultur nicht längst jeden Widerstand besiegt hätten. Die ökonomischen Grundlagen dieser allgemeinen Durchdringung sind bekannt, nicht die kleine Bourgeoisie hat sie geschaffen. Was jedoch jede rein ökonomistische Betrachtungsweise unterschlägt, ist die kulturelle Dimension dieses Vorgangs. (Pier Paolo Pasolini hat ihn mustergültig für Italien beschrieben.)
Die Frage also bleibt: was ist so einzigartig, so verführerisch am Tischfeuerzeug, am Pepsodent-Geschmack, an der konkreten Poesie, am Hobby-Raum, an *Sesame Street*, an der Plastik-Zitrone, an der Verhaltensforschung, an *Emanuela*, am Deodorants, am Sensitivity Training, an der Polaroid-Kamera, an der Auslegeware, an der Para-Psychologie, an *Peanuts*, an der Metallic-Legierung, am Freizeithemd, an der Science Fiction, an der Flugzeugentführung, an der Digitaluhr, daß es vom Kamtschatka bis Feuerland niemanden, keine Nation und keine Klasse gibt, die dagegen immun wäre? Ist gegen das, was unserer Klasse einfällt, wirklich kein Kraut gewachsen? Wird es niemandem erspart bleiben, auch den Kongolesen nicht, sich mit Unterhosen auszurüsten, die ein französischer Designer entworfen hat? Müssen auch die Vietnamesen Valium schlucken? Führt kein Weg vorbei an der Verhaltenstherapie, an der Con-

corde, an Masters & Johnson, an der Satellitenstadt und an der Curriculum-Forschung? Und die Polstergarnitur in lederähnlichem, atmungsaktivem, schmutzunempfindlichem Material, mit losen Sitz- und Rückenkissen aus Polyätherschaum, mit Knöpfen durchgeheftet, Unterfederung in Schaumstoffqualität, Watteabdeckung, Zierschnallen, Kederunterteilung, fahr- und drehbar durch Chromrollen, dieses traumhaft schöne, günstige Einzelstück, das mich rücksichtslos verfolgt, das, wie der Igel im Märchen, überall auf mich lauert und immer schon da ist, auf dem Geburtstagsfest, im Fernsehen, in der Zwei-Zimmer-Wohnung eines türkischen Arbeiters zu Berlin-Schöneberg, im *Spiegel*, beim Zahnarzt, im Abenteuer-Urlaub, bei den zuständigen Parteiorganen, im Sonderangebot, an der schönen blauen Donau, im Weißen Haus und auf dem Sperrmüll – hilft alles nichts, wird sie unaufhaltsam weiterrollen, diese Inkarnation aller Blütenträume unserer Klasse, bis sie die Souks von Damaskus erreicht hat und den Flughafen von Shanghai? Wahrscheinlich ist sie längst dort angelangt.

(1976)

Aufgespießt

„Kleinbürger."

Der französische Kommunistenchef Georges Marchais angesichts einiger hundert Nukleargegner, die gegen die Errichtung eines Kernkraftwerks im bretonischen Plogoss demonstrierten.

(FR 15. 12. 80)

Spießer

Abgründe des Alltags:
Ewige Bürger, Provinzler und einfache Leute

AUGUST VON KOTZEBUE

Die deutschen Kleinstädter

Krähwinkel

Frau Staar

FRAU STAAR *(allein)* Nein, so etwas dergleichen von Ungezogenheit ist mir noch nicht vorgekommen. Sind das die feinen Sitten in der Residenz? Gott behüte und bewahre! – Von der Madam will ich gar nichts mehr reden, denn die liegt mir schon tief im Magen. Aber – ich weise ihm den Ehrenplatz an zwischen zwei respektabeln alten Frauen, was tut er? Er läßt sie sitzen, wie ein paar Wachsbilder in der Jahrmarktsbude, und pflanzt sich mitten unter das junge Volk! – Ei! ei! ei! – Nein, da lob' ich mir den Herr Bau-, Berg- und Weginspektorssubstituten! das ist doch ein Männchen! galant und scharmant, gebügelt und geschniegelt.

Frau Staar, Frau Brendel, Frau Morgenroth
Beide nach ihrer Art geputzt

FRAU STAAR Nun, Frau Muhme? der liebe bescheidene Gast!

FRAU MORGENROTH Der scheint mir ein lockerer Zeisig.

FRAU BRENDEL Haben Sie bemerkt, wie er das Brot zu Kugeln drehte und die Jungfer Muhme damit warf?

FRAU STAAR Der böse Mensch! die edle Gottesgabe!

FRAU BRENDEL Den roten Wein hat er aufs Tischtuch verspritzt.

FRAU MORGENROTH Was wollen Sie sagen! beim Lichtputzen hat er sogar einen Funken darauf fallen lassen.

FRAU STAAR I du Bösewicht! mein damastnes Tischtuch.

FRAU BRENDEL Das Essen schien ihm auch nicht recht zu schmecken.

FRAU MORGENROTH Er ließ manche Schüssel ganz vorübergehn. Schickt sich das?

FRAU STAAR Ich habe ihm doch genug gesagt, wie gut jede Schüssel zubereitet sei, und aus welchen Ingredienzen sie bestehe.

FRAU BRENDEL Ich denke, am Nötigen haben wir es alle nicht fehlen lassen.

FRAU MORGENROTH Er war ja so unverschämt, sich das Nötigen ganz zu verbitten.

FRAU STAAR Man sieht, daß er noch wenig gute Gesellschaft frequentiert hat.

FRAU BRENDEL Nicht einmal den Kuchen hat er gelobt, und der war doch vortrefflich.

FRAU MORGENROTH Außerordentlich mürbe.

FRAU BRENDEL Er zerging auf der Zunge.

FRAU MORGENROTH Vermutlich selbst gebacken?

FRAU STAAR Zu dienen.

FRAU BRENDEL O das merkt man gleich.

FRAU STAAR Allzugütig.

FRAU MORGENROTH Der Teig ist wie Schaum.

FRAU STAAR Sie beschämen mich.

FRAU BRENDEL Darf ich fragen, wie viel Eier die Frau Muhme dazu nehmen?

FRAU STAAR Ich werde die Ehre haben, das ganze Rezept mitzuteilen. Man nimmt erstens –

Herr Staar. Die Vorigen

HERR STAAR Bleibt mir vom Halse mit Eurem vornehmen Gaste! Der kann sich erst aus meiner Lesebibliothek das Sittenbüchlein holen und solches fleißig studieren.

FRAU BRENDEL Jawohl, Herr Vizekirchenvorsteher, der ist gar sehr in der Erziehung verwahrlost.

HERR STAAR Erst hat er nicht einmal ordentlich sein Tischgebet verrichtet.

FRAU STAAR Und noch obendrein über die armen Kinder gelacht, die doch ihr »Komm, Herr Jesu, sei unser Gast« recht ordentlich herunter beteten.

HERR STAAR Als ich, nach alter scherzhafter Weise, die Gesundheit: Was wir lieben! ausbrachte, gleich rief er: was uns wieder liebt und seinem Nachbar einen Kuß gibt.

FRAU BRENDEL *(sich verschämt mit dem Fächer wedelnd)* Ich hatte das Unglück, ihm an der linken Hand zu sitzen.

FRAU STAAR Die hübsche Mamsell Morgenroth, die ihm zur Rechten saß, wurde feuerrot.

HERR STAAR Die Sabine warf ihm einen grimmigen Blick zu.

FRAU STAAR Am Ende wollte er ja gar ein heidnisches Lied singen: Freude, schöner Götterfunken! Nein, so verrucht geht es bei uns nicht zu.

HERR STAAR Weil er selbst keinen Titel hat, so gibt er auch keinem Menschen seine gebührende Ehre.

FRAU STAAR Wenn mein Sohn, der Bürgermeister, auch Oberältester, die wichtigsten Prozesse abhandelte, so saß er und kritzelte mit der Gabel auf dem Teller.

FRAU BRENDEL Und Zucker hat er in den Kaffee geworfen, eine ganze Hand voll!

FRAU MORGENROTH Und statt nach Tische zur gesegneten Mahlzeit die Hand zu küssen, hat er sich ein einziges Mal rings herum verbeugt.

HERR STAAR Ich möchte nur wissen, wie der Herr Minister solche Leute empfehlen kann.

Sperling. Vorige

SPERLING Hochgeehrteste Frau Muhmen, ich wollte, der Fremde läge noch im Steinbruche, denn unter uns gesagt, er hat keine Konduite.[1]

HERR STAAR Darüber sind wir einig.

SPERLING Haben Sie wohl das spöttische Lächeln bemerkt, als ich den löblichen alten Leberreim vorschlug?

HERR STAAR Von Ihrer schönen Ode auf die Braunschweiger Muhme hat er nicht drei Worte gehört.

FRAU BRENDEL Da zwinkert' er immer mit der Jungfer Muhme, die ihm gegenüber saß.

SPERLING Für die schöne Literatur scheint er wenig Sinn zu haben.

HERR STAAR Er hat nicht einmal den Rinaldo Rinaldini gelesen.

SPERLING Er ist zu bedauern. Es mag ihm nicht an Anlage fehlen, aber keine Ausbildung.

HERR STAAR Keine Sitten.

FRAU BRENDEL Keine Moral.

FRAU MORGENROTH Keine Lebensart.

FRAU STAAR Keinen Titel.

SPERLING Wenn der bei dem morgenden großen Feste erscheint, geben Sie acht, der wird zum Kinderspott.

HERR STAAR Danken wir dem Himmel, daß in unserer guten Stadt Krähwinkel die liebe Jugend feiner erzogen wird.

Sabine. Vorige

FRAU STAAR Gut, Binchen, daß du kommst. Sag' uns doch ein wenig: gleichen die jungen Herren in der Residenz alle diesem Musje Olmers?

SABINE Alle, die Anspruch auf feine Bildung machen.

FRAU STAAR So? Scharmant.

HERR STAAR Er ist ja ein Grobian.

FRAU BRENDEL Dreht Brotkugeln.

FRAU MORGENROTH Befleckt die Tischtücher.

FRAU STAAR Tituliert keinen Menschen.

SPERLING Verhöhnt die Poesie.

FRAU BRENDEL Lobt keinen Kuchen.

FRAU MORGENROTH Läßt die Hälfte auf dem Teller liegen.

HERR STAAR Weiß von keinem Tischgebet.

FRAU STAAR Will heidnische Lieder singen.

SPERLING Küßt die Nachbarin.

FRAU STAAR Hat weder deinem Vater noch dem Herrn Pastor loci geduldig zugehört.

SABINE O weh! o weh! der arme Olmers! – Liebe Großmutter, in der Residenz verbannt man soviel als möglich allen Zwang. Komplimente sind dem, der sie macht, im Grunde ebenso lästig, als dem, der sie empfängt. Man läßt die Leute essen, wovon sie Lust haben, und so viel sie mögen, man nötigt nie. Das Tischgebet ist nicht mehr gebräuchlich, weil die Kinder nur plappern, und die Erwachsenen nichts dabei denken. Ein anständiger Scherz, ein frohes Lied würzen das Mahl. Der Titel bedient man sich bloß im Amte, im geselligen Leben würden sie nur die Freude verscheuchen. Kurz, ein guter Wirt sucht alles zu entfernen, was die Behaglichkeit seiner Gäste stören könnte. Man kommt, man setzt sich, man sieht, alles nach Belieben. Man geht wieder, ohne Abschied zu nehmen.

FRAU STAAR Hör' auf! Ich bekomme meinen Schwindel.

FRAU BRENDEL Ohne Abschied! Ist das möglich?

FRAU MORGENROTH Sich nicht einmal zu bedanken für genossene Ehre!

SABINE Wenn die Gäste vergnügt sind, so hält der Wirt das für den besten Dank.

FRAU STAAR Ach du mein Gott! ist denn die Residenz zu einer Dorfschenke geworden?

(1803)

KARL GUTZKOW

Aus der Knabenzeit

Herrn Cleanths[1] Bildung wurzelte in der neologischen[2], freigeistigen Richtung des endenden vorigen Jahrhunderts. Freimaurerei trieb er mit Leidenschaft. Durch seine große Vorliebe für die Logensitzungen und die vertrauliche geheimnisvolle Freundschaft mit einem Kreise engverbundener Brüder reizte er die Neugier seiner beiden Knaben nicht wenig, die schon vor »Royal York« immer mit dem Schauer vorübergingen, sich denken zu sollen, daß sich hier in dem seltsamen Gebäude, auf der grünen, mit Kastanien und Ulmen bepflanzten schönen Wiese Menschen versammelten, deren erstes Lernprobestück darin bestünde, in einen großen, ausgehöhlten, mit Spinnen und Würmern angefüllten Apfel zu beißen. So war die Neugier der Knaben befriedigt worden. Herr Cleanth unterhielt nicht die geringste Verbindung mit der Kirche und ängstigte dadurch nicht wenig die Glaubenstreue der Eltern seines halben Adoptivsohnes. Religion war bei ihm Wohlanständigkeit und das allgemeine moralische Verhalten. Diesen Mangel an Christlichkeit mußte man bei ihm hinnehmen, sich auch sonst Eigenheiten des strengen Herrn gefallen lassen. Er duldete keinen Widerspruch, war Erzieher nach Grundsätzen und gab dem neuen Gespielen seines Sohnes durch eine unvergessene Ohrfeige sogleich beim Beginn ihrer Freundschaft einen Vorschmack, wie sich nach seinem System Charaktere zu entwickeln hätten. Diese Ohrfeige erzeugte eine Art Revolution. Erst eine wilde, stürmische nach außen hin. Der passive Held derselben, der sich handgreiflich nur von den angebornen Eltern strafen lassen wollte, schrie, rannte davon und wollte von dem glänzenden Parkett, von der Welt der Teppiche, Konsolen, Bronzeleuchter, Spieluhren, Gemälde, nichts wissen, wenn man dort Ohrfeigen bekäme. Solche Früchte des erschlossenen Paradieses hatte der bei aller Zerflossenheit oft »böse« und trotzige und widerhaarige Junge von außen auf den Bäumen des Gartens am »Katzenstieg« nicht blühen sehen. Der Entflohene wollte nicht wiederkommen. Erst lange Verhandlungen, Kongresse, stillan-

Carl Spitzweg: Der Kaktusfreund (um 1856)

gestellte Vergleiche mit den doch so reichlichen Kopfnüssen, die auch zu Hause hingenommen werden mußten, zutraulichste Anreden führten den Gedenkzettelten endlich in sein Paradies zurück. Er folgte »nicht mehr wie gern«, aber die Lehre war für beide Teile gut, für den armen »Geduldeten« und für den reichen »Duldenden«.

Herr Cleanth behauptete, in seiner Wohnung kein gutes Malerlicht zu haben – er malte eine geraume Zeit auf dem Königlichen Schlosse an einer Kopie eines Krügerschen Königsbildes in Lebensgröße – und kaufte sich in der Behrenstraße (Nr. 54) ein eigenes Haus. Diese Trennung von der »Stallstraße« störte keineswegs den Verkehr der Kinder. In der Behrenstraße wurde mit dem beginnenden Frühjahr ein Versuch gemacht, dem Hofraum einen Garten abzugewinnen; Spaten, Rechen, Egge waren dafür bereits zu Weihnachten erobert worden. Kaum ließen sich aber auf der frischumzäunten Erdfläche die ersten grünen Halme der ausgestreuten Sämereien blicken, so wurde bereits das Haus mit Gewinn verkauft. An das verlassene knüpfte sich dem Knaben eine romantische Erinnerung. Im unteren Stockwerk starb einem Offizier – dem späteren Kommandeur der »Reichsarmee« von 1848, General von Peucker – seine junge Frau. Der Witwer war so erschüttert, daß er sich zum Andenken an seine teure Geschiedene ein Zimmer mit schwarzem Flor ausschlagen ließ. Auf einer Art Katafalk und vor dem Bilde seiner schönen jungen Gattin, das von Wachskerzen erhellt wurde, sprach er, so sagte man, täglich kniend seinen Schmerz aus. Diese Situation eines betenden jungen Offiziers, die Draperie des Zimmers mit schwarzem Flor, die Erleuchtung des Bildes mit Kerzen, alles das lebte noch lange in der aufgeregten Einbildungskraft des Knaben und lebte selbst da noch, als der poetisch gestimmte Witwer längst wieder eine neue Gattin genommen hatte.

Herr Cleanths neues Haus war ein Palast, es konnte die Wohnung eines Fürsten sein. Eine große Freitreppe mit eisernem Geländer führte von zwei Seiten zu einem damals zwar nur zweistöckigen, aber in der Länge imposanten und einen ganzen Schenkel des »Achtecks« am Potsdam-Leipziger Tore einnehmenden Gebäude. Ein geräumiger Hof mit Stallungen trennte es von einem Garten, der sich bis an die Parkgärten der Wilhelmsstraße zog. Hier ließ sich in Glückseligkeit schwelgen.

Trotz der weiten Entfernung von der Universität über die Linden, den Wilhelmsplatz, die Leipziger Straße hinweg, wurde doch in der doppelten Existenz fortgelebt und die trübselige Hülle der Armut für Stunden, ja Tage abgestreift. Der reiche Gespiele erhielt seinen Unterricht daheim. Herr Cleanth übte sich selbst im Lehren, im Anwenden pädagogischer Systeme. Vieles, was der Sohn lernte, kam auch dem Genossen zugute. Kinder tauschen gern ihr erstes Wissen aus. Erst der vom Ehrgeiz gestachelte ältere Jüngling behält sein Wissen egoistisch für sich, ja ist zum Verheimlichen seiner Fortschritte geneigt. Sonntags wurden nun die Frühstunden seltener in den Kirchen und fast immer im sonnigen Zimmer des Gönners zugebracht, wo von diesem die beiden Freunde unter Blumen und Gemälden im Zeichnen unterrichtet wurden. Die Methode, die Herr Cleanth befolgte, war streng. Jedes Aufblicken von der Arbeit wurde gerügt, jedes Versehen bestraft. Während die Knaben Augen, Nasen, Lippen, Ohren, Köpfe, später auch Tiere zeichneten, schritt Herr Cleanth mit knarrenden Hausschuhen durchs Zimmer, las polytechnische Journale und beaufsichtigte die Zöglinge zwei Stunden lang mit einer Strenge, die der endlichen Erlösung und dem Sichtummelndürfen im Garten einen doppelten Reiz verlieh. Kinder der Armen wachsen natürlicher und freier auf als die der Reichen. Diese sollen um jeden Preis eine vorzügliche Bildung erhalten und sind darum das stündliche Augenmerk ihrer Eltern und Erzieher. Jene, den Eltern oft eine Last, müssen für sich selbst sorgen und lernen dabei leichter, sich ihr Leben frei bestimmen. Fürstensöhne vollends werden auf ihre künftige Würde wie Sklaven vorbereitet.

Immer unsichrer wurde die Brücke der Rückkehr zur Existenz der Eltern. Die häusliche Lage wurde dem Knaben gegenständlich. Er urteilte darüber, seitdem er vergleichen konnte. Von dem Naturgeheimnis der Liebe und kindlichen Anhänglichkeit an das Vaterhaus ging nichts verloren, aber der grelle Reiz der Eindrücke dämpfte sich ab. Nicht mehr wurde so aufmerksam gelauscht, wenn Vetter Wilhelm von der Selbstgerechtigkeit und der Gnadenwahl, Vetter Christian von Ungarn, seinem Ehewirrsal und den neuen Seidenhüten sprach. Man lachte nicht mehr über einen lustigen Verwandten, der zu Hause ein kranker Hypochonder, in Gesellschaft ein ausgelassener Schnurrenreißer war und nichts lieber tat, als sich einen Besen kommen zu lassen, diesen verkehrt zwischen die Beine zu klemmen, ihn als Spinnrocken gleichsam abzuspinnen und dazu ausgelassene Lieder zu singen. Die neue Lebenssphäre stand unter anderen Bedingungen. Hier im Cleanthschen Hause kamen nur die Besuche von Hofräten, Hofrätinnen, Geheimratstöchtern, Professoren, Künstlern, Offizieren, jungen Studierenden, die aus Stettin ihre Empfehlungsbriefe brachten und wöchentlich an einem bestimmten Tage zu Tisch erscheinen durften. Herr Cleanth übersah schnell seine Leute. Romantik und Altdeutschtum waren ihm in demselben Grade verhaßt wie dem Vater. Chimärische Träumerei erschien dem Mann der praktischen Nützlichkeit als verderblicher Meltau für jede Jugendentwicklung. Die Lektüre vom Märchen duldete er nicht. Raffs Naturgeschichte und die Kupfer zum Büffon[3] standen ihm höher als Tausendundeine Nacht. Die einzige Beschäftigung der Phantasie, die Herr Cleanth zuließ, war die mit der Geschichte, zu welcher seine Knaben durch Beckers Weltgeschichte in zehn Bänden und dessen Erzählungen aus der alten Welt angeleitet wurden. Herr Cleanth verwarf die gewöhnliche Methode der Schulen und bildete seinen Sohn nur durch Privatunterricht, dem er meist selbst beiwohnte. Wehe dem Lehrer, der seinen Erwartungen nicht entsprach. In der Musik mußte ihm die damals neue Logiersche, von Stöpel angewandte Methode ganz besonders erwünscht kommen. Doch war Herr Cleanth wie Äolus.[4] Rauhe und sanfte Winde hatte er zugleich. In so furchtbar dunkle Gewitterwolken er sich hüllen konnte, ebensooft konnte er sanft und milde wie eitel Sonnenschein sein.

In der traulichen Geselligkeit eines gebildeten Hauses liegt ein unendlicher Reiz. Kein Patschuli[5] ist dafür nötig, kein strahlender Lüster. Duft und Glanz liegt schon allein in der ganzen Weise eines solchen Hauses selbst. Die Ordnung und die Pflege verbreiten eine Behaglichkeit, die ebenso das Gemüt wie die äußeren Sinne ergreift. Die kleinen Arbeitstische der Frauen am Fenster, die Nähkörbchen mit den Zwirnrollen, mit den blauen englischen Nadelpapieren, mit den buntlackierten Sternchen zum Aufwickeln der Seide, die Fingerhüte, die Scheren, das aufgeschlagene Nähkissen des Tischchens, nebenan das Piano mit den Noten, Hyazinthen in Treibgläsern am Fenster, der gelbe Vogel in schönem Messingbauer, ein Teppich im Zimmer, der jedes Auftreten mildert, an den Wänden Kupfer-

stiche, das Verweisen alles nur vorübergehend Notwendigen auf entfernte Räume, die Begegnungen der Familie unter sich voll Maß und Ehrerbietung, kein Schreien, kein Rennen und Laufen, die Besuche mit Sammlung empfangen, abends der runde, von der Lampe erhellte Tisch, das siedende Teewasser, die Ordnung des Gebens und Nehmens, das Bedürfnis der geistigen Mitteilung – in dem Zusammenklang aller dieser einzelner Akkorde liegt eine Harmonie, ein Etwas, das jeden Menschen sittlich ergreift, bildet und veredelt.
Die Gartenlust wurde wie von Bienen genossen. Aber bei der Freude am Laufen und Rennen in den symmetrisch angelegten Wegen, unter hohen Rosenbüschen, Stachelbeer- und Himbeerhecken durfte durch die Knabenhand auch die wirkliche Pflege der Blumen nicht vernachlässigt werden. Da pflanzte und säete man, man führte die Gießkanne, wenn sich die Sonne senkte, man half ohne Naschhaftigkeit den Erntesegen einbringen und arbeitete immer nach bestimmten, vom mathematischen Herrn Cleanth gestellten Aufgaben. Da war an einem Salatbeet Unkraut auszujäten, Stöcke waren für die Nelken zu schneiden, die zerstreuten Blätter der aufgeblühten Zentifolien zu sammeln, eine Arbeit, die sich den Knaben dadurch belohnen durfte, daß sie die Rosenblätter dem Apotheker am Zietenplatz korbweis verkauften. Lange Weinspaliere wurden nach der neuen Kechtschen Grundregel der häufigen Entfernung der Blätter gezogen. Ein Gärtner führte die Oberaufsicht, die jungen Freunde mußten helfen. Herr Cleanth duldete keine Spiele, höchstens solche, bei denen etwas gelernt, irgendeine geistige Tätigkeit oder mechanische Fertigkeit zugleich gebildet wurde. Wie frucht- und blumenreich war dieser Garten! Malerische Sträuße von weißen und roten Lilien, Rosen und Nelken wurden im Sommer, von Holunder und Maiblumen in erster Frühlingszeit zusammengestellt. Der Tau haftete noch an ihnen um Mittag. Was gibt es in einem Garten für Tatsachen, die Kindern merkwürdig sind! Frösche verbargen sich in einem Tümpel, Maikäfer wurden je nach der Farbe der Halsschienen und der Fühlfäden in mehr Gattungen eingeteilt, als vielleicht Büffon nennt, Goldkäfer, die träge und duftberauscht in der Mittagssonnenhitze auf Blumenkelchen in allen Regenbogenfarben schillerten, wurden aufgescheucht. Kinder horchen auf alles, was da wispert und knuspert und raschelt. Sie sind auf

einer ewigen Schleichjagd nach allem, was sich im Grase und auf und unter der Erde regt. Ausgerüstet mit einem scharfstechenden Spaten ist ein Knabe König der Natur. Den Spaten über die Schulter gelegt, verläßt er den Garten, ißt nach der Arbeit sein Obst, sein Butterbrot, trinkt ein Glas Wasser mit einer Zufriedenheit, als hätte er seinen Lohn um die Ordnung der Welt verdient.

(1852)

BOGUMIL GOLTZ

Ein Kleinstädter in Ägypten

Abfahrt von Triest auf dem Meere

Den 29. September 1849 auf dem österreichischen Lloyd-Schiff, welches nach Alexandrien hinüber fährt. Ich mustre die Passagiere, und werde gemustert; also wieder die Welt im Auszuge, und dies so recht der Begriff des Lebens auf einem Schiff. Ein garstiger Kerl von altem Engländer diktirt mir unwissentlich die nachfolgende Notiz:

»Man kann wohl alt werden, aber nicht mit Zügen wie ein alter Schimpansé oder Mandrill. Man muß Exemplare dieser blasirten, englischen Travellers in Augenschein nehmen, um zu erfahren, bis zu welchem Grade das Menschenantlitz, das Ebenbild Gottes, verzerrt werden kann: der in Rede stehende Passagier hat Augen, die seit undenklichen Zeiten keine Augen und am wenigsten Seelenspiegel sind; – sondern wie ein Paar Stückchen Gallerte, oder wie krepirte Fischaugen aussehen. Dann ziehen sich von den Nasenflügeln bis zu den Mundwinkeln *zwei Falten* wie an einem alten Schlafrock herab. Ein Mensch kann freilich alt werden und alt aussehen, aber doch *wie ein alter Mensch*, nicht wie ein Leder auf der Stange, und darf nicht Falten kriegen wie ein Rhinozeros, und nun vollends wie ein Schlafrock, dem das Oberzeug eingekrumpfen und das *Futter herausgebeutelt* ist; pfui! das kommt von einem abscheulichen Materialismus her.« –

Cras iterabimus ingens aequor.[1]

Das Meer ist wie der Himmel und wie die ganze Natur. – Es spiegelt alle Farben und bleibt keiner getreu; es ist das Mannigfaltigste und doch das Einfachste, das Ruhigste und Unruhigste zugleich; – das Passivste und eine heillose Aktivität. Es erzeugt Schäume und Wellen auf Wellengebirgen, und löst alle Gestalten jeden Augenblick in ein Nichts. Auf der Oberfläche ewig bewegt, herrscht die Ruhe auf seiner Tiefe wie am Himmel, der diese Meereswasser in Ebbe und Fluth bewegt. Sie scheinen himmelblau, smaragdgrün, wie Beryll, und dann wieder

schwarz wie die stygischen Gewässer, und wenn ein Zephyr diese Urwasser kräuselt, so überzieht sich jede Welle mit Wellenspielen, die sich dem Auge darstellen wie Melonengeflecht. (...)
Ich lebe und konversire mit drei alten Italienern aus dem Mittelstande seit drei Tagen und Nächten. – Diese »Orangen-Philister« sind ganz wie die preußischen »Kartoffel-Seelen« anzuschauen; und auch sie lehren mich wieder auf's neue, daß Pietät, Höflichkeit und vollends Schüchternheit auf Reisen nicht sonderlich rentiren. Wer übrigens keinen alten, plappernden Italiener gesehen hat, weiß nicht, was die Geschwätzigkeit eines Greises sagen will. Es ist grauslich: so ein alter, runzliger, pommeranziger Italiener hat komplette Diarrhöe auf der Zunge; bevor der Kerl nicht ausspeit, kommt man nicht zu Worte. – Und dabei bewegen sich dem Redepatienten die welken Backen, Ganaschen und Hautfalten wie an einem defekten Blasebalg, und verursachen beim Zuschauer die Empfindung, als wenn die Sprache etwas wäre, das aus einem alten Gesichtsleder herausgebeutelt, gepumpt und über die alte schleimige Lilazunge zum zahnlosen »ausgefaumelten« und gaumenharten Maule hinaus*gemuffelt* werden muß. Pfui, lieber unter der Erde, wie so ein säkularisirter, vernutzter, zum Skandal lebendiger Greis!
Ich finde überhaupt nichts Liebenswürdiges auf dem ganzen Schiffe, als einen jungen Pudel; – meine eigene Person aber am unleidlichsten, weil ich keinesweges in meinem Esse[2] bin. (...)

Auf dem Nil

Am 23. Oktober 1849 bin ich von Kahira nach Minyeh in Gesellschaft von zwei deutschen Schneidern abgesegelt: einem bescheidenen, gutartigen, echten Schwabenkinde und einem unternehmenden fix und fertigen, überall sicheren, weit durch die Welt gereisten Berliner (einer Art von Lion). Der Mann schien ein Jäger, handhabte eine Schießflinte, stand mit französischen und italienischen Redensarten Du auf Du, verunglückte aber im deutschen Styl und in der Logik auf die lustigste Art.
Wir haben eine ordinaire, roh gezimmerte Fellahbarke, jedoch

mit einer Kajüte zur Disposition. Auf den hölzernen Divans liege ich, und der Niljäger mir *vis-à-vis*. Sein schwäbischer Kamerad hat eine zerrissene Baumwollmatratze ohne Kopfkissen zwischen die Holzbänke auf den Boden gelegt und ist nur mit einem Bettlaken zugedeckt, unter welchem er vor Sonnenaufgang im Namen seiner ganzen Zunft frieren muß. Hinter der Kajüte in dem äußersten Winkel des Fahrzeuges befindet sich noch ein Verschlag, allwo unser Gepäck und die Lebensmittel untergebracht sind. Dieselben bestehen in italienischem geräuchertem Schinken, in Schweizerkäse und Braunschweiger Wurst. Dazu haben wir französischen Rothwein, französischen Anisbranntwein, Zucker, Kaffee, Reis, Zwiebeln, Pfeffer, Salz, Butter, Oel, Apfelsinen, hartgekochte Eier und Brot. – Wesentlicher aber wie Alles ist das Feuerungsmaterial; denn in den Dörfern am Nil kauft man zu billigen Preisen Hühner, Tauben, Eier, Weizen- und Durrahfladen, Gemüse und Baumfrüchte; – in den Städten Alles, was man braucht, aber sehr selten und theuer ein wenig altes Bretterholz oder Strauch. Wir hatten schlechte Palmholzkohlen, – es giebt aber gute Steinkohlen und Knüttelholz in Bulak (der Vorstadt von Kahira, wenn man von Alexandrien kommt).

Eine zweite Hauptsache für eine Nilreise ist, daß man sich mit so viel gewechselter Münze versieht, als man für Lebensmittel und Biergelder unterwegs auszugeben gedenkt, denn um kleines Geld ist in ganz Aegypten von Anfang bis zu Ende eine unausgesetzte Noth. – Der Geldwechsler im Frankenviertel zu Kahira gab mir für einen Maria-Theresia- oder Franzthaler, welcher in Massenzahlungen zu 21 Piaster angenommen wird, nur 19 Piaster Münze.

In Alexandrien zog man mir drei Piaster auf die *Faddah* (kleine Münze) ab; in Minyeh erhielt ich nur durch freundschaftliche Vermittelung des italienischen Arztes gegen drei Piaster Aufgeld ein Paar österreichische Thaler ausgetauscht. – Die Schiffer quälen den Reisenden unausgesetzt um Vorschüsse in kleinem Gelde, und die Krone wird dieser Kleingeldnoth dadurch aufgesetzt, daß die Hühnerweiber jedes »Fünf- oder Zehnparastück« der genauesten Untersuchung unterwerfen und es sofort zurückgeben, falls es nur ein wenig abgerieben, verbogen oder sonst wie beschädigt erscheint.

Die Freundschaftlichkeit mit der Geldwechselung in Minyeh

klärte sich dahin auf, daß ich eben viel abgegriffene Münze erhalten hatte, die ich zuletzt mit fünfzig Prozent Verlust losschlagen mußte. – Der Wechsler in Kahira hatte mir gute Münze gegeben, ich kannte also das Malheur mit etwas abgegriffenem Gelde nicht, und habe auch in diesem Punkte mein ägyptisches Lehrgeld bezahlt. – Von diesen Trivialitäten en detail und mit Akzent zu sprechen, ist im Interesse des reiselüsternen Publikums Pflicht. – Ich wünschte, es hätte mir Jemand von diesen Geldteufeleien und anderen verzweifelten Reiseabenteuern, Reisevorsichten und Klugheiten nur das Mindeste gesagt. Man hört hier und da eine Andeutung, aber phlegmatisch hingeworfen und ohne allen Akzent. Wer für Aegypten meinen Rath verlangen sollte, dem will ich ihn mit so viel Nachdrücklichkeit, Detail, Aufrichtigkeit und Vollständigkeit geben, daß ihm die Haare zu Berge stehen sollen, wie mir selbst, als ich zu spät erfuhr, was es sagen will: auf's Gerathewohl und ohne alle Präparation so ein bißchen nach Theben zu gehen. –
Unsere Einkäufe kosteten 170 Piaster. Das Reisegeld war mit dem Fellahschiffer für uns drei und unsern Dolmetscher (Dertschoman), einen verschmitzten, schmierigen und frechen Malteserbengel von circa 20 Jahren, der zugleich den Koch machte und von den beiden Schneidern die Kunst erlernen wollte, – inclus. des Trinkgeldes auf 115 Piaster abgemacht. – Unsere Fahrt dauerte bis Minyeh sechs Tage; dazu gaben wir unterwegs noch für Hühner, Tauben, Milch, Eier, Brod und an Biergeldern etwa fünfzig oder sechszig Piaster aus. Die Reise kostete also bis zu jener Hauptstation Jeden von uns zirka 115 bis 120 Piaster, – und die ganze Fahrt von Kahira bis Theben und zurück berechne ich mir nur auf etwa 70 Thlr. preußisch, obgleich sie über sechs Wochen gedauert hat. Unser Herr Gott bewahre mich aber in allen Gnaden vor einer zweiten, so ganz und gar natürlich zugeschnittenen Exkursion. Auf der in Rede stehenden mußte ich von Minyeh aus, wo mich die Schneider im Stiche ließen und der Herr Dertschoman fortgejagt wurde, nicht nur meinen eigenen Dolmetscher machen, sondern auch meine Waschfrau und meinen Koch. Es war ein Geniestreich, aber ich riskire ihn nicht mehr. (...)
Das eigentliche kultivirte Niederungsland liegt auf der westlichen Seite des Nils, zwischen seinen Ufern und dem libyschen Gebirge, welches (dem östlichen Mokattam im Allgemeinen

parallel laufend) das Ackerland vor dem libyschen Wüstensande beschützt. – Die durchschnittliche Breite dieses fruchtbaren Schlammlandes wird auf zwei geographische Meilen, seine Länge etwa auf 100 Meilen geschätzt. – Es liegen aber noch Sandstrecken, Sümpfe und anderes Unland in dem urbaren und fruchtbaren Boden zerstreut. – Die Gebirge zeigen nicht die mindeste Spur von Vegetation, kaum eine Flechte wie unsere Feldsteine, – geschweige denn Kraut und Strauch. – Wo Schlamm und Wasser ein Ende nehmen, ist nur der brennende Wüstensand und sein nacktes Gestein, und selbst an den Nilufern und in den Sumpfstellen giebt es keine Wiesen, kein feines, dicht stehendes, sondern nur ein grobes, weitläufiges Riedgras und Schilf.

Mit den Wiesen hat es bereits in Italien ein Ende. – Bei Florenz sind einige Morgen Wieswachs wie eine Naturseltenheit geschont. In den italienischen Gebirgsthälern giebt es kleine Wiesflecken, sie brennen aber schon im Frühling von der Hitze und wegen Wassermangel aus. – Große herrliche Wiesenmatten, Quadratmeilen von immergrünen Flächen, selbst unter Schnee und Eis, sind nur im Norden zu Hause. – Es ist nimmer alles Schöne auf einem Punkte und an einem Orte der Welt vereint.

Also Wiesen, Bäume und Sträucher hat der Mokattam an keinem Orte; kaum irgendwo so viel Flechtenmoos, daß sich ein Stäubchen daran festsetzen könnte; aber *Grabkammern* mit wenigen Unterbrechungen von Kahira bis Theben und an jedem Orte, dem die alten Aegypter nahe gekommen sind. – Wer also ein Freund von Todesgedanken ist, der schiffe ja auf dem Nil. – Zwar sind *Tod* und *Leben* die Thatsachen und Begriffe, aus denen auch mein bißchen Philosophie, wie eine gekappte Else aus den Wurzeln, ausschlägt; aber in Aegypten und dem steinernen Mokattam entlang wurde es mir doch ein bißchen zu viel *Todten- und Troglodyten-Philosophie*. – Das Leben kam ungeachtet der grünenden Reis- und Durahfelder und der Palmen, gegenüber diesen Höhlen der Lebendigen und Todten, zu kurz. Ein Paar hundert Quadratmeilen Ackerland sind hier von dem Todesgrausen der libyschen Wüste eingeschlossen; von ihrem ewigen Schweigen wird selbst der arabische Lärmen *übertönt*!

Ich überzeugte mich zuletzt, diese Spektakeleigenschaften der nackten Aegypter sind unter diesen Szenen des Todes, der Höhlenwirtschaft und in der Wüstenei eine Naturnothwendigkeit, eine Naturtugend und Naturökonomie. Wenn die Aegypter eine stille, in sich gekehrte, schweigsame Rasse wären, so hielte es der Tod selbst in diesem Lande nicht aus. Man sieht also bei jeder Gelegenheit: die Natur und unser Herrgott wissen zuletzt und zuerst, warum sie die Welt, die Menschen und die Naturgeschichten so und nicht anders getrieben, gestaltet, gestempelt und gemacht. (...)

Man muß diese Araber Kaffee kochen sehen. Sie brennen ein wenig Bohnen in einem Scherben oder flachen thönernen Gefäß (indem sie die Frucht mit einem Spahn umrühren) so braun wie wir. Dann zerstoßen und zerreiben sie die gebrannte Bohne in einem kleinen aber starken Napf, der ganz so geformt ist, wie das Gefäß, in welchem der westpreußische deutsche Bauer seinen Schnupftabak präparirt. – Zum Stößel dient das erste beste Instrument, am liebsten ein langer Stock aus einem eisenharten Holze, der Nabuth genannt und mit 10 bis 12 Piastern bezahlt wird. – (Mit einem so gewachsenen Stecken, 6 bis 7 Fuß hoch, wehrt man sich schon einen Räuber oder Hund und Schakal vom Leibe.) Was nun den Kaffee anbetrifft, so ist der Witz der, daß eben nur eine solche Portion gebrannt und gerieben wird, als man auf einmal eben zum Kochen gebraucht, damit das Aroma so wenig als möglich verfliegt. Ueberhaupt wird in Aegypten der Kaffee nicht gemahlen, sondern in großen Eisenmörsern zerstampft, bei welchem Geschäfte gewöhnlich drei Menschen auf die Weise in Thätigkeit sind, daß der Jüngste und Behendeste, gewöhnlich ein Knabe, zehn bis fünfzehn Jahre alt, von Zeit zu Zeit den am Boden festsitzenden Kaffee mit der Hand rund herum und in der Mitte loskratzen muß, ohne daß deshalb mit dem Stampfen einen Augenblick eingehalten wird. – Wer dieses gefährliche Manöver zum erstenmale mit ansieht, kann sich der Besorgniß nicht erwehren, daß dem armen Jungen im nächsten Augenblick die Hand in den Kaffee hineingestampft wird. – Schnupftabak dagegen stößt man bei den Gewürzkrämern mit einem langen hölzernen Stößel, an dessen oberem Ende eine schwere Eisenkugel festgemacht ist; kurz, die Kuriositäten nehmen für den fremden Zuschauer kein Ende. (...)

Jedes ägyptische Dorf (mit Ausnahme eines Dutzend von überwachten Musterdörfern) ist ohne Unterschied ein Bild des empörendsten Durcheinander und Uebereinander von Schutt,

Staub, Ziegeln, Steinen, Backsteinstücken, Kehricht, Federn, Menschenkoth und Aas, nur am Viehdünger fehlt es, weil er zum Brennmaterial verwendet wird. – Jedes Dorf ist in seinen sogenannten Straßen, Wegen und Stegen (für die kein Wagen und kein Karren in Anwendung kommt, da Alles auf Kameelen und Eseln transportirt wird) – bucklicht, krumm und schief, schmal und weit auf einen Hieb. Da giebt es große und kleine, hohe und niedrige, bedeckte und offene, viereckige und runde, zugewölbte und pyramidenförmigabgestumpfte Mauerwerke, mit Palmenstämmen, Rohr, Bohnenstroh und Strauch belegt; mit Hunden, Hühnern und Tauben auf der Plattform, – und nicht zu vergessen mit einem Schurrmurr und Mist von brauchbaren und vernutzten Geräthen, dessen bloßer Anblick einen ordnungliebenden, reinlichen Christenmenschen auf Augenblicke seiner fünf Sinne berauben und komplet unglücklich machen kann. – Da giebt es ferner zur vollkommenern Ausgestaltung des labyrinthischen Unwesens große und kleine Einfriedigungen von Backsteinen und Rohrwerk; – große und kleine, runde und viereckige Hütten, Stallungen, »Kruplöcher«, Taubenlöcher, Hundelöcher, Brutöfen, Backöfen, Nischen, Gruben, Hofräume, Hühner- und Taubenhäuser; item bedeckte und offene, krumme und krümmere, schmale und noch schmälere, kothige und scheußliche Gänge, Winkel und Verschläge, mit welchen verglichen selbst ein polnisches Labyrinth und Chaos eine Grammatik, Registratur und Oberrechnungskammer und jede Unflätherei eine holländische Reinlichkeit ist. – Hier studirt man die Mysterien der universellsten, volksthümlichsten perennirenden[3] Säuerei und eines konzentrirtesten, *lächerlich-furchtbaren chronischen Gestanks*. Hier ist die Nase nur noch zu ihrem Hohn und Skandal in der Welt und »binnen Bälde« ein krepirter Gesichtstriangel, für welchen weder Geruch noch Gestank mehr existirt. – Hier räumen die Säue den Menschen das Feld, welche Letztere die Rolle der Erstern vollkommen ausfüllen und darum von Religionswegen mit den Schweinen auf immer zerfallen sind. – Ein Schwein ist, verglichen mit einem Fellah, ein diskretes, reinliches und appetitliches Thier, schon um der Thatsache willen, daß es im Stalle die reinlichste Stelle zu seinem Lager aussucht, dasselbe nicht verunsaubert und nur bei Reinlichkeit und trockener Streu gedeiht.

(1853)

HENRY MONNIER

Die letzte Ruhestätte

Genauigkeit in der Erfüllung seiner sozialen Pflichten ist eine der hervorragendsten Eigenschaften des Bürgers. Geburtstage, Hochzeiten, Taufen, Beerdigungen gehören zu der großen Zahl seiner täglichen Beschäftigungen. Für Beerdigungen hat er eine ganz eigentümliche Vorliebe. Er begleitet den ersten besten und seinen besten Freund mit demselben Vergnügen und demselben Eifer zur letzten Ruhestätte und ist an dem Tag ganz unglücklich, an dem er nicht hinter etwas herzugehen hat.

Wer das Glück hat, in der Nähe des Bürgers zu kommen, der kann leicht schon an seinem Aussehen erkennen, welchen Gebrauch er von seinem Tag machen will. Am Morgen des Tages, an dem er beerdigt, ist seine Haltung edel, und alles an seiner Person ist feucht und schwammig. Er benutzt nur die hohen Töne seiner Stimme, stößt lange Seufzer aus, verdreht die Augen gen Himmel und stößt alle Augenblicke, die zwei Worte hervor: Armer Freund!!!

»Armer Freund!?« sagt die Bürgerin, deren Gemütsstimmung weniger weich und feucht ist, du hast ihn ja kaum gekannt.«

»Ich bin mehreremal von Tabarot aus mit ihm heimgegangen.«

»Ach, du bist lächerlich!«

»Immer herrschte die vollkommenste Eintracht zwischen uns.«

»Jawohl, er hätte dir auch sicher nicht ohne weiteres eine herunter gehauen oder dir auf dem Bauch herumgetrampelt.«

»Er war so gut, von ihm hätte ich alles erduldet, so gut war er ...«

»Du bist verrückt ...«

»Nun, liebe Freundin, gib mir meinen Hut und die Handschuhe von Herrn Duval!«

»Welche Handschuhe von Herrn Duval!«

»Die, welche ich ihm zu Liebe kaufte ...«

»Ach so, das war auch so ein Freund, den du niemals gesehen hattest, das ist etwas anderes.«

»Er war aus unserm Viertel ...«
»Aber war es nicht das letztemal, Herr Provenchère?«
»Gut, gib mir die Handschuhe von Provenchère!«
Unser Bürger kommt am Sterbehaus an, er sieht es zum erstenmal und kennt es nur an den Behängen, die es zieren und zögert nicht, sofort Bekanntschaft anzuknüpfen.
»Mein Herr«, wendet er sich an seinen Nachbar, »ich hätte nicht vermutet, daß wir uns am Dienstag den 27. hier befänden. Dem, der mir vor drei Tagen gesagt hätte, am 27. wirst du Godard beerdigen, hätte ich geantwortet: ›Sie scherzen!!‹ –«
»So ist es, mein Herr, er war nicht darauf gefaßt; ganz wie gewöhnlich war er aufgestanden.«
»Doch was wollen Sie, wir sind alle sterblich.«
»Mehr oder weniger, ja, mein Herr.«
»Man muß sich dem Naturgesetz unterwerfen.«
»Und dulden, was man nicht verhindern kann.«
»Ganz meine Meinung.«
»Wie bin ich entzückt, mit Ihnen übereinzustimmen, mein Herr.«
»Zu freundlich, tausend Dank! Welch ein liebenswürdiger Mann war er!«
»Einfach reizend!!!«
»Welche Festigkeit in seinen Meinungen.«
»Einzig in ihrer Art!!«
»Nein, rechtschaffene Leute sollten nicht weggehen ...«
»Er war ein ganz außergewöhnlicher Mensch.«
»So geschickt mit den Händen.«
»Wie ein Affe ...«
»Welcher Reiz lag in seiner Unterhaltung.«
»Oh, und wie er den Salat zurecht machte!!«
»Und welch feiner Ton mit den Damen!«
»Wie er tranchierte!!«
»Oh, das heißt zu jung sterben. Doch Verzeihung, mein Herr, nicht zum erstenmal, scheint mir, habe ich den Vorzug, mit Ihnen zusammen zu sein?«
»In der Tat, auch ich glaube mich zu erinnern ...«
»Ja, ich habe das Vergnügen gehabt, mit Ihnen auf der Beerdigung von Frau Projet zusammenzutreffen.«
»Was für eine liebenswürdige Person sie war!!!«
»Entzückend – doch wir waren entzweit.«

»Sie scheinen eine ausgezeichnete Gesundheit zu haben.«
»Ja, mein Herr, Gott sei Dank!!!«
»Sie tragen Ihr Kreuz gut!!«
»Ich tue mein Bestes. Ich habe das Vergnügen gehabt, fast alle meine Freunde zu begraben, mein Herr! Herr Parizot, den Sie vielleicht auch gekannt haben?«
»Aber gewiß!!«
»Herr, Frau und Fräulein Chenantais ...«
»Kenne ich nicht!«
»Auch hatte ich das Vergnügen, Herrn Ménageot zu bestatten.«
»Ach den, das ist etwas anderes!«
»Kürzlich noch, den Vater von Madame Fassiat.«
»Herrn Lardenois?!?«
»Lardenois und viele, viele andere.«
»Ja, ja, er hatte seine Geschäfte aufgegeben.«
»Das war ein Unrecht; er brauchte Beschäftigung, der Herr Lardenois ...«
Der Leichenbitter macht allen Unterhaltungen ein Ende und erinnert die Geladenen an den Zweck der Versammlung. Kaum hat er sein »Meine Herren, wenn's gefällig ist!« ausgesprochen – schon setzt sich der Zug in Bewegung.

(um 1855)

WILHELM BUSCH

Tobias Knopp

Der alte Junge hat's gut

Die Frühstückszeit hat Knopp vor allen,
Weil sehr behaglich, sehr gefallen.

Nachdem die Liese aufgetischt,

Hat Doris ihm den Trank gemischt.
Und außerdem genießt er heute
Noch eine ganz besondre Freude.

Frau Doris schenkt ihm eine Mütze,
Die rings mit Perlen und mit Litze
In Form von einem Kranz der Reben
Gar schön umwunden und umgeben.

Sehr freut ihn dieser Kopfbehälter,
Denn nach Micheli wird es kälter
Und weht schon oft ein herber Hauch,
Und außerdem verziert es auch.

Stolz sitzt er da auf seinem Sitze;
Das Haupt verschönt die Morgenmütze

Die Pfeife ist ihm Hochgenuß,
Und Doris hält den Fidibus.

Schnell flieht der Morgen. – Unterdessen
Bereitet man das Mittagessen. –
Was dies betrifft, so muß man sagen,
Kann Knopp sich wirklich nicht beklagen.
Zum Beispiel könnt er lange suchen
Nach solchem guten Pfannekuchen.
Hierin ist Doris ohne Fehl.
Stets nimmt sie einen Löffel Mehl,
Die nöt'ge Milch, dazu drei Eier,
Ja vier sogar, wenn sie nicht teuer,
Quirlt dies sodann und backt es braun
Mit Sorgfalt und mit Selbstvertraun;

Und jedesmal spricht Knopp vergnüglich:
»Der Pfannekuchen ist vorzüglich!«

O wie behaglich kann er nun
An Doris' treuem Busen ruhn.
Gern hat er hierbei auf der Glatze
Ein loses, leises Kribbelkratze.
So schläft er mit den Worten ein:
»Wie schön ist's, Herr Gemahl zu sein!«

(1875)

CARL STERNHEIM

Die Hose

THEOBALD Daß ich nicht närrisch werde!

LUISE Tu den Stock fort!

THEOBALD *(schlägt sie)* Geschändet im Maul der Nachbarn, des ganzen Viertels. Frau Maske verliert die Hose!

LUISE Au! Ach!

THEOBALD Auf offener Straße, vor den Augen des Königs sozusagen. Ich, ein einfacher Beamter!

LUISE *(schreiend)* Genug.

THEOBALD Ist nicht zu Haus Zeit Bänder zu binden, Knöpfe zu knöpfen? Unmaß, Traum, Phantasien im Leib, nach außen Liederlichkeit und Verwahrlosung.

LUISE Ich hatte eine feste Doppelschleife gebunden.

THEOBALD *(lacht auf)* Eine feste Doppelschleife. Herrgott, hör das niederträchtige Geschnatter. Eine feste – da hast du eine feste Doppelohrfeige. Die Folgen! Ich wage nicht, zu denken. Entehrt, aus Brot und Dienst gejagt.

LUISE Beruhige dich.

THEOBALD – Rasend ...

LUISE Du bist unschuldig.

THEOBALD Schuldig, ein solches Weib zu haben, solchen Schlampen, Trulle, Sternguckerin. *(Außer sich)* Wo ist die Welt? *(Er packt sie beim Kopf und schlägt ihn auf den Tisch.)* Unten, im Kochtopf, auf dem mit Staub bedeckten Boden deiner Stube, nicht im Himmel, hörst du? Ist dieser Stuhl blank? Nein – Dreck! Hat diese Tasse einen Henkel? Wohin ich fasse, klafft Welt. Loch an Loch in solcher Existenz. Schauerlich!

Mensch, bedenke doch! Ein gütiges Schicksal gab mir ein Amt, das siebenhundert Taler einbringt. *(Schreit)* Siebenhundert Taler! Dafür können wir ein paar Stuben halten, uns tüchtig nähren, Kleidung kaufen, im Winter heizen. Erschwingen eine Karte in die Komödie, Gesundheit spart uns Arzt und Apotheker – der Himmel lacht zu unserm Dasein.

Da trittst du auf mit deiner Art und zerstörst unser Leben,

das gesegnet wäre. Warum noch nicht geheizt, warum die Tür auf, jene zu? Warum nicht umgekehrt? Warum läuft die Uhr nicht? *(Er zieht sie auf.)* Warum laufen Töpfe und Kannen? Wo ist mein Hut, wo blieb ein wichtiges Papier, und wie kann deine Hose auf offener Straße fallen, wie konnte sie?

LUISE Du weißt, kanntest mich als junges Mädchen.

THEOBALD Nun?

LUISE Und mochtest gern, ich träumte.

THEOBALD Für ein junges Mädchen gibt es nichts Besseres dem Unmaß freier Zeit gegenüber. Es ist sein Los, weil es an Wirklichkeit nicht herandarf. Du aber hast sie, und damit ist der Traum vorbei.

LUISE Ja!

THEOBALD Luise, sieh meine tiefe Bewegung.

LUISE Ich will dir glauben, lieber Mann.

THEOBALD Auf offener Straße!

LUISE Bleibt unbegreiflich.

THEOBALD Lachende Grimassen, Gassenbuben, Laffen. Daß ich nicht närrisch werde!

LUISE Fängst du wieder an.

THEOBALD Das Herz stand mir still. Jedem Aufsehen abhold, wie du weißt. Erlaube ich dir ein Kleid, einen Hut nach der Mode? Warum mußt du dich so unvorteilhaft herausputzen? Weil dein niedliches Gesicht viel zu pochend für meine bescheidene Stellung ist, dein Busen, deine Augen zu herausfordernd. Könnte ich dir doch begreiflich machen, jedes Ärgernis der Welt stammt aus dem Nichtzusammengehen zweier ein Ding bildenden Faktoren.

LUISE Hör auf; ich ertrage es nicht länger.

THEOBALD *(laut)* Zweier ein Ding bildenden Faktoren! Mein Amt, dein Aussehen gehen nicht zusammen.

LUISE Ich kann nicht dafür, Gott schuf mich so.

THEOBALD Gott ist nicht schuld. Eine schamlose Erziehung, die die Haare wellt und rollt, eine an sich harmlose Brust durch den Schnürleib hinausdrängt. Die Pest über kupplerische Mütter!

LUISE Mutter war eine ehrenwerte Frau.

THEOBALD Verlöre ich mein Amt!

LUISE Warum?

THEOBALD Die königliche Majestät soll nicht weit gewesen sein. Jesus!

LUISE Theobald!

THEOBALD Ein Zucken seiner Braue, ich sinke in den Staub, aus dem ich mich nicht erheben könnte. Not, Schande, Hunger, das Ende eines Lebens voll Mühsal.

LUISE Du marterst mich.

THEOBALD *(das Haupt in die Hände)* Oh, oh – – oh!

LUISE *(nach einer Pause)* Ist dir ein Hammelschlegel und grüne Bohnen recht?

THEOBALD Auf offener Straße! Welches Glück, daß kein Kind drohende Folgen mitzuerwarten hat.

LUISE Ich dachte an eine Himbeerschüssel.

THEOBALD Die Majestät!

LUISE Vater schreibt, er schickt neuen Wein.

THEOBALD Wieviel Flaschen?

LUISE Eine Mandel.

THEOBALD Haben wir noch?

LUISE Fünf Flaschen.

THEOBALD Hm. Hammelschlegel. Und gut gesalzen. Frau, Dämonen sind aus unserer Seele wirkend. Knechten wir sie nicht mit unseres Willens ganzer Gewalt – man sieht nicht ab, wie weit sie es bringen. Himbeeren mit Sahne. Wo willst du Sahne so schnell herbekommen?

LUISE Die Deuter läßt mir ab.

THEOBALD Glaubst du? – Putzsucht! ja, ja – – *(Er setzt sich in einen Lehnstuhl ans Fenster und nimmt die Zeitung.)*

LUISE *(am Herd beschäftigt.)*

THEOBALD Da – auch die Seeschlange soll in den indischen Meeren wieder aufgetaucht sein!

LUISE Grundgütiger, kann man das glauben!

THEOBALD Der Kurier meldet es.

LUISE Z. Z.

THEOBALD Gottlob sind die dortigen Gegenden wenig oder gar nicht belebt.

LUISE Wovon ernährt sich solch ein Tier?

THEOBALD Ja – die Gelehrten streiten. Es muß einen furchtbaren Anblick bieten. Da bin ich lieber in gesicherten Bezirken, meinem Städtchen. Man soll sich sehr auf das Seine beschränken, es festhalten und darüber wachen. Was habe ich mit dieser Schlange gemein? Regt sie nicht höchstens meine Phantasie auf? Wozu das alles? *(Erhebt sich.)* Hat man seine Stübchen. Da ist einem alles bekannt, nacheinander hinzugekommen, lieb und wert geworden. Muß man fürchten, unsere Uhr speit Feuer, der Vogel stürzt sich aus dem Käfig gierig auf den Hund? Nein. Es schlägt sechs, wenn es wie seit dreitausend Jahren sechs ist. Das nenne ich Ordnung. Das liebt man, ist man selbst.

LUISE Gewiß.

THEOBALD Mir den Feiertag mit solcher Aufregung zu verderben! Bete, daß uns bleibt, was wir haben, und mach den Braten gut. Ich will nun doch einmal gehen und hören, was man über den vermaledeiten Fall zu schwatzen weiß.

LUISE Bist du wieder gut?

THEOBALD Beim Nachdenken darüber, wie wohl es uns bis heute geht, hat Gott mich bewegt. Und denke daran, die Tulpen wollen Wasser. Bete, Luise!

(Er geht, man sieht ihn durch die Flurtür die Treppe hinab verschwinden.)

LUISE *(ist ihm auf den Vorplatz gefolgt, hat ihm nachgesehen. Jetzt ruft sie)* Nachbarin!

DEUTER *(von unten)* Sind Sie es, Frau Maske? Guten Morgen.

LUISE Haben Sie von meinem Unglück gehört?

DEUTER *(erscheint oben)* Es muß ja nicht groß gewesen sein.

LUISE Kommen Sie einen Augenblick herein?

DEUTER Ich bin so frei.

(1911)

FRANZ KAFKA

Der Nachbar

Mein Geschäft ruht ganz auf meinen Schultern. Zwei Fräulein mit Schreibmaschinen und Geschäftsbüchern im Vorzimmer, mein Zimmer mit Schreibtisch, Kasse, Beratungstisch, Klubsessel und Telephon, das ist mein ganzer Arbeitsapparat. So einfach zu überblicken, so leicht zu führen. Ich bin ganz jung und die Geschäfte rollen vor mir her. Ich klage nicht, ich klage nicht.

Seit Neujahr hat ein junger Mann die kleine, leerstehende Nebenwohnung, die ich ungeschickterweise so lange zu mieten gezögert habe, frischweg gemietet. Auch ein Zimmer mit Vorzimmer, außerdem aber noch eine Küche. – Zimmer und Vorzimmer hätte ich wohl brauchen können – meine zwei Fräulein fühlten sich schon manchmal überlastet –, aber wozu hätte mir die Küche gedient? Dieses kleinliche Bedenken war daran schuld, daß ich mir die Wohnung habe nehmen lassen. Nun sitzt dort dieser junge Mann. Harras heißt er. Was er dort eigentlich macht, weiß ich nicht. Auf der Tür steht: ›Harras, Bureau‹. Ich habe Erkundigungen eingezogen, man hat mir mitgeteilt, es sei ein Geschäft ähnlich dem meinigen. Vor Kreditgewährung könne man nicht geradezu warnen, denn es handle sich doch um einen jungen, aufstrebenden Mann, dessen Sache vielleicht Zukunft habe, doch könne man zum Kredit nicht geradezu raten, denn gegenwärtig sei allem Anschein nach kein Vermögen vorhanden. Die übliche Auskunft, die man gibt, wenn man nichts weiß.

Manchmal treffe ich Harras auf der Treppe, er muß es immer außerordentlich eilig haben, er huscht förmlich an mir vorüber. Genau gesehen habe ich ihn noch gar nicht, den Büroschlüssel hat er schon vorbereitet in der Hand. Im Augenblick hat er die Tür geöffnet. Wie der Schwanz einer Ratte ist er hineingeglitten und ich stehe wieder vor der Tafel ›Harras, Bureau‹, die ich schon viel öfter gelesen habe, als sie es verdient.

Die elend dünnen Wände, die den ehrlich tätigen Mann verraten, den Unehrlichen aber decken. Mein Telephon ist an der

Zimmerwand angebracht, die mich von meinem Nachbar trennt. Doch hebe ich das bloß als besonders ironische Tatsache hervor. Selbst wenn es an der entgegengesetzten Wand hinge, würde man in der Nebenwohnung alles hören. Ich habe mir abgewöhnt, den Namen der Kunden beim Telephon zu nennen. Aber es gehört natürlich nicht viel Schlauheit dazu, aus charakteristischen, aber unvermeidlichen Wendungen des Gesprächs die Namen zu erraten. – Manchmal umtanze ich, die Hörmuschel am Ohr, von Unruhe gestachelt, auf den Fußspitzen den Apparat und kann es doch nicht verhüten, daß Geheimnisse preisgegeben werden.

Natürlich werden dadurch meine geschäftlichen Entscheidungen unsicher, meine Stimme zittrig. Was macht Harras, während ich telephoniere? Wollte ich sehr übertreiben – aber das muß man oft, um sich Klarheit zu verschaffen –, so könnte ich sagen: Harras braucht kein Telephon, er benutzt meines, er hat sein Kanapee an die Wand gerückt und horcht, ich dagegen muß, wenn geläutet wird, zum Telephon laufen, die Wünsche des Kunden entgegennehmen, schwerwiegende Entschlüsse fassen, großangelegte Überredungen ausführen – vor allem aber während des Ganzen unwillkürlich durch die Zimmerwand Harras Bericht erstatten.

Vielleicht wartet er gar nicht das Ende des Gespräches ab, sondern erhebt sich nach der Gesprächsstelle, die ihn über den Fall genügend aufgeklärt hat, huscht nach seiner Gewohnheit durch die Stadt und, ehe ich die Hörmuschel aufgehängt habe, ist er vielleicht schon daran, mir entgegenzuarbeiten.

(1917)

IVAN GOLL

Methusalem oder Der ewige Bürger

I.

Methusalem, der Ur-Bürger, sitzt in einem breiten, plüschenen Sessel, raucht eine dicke Zigarre, und ist unter einem Stoß übernatürlich großer Zeitungen vergraben. Er hat die Gicht und trägt das rechte Bein in Wolltücher gewickelt. Sein Gesicht ist tiefrot, dicker Glatzenschädel, die Augen sehr klein, kein Bart. Über dem Bauch trägt er eine fingerdicke massivkupferne Uhrkette, als Berlocke einen Kassaschrank en miniature. Als Krawattennadel einen goldenen Schuh in Größe einer Taschenuhr: die Marke seiner Schuhfabrik.

Amalie Methusalem, Symbol der bürgerlichen Hausfrau: trägt ein reiches, mit Spitzen belegtes seidenes Schleppenkleid, viel diamantenen und Perlenschmuck an Hals und Händen, dicke, kugelförmige Brüste, und über alledem eine schmutzige Küchenschürze.

METHUSALEM *(fährt aus dem Schlaf auf)* Nichts Neues. Die Welt wird so alt.

AMALIE Das Leben ist schwer.

METHUSALEM Gehupft wie gesprungen.

AMALIE Gar kein Mördchen in der Zeitung?

METHUSALEM Sieben Mark fünfzig!

AMALIE Die Nudeln?

METHUSALEM Pflanzenfett.

AMALIE Wenn es doch Regenschirme aus Zelluloid gäbe.

METHUSALEM Gibt es Gulasch?

AMALIE Trauriger Frühling: die Karotten sind so teuer!

METHUSALEM Wieviel Uhr?

AMALIE Dreiviertel.

METHUSALEM Immer mußt du lügen. Schlechtes Weib, es ist halb!

AMALIE Es gibt keine Petersilie mehr in der Natur.

METHUSALEM Ist unsere neue Dienstmagd blond?

AMALIE Das würde dir so passen, du Schwein. Neunzehn Mark verlangt sie monatlich.

METHUSALEM *(gähnt)* To be or not to be.

AMALIE Quatsch keinen Unsinn.

METHUSALEM *(in der Zeitung blätternd)* Ein Raubmord!

AMALIE Wo? So lies doch schnell!

METHUSALEM Sie lag ganz nackt bei der Türe.

AMALIE Schamlos.

METHUSALEM Die halbe Euter abgeschnitten.

AMALIE Ja, die Liebe!

METHUSALEM *(trällernd)* ... ist eine Himmelsmacht!

AMALIE Nie würde einer daran denken, mich aus Liebe umzubringen ... Kannst du das verstehen?

METHUSALEM Wann kommt der Gulasch? *(blätternd.)* Steuern aufs Trinkwasser!

AMALIE Wir werden verdursten! Wir machen Bankrott! Ist sonst noch jemand gestorben?

METHUSALEM Postassistent Böhnchen.

AMALIE Was? So eine Gemeinheit, in dieser Saison zu sterben!

METHUSALEM Begräbnis mit Feuerwehrmusik. Er hat ja immer die Kunst geliebt!

AMALIE Für Winterhüte ist es noch zu früh. Wie soll ich da aufs Begräbnis gehen! So ohne Takt einfach zu sterben!

METHUSALEM Wo ist mein Karlsbader? *(Man vernimmt im Nebenraum Klavier.)*

AMALIE *(lauschend)* Ein Genie, unsere Ida.

METHUSALEM Kunststück, wo ich zwanzig Mark pro Stunde zahle.

AMALIE Sie wird einen reichen Mann heiraten.

METHUSALEM Kunststück, mit solchen Eltern. Mmm mein Bein!

AMALIE Wenn sie nur Pudding backen könnte!

METHUSALEM Und unser Felix, hehe. Mein Sohn Felix. Der Stolz aller Schuhfabriken Deutschlands. Die Seele des Box-Calf-Trusts. Aluminium-Medaille. Hast du schon seine neuen gestreiften Hosen gesehen? Einfach genial!

AMALIE *läuft hinaus* Der Gulasch, der Gulasch brennt an!

Methusalem schläft ein und schnarcht. Er träumt. Wir sehen seine Träume auf der am Fenster angebrachten Leinwand als Film rasch vorbeiziehn:

Erster Traum: Methusalem in einer belebten Straße. Er folgt einer Dame. Der Film zeigt, seinem Blick entsprechend, zuerst ihre Füße in eleganten Halbschuhen, dann ihre Beine und zuletzt ihr verschleiertes Gesicht. Sie lächelt. Er faßt sie unterm Arm. Beide treten in ein Restaurant. Während er ein Menü bestellt und der Kellner serviert, ändert sich das Gesicht der Dame: Die Köchin Anna sitzt Methusalem gegenüber. Er gibt nicht acht, spricht angelegentlich weiter. Nach je einer Minute wechseln die Frauen an Methusalems Tisch: eine Hure, dann die Frau seines Geschäftsfreundes, sein Tippfräulein, seine eigene Frau, als sie zwanzig Jahre jünger war, eine andere Hure, seine Tochter Ida, ein Stubenmädchen vom Hotel Excelsior. – Methusalem spricht auf alle ein. Sie verkörpern seine Erlebnisse. Ein Spruchband erscheint im Film, flatternd aus seinem Munde: »Liebchen, wer du auch seist, trage Methusalemschuhe und bleibe mir treu!«

Zweiter Traum: Ein Theater. Plakat: »Heute Hamlet«. Methusalem geht hinein. Man spielt gerade die Totengräberszene. Methusalem nähert sich der Bühne, steigt hinauf und schlägt Hamlet den Totenschädel aus der Hand. (Text, als Spruchband aus seinem Munde:) »Lassen Sie den Stuß. Die Toten können fliegen. Aber der Mensch muß auf seinen Füßen gehen.« Er reicht ihm einen hellgewichsten Damenschuh. »Machen Sie lieber einen Monolog auf meine Prima-Ware. Ich vergüte Ihnen 15 Prozent vom Ladenpreis.«

Dritter Traum: Methusalem als General. Parade. Man sieht nur die symmetrisch auf und ab marschierenden Stiefel der Truppen. Dann stellt er sich an die Spitze und hält Rapport. Text, als Spruchband aus seinem Munde: »Die ganze Armee hat Hühneraugen. Wir werden den Methusalem-Schuh, Marke Toreador, einführen. Die Schuhwichse ›National‹ wird den Glanz des Vaterlandes heben. Unsere Zukunft marschiert auf Gummi-Sohlen. Hurra! Hurra! Hurra!«

Schluß des Films

Methusalem erwacht aus seinem Traum, in Schweiß gebadet, prustet, ächzt, rückt unruhig hin und her. Plötzlich kommt ihm ein Gedanke: er geht zu einem Blechautomaten, der die Größe der gewöhnlichen Schokoladeautomaten hat und einen Men-

schen in Frack, mit weißer Binde, Zylinder usw. darstellt. Methusalem dreht ihn mühsam auf, wirft ihm eine Münze zwischen die Lippen: darauf bewegt sich der Automat mit kleinen Schritten und Armbewegungen und sagt mit plärrendem Ton Mikoschwitze auf.

AUTOMAT *Gute Antworrrrt!* Moses Levy trifft Mikosch auf der Straße: »Wie geht's Euer Erlaucht? Was gibt's Naies?« Mikosch: »Wird heute in Jerusalem verbrannt een Esel un een Jude.« Antwortet Moses Levy: »Gut, daß mer beede nich dort sein, gnäd'ger Herr.« *Derrr gewissenhafte Janosch.* Mikosch wollte auf die Jagd gehn und er beauftragte ...

METHUSALEM Hahahaha! Bravo, Moses! Das ist ein Witz!

AUTOMAT Seinen Diener, ihn um vier Uhr zu wecken. Dieser weckt ihn schon um drei Uhr. »Warum weckst du mich schon?« Sagt der Diener: »Wollte ich Ihnen bloß sagen, gnädiger Herr, daß Sie noch schlafen können.«

METHUSALEM Hahaha, nein, der geniale Moses Levy!

Der Automat läuft ab und bleibt in grotesker Stellung stehn. Methusalem ist inzwischen wieder eingeschlafen. Dunkel.

IV.

Derselbe Raum. Beleuchtungswechsel: grellgelb, Bogenlampenlicht. Das Fenster ist jetzt weitgeöffnet. Ein ziemlich in der Mitte befindlicher Schrank erleuchtet sich von innen und wird zur gläsernen Lifttür. Man sieht in der Tat einen Lift halten, die Tür aufspringen und Felix Methusalem heraustreten. Felix ist der moderne Zahlenmensch. Statt des Mundes trägt er ein kupfernes Schallrohr, statt der Nase einen Telephonhörer, statt Stirn und Hut eine Schreibmaschine, und darüber Antennen, die jedesmal funken, wenn er spricht. Er sagt auch keinen Satz, der nicht von dauerndem »Allo! Allo!« begleitet wäre.

FELIX Allo, allo! Morjen Päpä. Kurse flau.

METHUSALEM Donnerwetter.

FELIX *(zieht ein Notizbuch heraus und liest alles daraus ab. Zeitweise schreibt er etwas hinein. Geschäftston)* Russisches Leder, 3¾.

METHUSALEM Donnerwetter.

FELIX Marke Toreador konkurrenzfähig. Mark 62.

METHUSALEM Donnerwetter.

FELIX Revolution auf den Hawai-Inseln, allo, allo.

METHUSALEM Donnerwetter.

FELIX Kassiererin der Hamburger Filiale schwanger. Urlaub. Allo.

METHUSALEM Schwein.

FELIX Hausse auf Celluloidknöpfen, Nummer ZT 23.

METHUSALEM Gemeinheit. Donnerwetter. Ruf mal die Alte, ob der Gulasch nicht durch ist.

FELIX Fünf Millionen Gummiabsätze verkauft. Allo, allo.

METHUSALEM Mein Sohn! Mein Felixche! Genie! Bonaparte des Boxcalfs!

FELIX Allo, allo! Streik in unserer Fabrik. Polizei aufgeboten. Große Manifestation jetzt um zehn Uhr. *(Er zieht seine Uhr.)* Schon zwanzig Kinder an Hunger gestorben. Allo, allo, Saupack. An die Kehle. Die Arbeiter verlangen Fünfstundenarbeit à fünfzehn Mark, allo, allo …

METHUSALEM *(springt zum erstenmal von seinem Sessel auf, läuft durch das Zimmer, indem er die Fußverbände nach sich schleift, und fuchtelt mit den Armen)* Jesuschristus. Mama. Streik. Wir sind verloren. Polizei! Brand und Mord. Fünfzehn Mark. Ich ersticke. Mm, mein Bein. Und der Gulasch wird kalt. Herrgott, gibt es keine Gesetze? Welch ein Elend, Fabrikbesitzer zu sein. Wenn einer mich ermordet, findet man die Liebesbriefe Annas in meinem Safe. O wir Unglücklichen! Wenn das mein Großvater geahnt hätte. Der sagte immer: »Das Volk, ja das Volk!« Streik, warum Streik! Warum nicht lieber die Grippe. Oder lieber die gelbe Gefahr. Meinetwegen Krieg mit Honduras. Aber ausgerechnet Streik in meiner Schuhfabrik. Der Toreador-Schuh eben lanciert. Mein Gott, o meine arme, gute Mama! *(Er steht einen Augenblick und riecht herum.)* Riecht es noch nicht nach Brand?

Inzwischen ist Felix ruhig, nachdem er sein Notizbuch eingesteckt hat, zum Lift zurückgegangen und verschwunden. Methusalem reißt die Fenster auf: da sieht man eine schreiende drohende Menge näherkommen, Männer, Frauen mit Kindern auf dem Arm. Ein Autobus wird angehalten und nahe ans Fenster Methusalems geschoben. Der Student steigt auf das Dach des Wagens und beginnt zu reden.

STUDENT Kameraden, Proletarier!
Da seht den Bürgerwanst, der euer Blut saugt,
Der jeden Tag goldgebratene Rostbeafs und süße Spargeln schleckt!
STIMMEN Hört! Hört!
STUDENT Eure Kinder frieren,
Eure Mütter haben keine Kohle im Ofen.
Aber dieser Methusalem trägt seidene Krawatten,
Und seine Socken wechselt er täglich.
STIMMEN Hört! Hört!
STUDENT Armes Proletariat, Promethidengeschlecht,
In Ketten geworfene Menschheit,
Ich will dich befreien mit meinem radialen Geist,
Dich aufwärtsführen zu Hügeln und Wolkenkratzern des Glücks,
Daß alle die gleiche Treppe zur Sonne benützen,
Und keiner dem andern eine Mandeltorte voraushabe!
STIMMEN Hört! Unerhört! Prophet! Hurra!
STUDENT Wer hindert euch daran?
Der faule Methusalem,
Er, der 30 Zentimeter lange Zigarren raucht,
Der Poker spielt,
Der Teilhaber an der Venus-Bar ist
Und täglich seinen Gulasch frißt . . .

Es entsteht ein großer Radau.
Die Menge dringt in Methusalems Wohnung ein.
Von allen Seiten ein Kreuzfeuer von Rufen.

An die Laterne
Lohntarif
Kartoffeln
Hoch Lenin
Explosion
Fünfzehn Mark
Ochsenfleisch

Kind gestorben
Kapitalismus
Bebel
Scheiße
Petroleum
Freiheit!

Beim Eindringen der Menge kriecht Methusalem aus seinem Versteck, sichtlich zitternd und verstört, bald mit den Händen sich das Gesicht verbergend, bald sich am Unterleib zupfend. Nach einigen zögernden Schritten wagt er es, auf einen neben der Türe angebrachten Knopf zu drücken ... woraufhin ein links angebrachter Geldschrank sich von selber öffnet und sechs mit Revolvern bewaffnete Polizisten heraustreten. Die Menge schreit und verläuft sich. Während es dann ruhiger wird, bringen zwei goldbetreßte Lakaien einen reichgeschnitzten Nachtstuhl herein, helfen Methusalem seine Hose aufknöpfen und herunterziehen und setzen ihn auf besagten Stuhl.
Die Menge ist vollkommen gemeistert. Die Polizisten stehen steif und ehrerbietig. Methusalem lächelt und furzt.
Vorhang

IX.

STUDENT Ich bin die Tat!
Ich bin die Revolte, der Geist, das Salz,
Das eure stinkenden Wasser zersetzt,
All eure modernden Zivilisationen!
Eure Gesetze verbrennen wie altes Zeitungspapier,
Euren Moralen die falschen Gebisse herausschleudern,
Und eure Bürgerwänste ...
(Er läuft zum Fenster.)
METHUSALEM Gib dir doch keine Mühe, Träumerstudent,
Verlotterte Existenz der Dachmansarden,
Revolutionär des leeren Magens,
Inspiriert von schlechten Tabakpfeifen: Mit dir nehm ich's auf ...

Methusalem will auf einen Knopf drücken. Der Student hindert ihn daran, indem er einen Revolver gegen ihn zückt und gleich-

zeitig einen Signalpfiff ausstößt. Im Nu erscheint im Rahmen des Fensters dieselbe Volksmenge wie in IV, mit roten Fahnen, Revolutionsinsignien und den Photographien Liebknechts und Rosa Luxemburgs auf hohen Stangen.

VOLKSSTIMMEN Nieder Methusalem,
Knüpft ihn an seiner Krawatte auf!
Hoch Lenin
Pellkartoffeln
Saarkohle
Freiheit
Rosa ist unser
Zehn Kinder krepiert
Nieder der Geldtyrann
Nieder! Nieder!

Der Student will an die Brüstung eilen und eine Ansprache halten. In diesem Augenblick aber reißt ihn Methusalem mit aller Gewalt zurück, stellt sich selbst ans Fenster und beginnt zu reden.

METHUSALEM Meine Kameraden!
VOLKSSTIMMEN Hu! Hu! Schweinehund! Tyrann!
METHUSALEM Seh ich aus wie ein Tyrann?
VOLKSSTIMME Nee, wenn man deine Alte sieht, nicht mehr.
METHUSALEM Ich weiß euer Leid! Es ist mein Leid!
STIMMEN Kein Beileid!
METHUSALEM Ich bin ärmer als ihr alle zusammen.
STIMME Verdammtes Rechenexempel.
METHUSALEM Wißt ihr, was ein Schuhgeschäft bedeutet?
STIMME Die Arbeiter mit dem Schuh kaputttreten.
METHUSALEM Ich habe ganz klein angefangen,
Ich sammelte für meinen Vater Zigarrenstumpen vor den Pariser Cafés,
In Chicago hab ich Petrolfässer über die Docks gerollt,
Mir wurde die Haut gegerbt, bevor ich die Boxcalfs gerbte,
Und Liebknecht, hat einer von euch ihn so gekannt wie ich?
Wir wohnten ihm gegenüber und sahen ihn jeden Tag über die Straße gehen.

Demnächst gebe ich seine Briefe aus der Sommerfrische heraus.
Auf der Friedrichstraße schenkte er jeder Kokotte fünf Mark,
Daß sie sich in seinem Namen einmal einen Mann ersparte!

STIMME Na, deine Frauen kosten nur Zwei fünfzig!

METHUSALEM *(fest)* Liebknecht trug immer die Schuhmarke Toreador,
Kameraden, eure eigene, unsere Siegesmarke!
Nun wollen wir die neue Schuhmarke »Liebknecht« lancieren,
Mit Glacéspitze aus echter Pappe!
Wir werden Geschäfte machen und reich werden,
Kommt in die Fabrik zurück! Streikt nicht weiter!
Eure Arbeitsstühle sollen mit rotem Samt gepolstert werden,
Und eure Maschinen mit rotem Lack bestrichen ...

STIMMEN Quatsch
Nur keine Gefühle
Blech
Scheiße
An die Laterne
Auf den Bürger
Brot her!

METHUSALEM Na, was wollt ihr denn sonst von mir?
Wollt ihr in meiner Wohnung schlafen?
Spaziert herein! Wollt ihr einen alten Kognak?
Oder diese Krawatte? *(Er löst seinen Selbstbinder.)*
Wer will meine Pantoffeln aus echtem Kamelhaar? *(Er zieht sie aus.)*
Hier. *(Zeigt an den Wänden herum.)* Dies ist ein echter Corot, dies ein Kokoschka!
Dieses Sofa aus frühem Empire.
Dieses Zahnputzglas aus Bergkristall.
Echter Rübenzucker ruht in dieser Porzellanschale ...

Während er triumphierend spricht, macht sich ein immer drohenderes Murmeln hörbar. Die Menge drängt sich finster herein, sprengt das Fenster, singt die Internationale.

George Grosz: aus dem »Spießer-Spiegel« (1925)

Aber ihnen voran der Student, den Revolver vor sich haltend, schießt.
Methusalem fällt massiv zu Boden. Tot.
Die Menge staut sich. Hält. Flutet zurück.
Irgend jemand hat ein Geldstück in den Witz-Automat in der Ecke gesteckt. Dieser klappert mit kleinen Schritten vor, stellt sich vor den Kadaver und rezitiert.

AUTOMAT Mikosch will ausreiten!
»Janosch!« rief Mikosch eines Morgens seinem Diener zu. »Will ich ausreiten – sollst du nachsehen, ob is Barometer gefallen.« Janosch geht und kommt schnell zurück: »Is sich nit gefallen, gnädiger Herr, hängt Barometer noch fest am Nagel.«

Während der Automat spricht, haben sich alle Anwesenden verlaufen. Die Leiche Methusalems liegt allein im Vordergrund der Bühne. Man hört nach diesem Witz ein unheimliches fernes Lachen, wie Methusalem immer zu lachen pflegte.

AUTOMAT Janosch hat einen Spiegel zerbrochen und wird von seinem Herrn zur Rede gestellt.
»Ich hob es nicht getan«, beteuert Janosch. »Bassama teremtete, ich habe einen Zeugen, der es gesehen hat!« sagt Mikosch, worauf Janosch erwiderte: »Und ich habe dreißig Zeugen, die es nicht gesehen haben!«

Bevor dieser Witz zu Ende ist, erscheint Felix wie üblich in seinem Lift, nimmt schon Notizbuch und Füllfeder zur Hand und spricht.

FELIX Allo, allo. Bestellung für Bukarest. 75 Paare Toreador. 3000 Paar neue Liebknecht-Marke! *(Da keine Antwort erfolgt, erblickt er erst den Kadaver zu seinen Füßen.)* Allo, allo, Papa! Herrliches Geschäft. So steh doch auf!

AMALIE *(kommt mit einer dampfenden Schüssel)* Hier ist der Gulasch, der gute Gulasch. Nicht kalt werden lassen. *(Schreiend)* Herrgott, ihr müßt immer alles kalt werden lassen. Da vergeht einem alle Lust.

FELIX *(der sich gebeugt hat, feierlich)* Ich glaube, wir erben!

AMALIE *(beugt sich ebenfalls)* Aber so hör doch, Männe. Willst du mich wieder ärgern? Der Gulasch! *(Sie weint.)* Du kannst doch nicht in diesem Augenblick sterben! Was werden die Darmkatas dazu sagen. Wir sind doch morgen eingeladen.

FELIX Ich muß mir eine schwarze Krawatte kaufen.

AMALIE Hast du schon geweint?

FELIX Allo, allo, wenn nur der Notar zu Hause ist.

AMALIE Und welcher Klasse das Begräbnis? Was meinst du? Dritter? Daß du mir da keine unnützen Ausgaben machst, hörst du? Kinder sind immer Verschwender ...

Felix ab. Amalie geht und schreit ihm noch draußen nach.
Vorhang

X.

Bank in einem öffentlichen Park. Der Student und Ida mit einem Kind auf dem Arm. Sehr ärmlich. Ausgestoßen.

IDA Da hat's mir wieder auf den Rock gepißt.

STUDENT Hast du die Frankfurter Würstchen gekauft?

IDA Der Herr im Büro sagte, ich hätte so bukolische Hüften!

STUDENT Hat er dir einen Vorschuß darauf gezahlt?

IDA Ich möchte nach Japan fahren.

STUDENT Schon wieder mein Kragenknopf abgebrochen. *(Das Kind brüllt.)*

IDA Unser Fürchtegott muß Versicherungsagent werden.
Er wird einen Scheitel in der Mittel und eine schottische Krawatte tragen,
Dann kommt er gut durch die Welt,
Und kann wie alle Untergrundbahn fahren.
Vielleicht wird er Direktor einer Konservenfabrik.
Wer kann es wissen?

STUDENT O Gott, ist das Leben langweilig!

IDA Wann ist die Revolution zu Ende?

STUDENT Wenn die andern keine Villa mehr haben.

IDA Und wenn wir eine haben?

STUDENT Beginnt die neue.

IDA Warum zittern selbst die Sterne zur Nacht?

STUDENT Man vergißt immer seinen Gummimantel.

IDA Wenn nur der Fürchtegott nicht immer pissen wollte!

STUDENT Ich muß das Abendblatt kaufen. *(Steht müde auf.)*

METHUSALEM *(kommt aus dem Hintergrund langsam an ihnen vorbei)* Na, wird es regnen, Kinder? Desto besser. Wir lancieren eben den neuen Gummiabsatz »Einstein«. Schlager der Herbstsaison. Sauwetter, gottseidank. Aber ich muß, ich muß jetzt Gulasch essen ...

Vorhang

(1922)

George Grosz: aus dem »Spießer-Spiegel« (1925)

ROBERT WALSER

Der Spießer

Ein Buch gestattete mir neulich, in verhältnismäßig klarer Form, deren Leichtverständlichkeit mich vergnügte, die Kenntnisnahme eines eigentlich schon auf den ersten Blick erkennbaren Spießers, den es lockte, interessant zu sein.
Daß er von Natur und Herkunft gutmütig war, setzte ihn in nicht geringe Verlegenheit. Sich in einem fort spießbürgerlich benehmend, was ungezwungen vor sich ging, meinte er verpflichtet zu sein, die Tiefe zu durchdringen und in die Höhe zu klimmen.
Wenn er beispielsweise Gelegenheit hatte, einer Frau, sagen wir mal, die Hand zu küssen, bildete er sich mit spielender Leichtigkeit irgend etwas Unalltägliches ein.
Das Alltägliche war's, was er unwillkürlich über alles liebte, und was er zugleich bewußt, d. h. gleichsam mit Hilfe seiner etwaigen, will sagen, behend in ihn hinein- und aus ihm hinausströmenden Literaturkenntnisse geringschätzte.
Munter, höflich, artig, wohlwollend und rechtschaffen zu sein, enthielt etwas Geringes, Kleines, wovor er sich, wenn er zu Mittag aß oder spazierenging, gewissermaßen fürchtete. Er fürchtete, man könnte glauben, er sei ein wackerer, netter, brauchbarer Mann und sonst weiter nichts.
Befand er sich unter dem Pantöffelchen der Göttin Eitelkeit? Das kann sein!
Er las ausschließlich uneinfache, komplizierte, aufs Weltmännische, ja sogar Dämonische losgehende oder hinauslaufende Bücher, die ihn verbildeten, d. h. von Tag zu Tag gegenüber sich und seinen ausgezeichneten Mitmenschen anspruchsvoller machten.
Traf er einen Nachbarn an, der ihm ein Spießer zu sein schien, so belächelte er ihn, oder er nahm sich heraus, ihn ironisch aufs schöne Wetter aufmerksam zu machen, damit der Betreffende seine Belanglosigkeit einsähe.
Belanglos sein ist unter Umständen ein Glück!
Der unter keinen Umständen ein Unbemerkenswerter sein

Wollende zeigte sich scheinbar gerade hiedurch von seiner schwachen Seite.
Hie und da erkannte er dies klar. Dann jedoch wieder nicht.
War's ihm wohl ums Herz, so redete er sich ein, er schade sich.
Man müsse unruhig sein, war seine denkbar spießerhafte, weil antispießbürgerliche Ansicht.
Der unkomplette Spießer begegnete eines Tages dem auf dem kaffeekannigen Gebiet Vollkommenen, angesichts dessen Manieren ihm der Gedanke zuflog, er, Uneiniger mit sich, befinde sich in einem Irrtum.
Immerhin fuhr er fort, nie zu sein, was er war, dagegen unablässig zu versuchen, zu vergegenwärtigen, was er nicht zu werden imstande war.
Komische Person, nicht wahr?

(um 1930)

WOLF BIERMANN

Kleinstadtsonntag

Gehn wir mal hin?
Ja, wir gehn mal hin.
Ist hier was los?
Nein, es ist nichts los.
Herr Ober, ein Bier!
Leer ist es hier.
Der Sommer ist kalt.
Man wird auch alt.
Bei Rose gabs Kalb.
Jetzt isses schon halb.
Jetzt gehn wir mal hin.
Ja, wir gehn mal hin.
Ist er schon drin?
Er ist schon drin.
Gehn wir mal rein?
Na gehn wir mal rein.
Siehst du heut fern?
Ja, ich sehe heut fern.
Spielen sie was?
Ja, sie spielen was.
Hast du noch Geld?
Ja, ich habe noch Geld.
Trinken wir ein'?
Ja, einen klein'.
Gehn wir mal hin?
Ja, gehn wir mal hin.
Siehst du heut fern?

Ja ich sehe heut fern.

(1962)

PETER ADLER

Nashörner im Abonnement

Leute, die behaupten, die Stadt K. sei ein ganz typischer Ort, irren sich. Die Stadt K. liegt an einem See, in dem nicht nur Weißlinge schwimmen; sie lebt vom Handel, von ein paar Fabriken und von den Behörden, die in den alten Villen am Seeufer hausen.
Dem Einfluß der Beamten, die dort von ihren Schreibtischen aus das wechselnde Gekräusel studieren, das der Wind in die Wasserfläche treibt und dabei, anstatt den Sinn für Verordnungstexte zu schärfen, eine unüberwindliche Lust am Zuschauen entwickeln, diesen Amtmännern, Räten und Inspektoren verdankt die Stadt K. ihr Theater. Und weil Beamte, wenn sie ihre eigenen Wünsche bewilligen, das Geld auch auszugeben verstehen, entstand ein Theater, das für die Verhältnisse von K. recht großartig ist. Dafür sind die Leute von K. ein dankbares Publikum. Niemandem würde es einfallen, während des letzten Vorhangs zur Garderobe zu stürzen, um mit schleifendem Mantel das letzte Taxi oder die letzte Straßenbahn zu erreichen. Denn Straßenbahnen fahren in K. überhaupt nicht, und die vier Taxis haben um die Zeit des letzten Theatervorhangs längst Feierabend.
K. ist klein, aber unvergleichlich. Nur das Theaterprogramm bietet ungefähr das, was anderswo auch geboten wird: Die gleichen Komödien, die gleichen Tragödien, Opern und Operetten, und endlich, etwas verspätet, aber für K. immer noch früh genug, auch ein Schauspiel aus den Stuben der französischen Avantgarde: Eugen Ionescos absurdes Schauspiel »Die Nashörner«.
In der Erinnerung der Leute von K. wäre das Stück wahrscheinlich so bald begraben gewesen wie andere Theaterereignisse, aber der Ionesco hatte ein Nachspiel. Zwei Tage nach der Aufführung dieses Schauspiels vor den Bewohnern einer Provinzstadt, die sich nach und nach zur Gattung der Nashörner bekennen und sich in lederhäutige Vierbeiner verwandeln, zwei Tage später also erhob sich Herr T. in einer öffentlichen Gemeinde-

ratssitzung, nannte Eugen Ionesco einen Hochstapler und »Die Nashörner« ein Stück, das die menschliche Ordnung zersetze und bestenfalls für Irrenhäusler geeignet sei; er beschimpfte die Gemeinderäte, die doch seine Meinung noch geteilt hätten, als die Nashornepidemie über die Bühne ging, und die nun schwiegen, anstatt zusammen mit ihm die Ächtung Ionescos und die Pensionierung des Kulturreferenten zu fordern. Herr T. bezeichnete seine Kollegen als Heuchler und Opportunisten und schrie ihnen am Ende seiner Rede ein Wort zu, das in K. noch nie als Schimpfwort benutzt worden war: Nashörner! schrie er. Und mit diesem Wort verließ Herr T. den Sitzungssaal. Die Gemeinderäte sorgten dafür, daß am nächsten Tag in der Lokalzeitung ein Artikel erschien, in dem »Die Nashörner« Eugen Ionescos als eine der bedeutendsten Parabeln vom Schicksal menschlicher Gemeinschaften gepriesen und Herr T. als Querulant abgetan wurde, der die Zeichen der Zeit offensichtlich noch nicht begriffen habe.

Herr T., fünfundfünfzig, Schreinermeister und Möbelhändler, las am nächsten Morgen die Zeitung und dachte:

> Ein Querulant bin ich also. Ein Hindernis. Die Leute wollen schwimmen, ich habe mich quergelegt und jetzt stoßen sie Füße und Köpfe an mir. Warum schwimm' ich nicht mit? Mir fällt das immer etwas zu spät ein. Schlägt der Wind auf West um, ist mir der Ostwind grad lieb geworden. Wozu war das nötig, mich wegen dieser Nashörner lächerlich zu machen, wozu bloß – lohnt doch gar nicht.
>
> Wenn ich nur denken könnte wie die anderen, wenn ich nur ein einziges gutes Haar an diesen Nashörnern fände, aber ich schaff's nicht, ich schaff das einfach nicht! Zwei Stunden lang saß ich entsetzt auf meinem Platz im Theater – aber die anderen waren doch auch entsetzt! Niebauer! Pichotka! Warum bin ich jetzt der einzige, der diese Nashörner für das Blödsinnigste hält, was man je in unserem Theater sah? Warum sind denn die anderen alle umgekippt und haben die Fahne gewechselt? Zwingt sie doch keiner! Warum nur? Und wie geht das denn, daß man was gut findet, was man eben noch verabscheut hat? Das möcht ich wissen. Was denken sich denn die Leute!

Die Leute haben ihr Abonnement; oft wissen sie gar nicht, was ihnen bevorsteht; sie gehen also in das schöne Theater von K.

Eduard Thöny: In der Provinz (1900)
»Man merkt doch gleich Kleinstadt, alles glotzt nach der Bühne.«

ganz ohne Vorurteile. An diesem Samstag war es nicht anders: Was stellten sie sich unter Ionescos »Nashörner« vor? Sie gaben ihre Mäntel ab und steuerten ihren Stammplätzen zu: Die Sekretärin vom Reisebüro, der Autohändler Graf von und zu K., nur der Steuerinspektor und seine Frau kamen wieder zu spät, quetschten sich an den Knien vorbei; als der Vorhang schon aufging. Und dann – waren die Leute begeistert? Der Steuerinspektor O. vielleicht? Herr O. starrte auf die Bühne und dachte:

Rauchen möchte ich. Warum soll das Rauchen im Theater gefährlicher sein als anderswo? Ist doch kein Munitionslager. Auch heute nicht. Irgendwo las ich was von Ionesco und Sprengkraft. Lächerlich. Rauchen möchte ich; das Gerede da vorn wäre leichter zu ertragen. Wenn ich nur wüßte, was das soll, diese Unterhaltung auf der Bühne. Für morgen abend hat mich der Abteilungschef eingeladen, und ich dachte, ich könnte mich mit ihm über Ionesco unterhalten, das wäre ein Thema. Theater ist besser als Büroklatsch. Aber gehe ich ins Theater, um mir vordeklamieren zu lassen, daß es besser ist, ins Theater zu gehen als sich zu betrinken? Was für ein blödes Geschwätz!

Die Leute von K. sahen ein Nashorn über die Bühne schnaufen, dann noch eins, ein Tisch fiel um, eine Katze wurde zerstampft; doch niemand alarmierte die Polizei, nein, man debattierte über die Merkmale afrikanischer und asiatischer Nashörner: wen begeisterte das? Die Sekretärin vielleicht? Die Sekretärin im amtlichen Reisebüro von K., ein ältliches Mädchen, starrte auf die Bühne und dachte:

Fast wie der Mann mit dem Homburg sieht der da vorn aus, wie der Direktor aus Bayern heute morgen, der die Flugverbindung über Hamburg, Stockholm nach Helsinki wollte, und in Helsinki ein Zimmer, ein DCW, kein SCS und Single-Class Frankfurt, der an mir vorbeisah, nur in Abkürzungen sprach, um zu zeigen, was wir bei uns noch alles zu lernen hätten. Der Mann da vorn spricht angenehmer als der Direktor; aber in meinem Gehirn setzt was aus, ich verstehe nicht, was er will. Und wenn die nur die tote Katze wegtäten, was soll das denn! Oder hatte der Direktor heute morgen recht? Sind wir zurückgeblieben? Kombinieren die Leute in München, Frankfurt, Hamburg besser als bei uns? Sind ihre Gehirne beweglicher? Bis heute abend dachte ich, Worte und Sätze seien da, um verstanden zu werden.

Die Leute von K. erfuhren, daß die Nashörner, die durch die Bühnenstadt stampften, keine Nashörner aus dem Zoo waren, sondern Menschen, die sich verwandelten. Die Bewohner der Bühnenstadt spürten eine heimliche Verwandtschaft, und nach

und nach erlagen sie der Versuchung, mit der Nashorn-Herde durch die Straßen zu trompeten.
Die Leute von K. fühlten sich auf den Arm genommen: Hatten sie für so ein Stück ihr Abonnement gekauft? Hatten sie dafür ein neues Theater? Herr T., Schreinermeister und Möbelhändler, starrte auf die Bühne und dachte:

> Zahl ich Steuern, damit dieser Unsinn auf die Bühne kommt? Wenn einem Schriftsteller heute nichts einfällt, spielt er den Idioten, und Leute wie unser Kulturreferent nehmen ihm sowas ab, sagen danke und geben ihm auch noch Geld dafür. Und warum? Weil die moderne Kunst Dreck ist, behauptet man: Dreck ist jetzt Kunst. Ich laß mir nichts vormachen! Kunst! Für mich hat Kunst was mit höheren Werten zu tun! Mit Moral!

Ionescos Bühnenfiguren sagten über Moral:

HANS Ich hab genug von Moral. Man muß unsere Moral überwinden.

BEHRINGER Ich kenne Sie zu gut, Hans. Ich kann doch nicht annehmen, daß das Ihre volle Überzeugung ist. Denn Sie wissen ebensogut wie ich, daß der Mensch –

HANS Der Mensch! Sprechen Sie dieses Wort nicht mehr aus!

BEHRINGER Ich meine, das menschliche Wesen, das Humane –

HANS Das Humane ist überholt, Herr Behringer! Sie sind ein alter lächerlicher Schwärmer.

BEHRINGER Ich bin erstaunt, Sie so reden zu hören. Sie verlieren den Kopf. Schließlich und endlich: möchten Sie gerne ein Nashorn sein?

HANS Warum nicht? Ich habe nicht Ihre Vorurteile.

Die Leute von K. empörte das: Der einzige Bühnenbürger, der den Kopf nicht verlor, war ein trinkender Büroangestellter; und der Mann, der Prinzipien hatte, vorbildlich lebte, war einer der ersten, die zu den Nashörnern übergingen. Die Leute von K. fühlten sich verhöhnt, bis auf den Grafen von und zu K., dem die Geschichte Vergnügen machte:

> Ich hätte Lust, über Ionesco einen Vortrag zu halten, was für ein schönes Stück! Plötzlich setzt eine Strömung ein, man weiß nicht, woher sie kommt, und alles schwimmt mit. Jeder

tut, was die anderen tun, denkt, was die anderen denken, liebt, was die anderen lieben. Man wird Nashorn, ißt lieber Grünzeug als Brot. Eine gute Parabel und alles stimmt an diesem Gleichnis. Wer nicht gleich mitmacht, wer nicht gleich Lust hat, den zwingt das Alleinsein dann doch, mitzutun. Der Mensch kann nicht leben, wenn er sich nicht nach anderen Menschen richtet – sein Glück und sein Unglück. Ich muß einen Vortrag über Ionesco halten. Es wird höchste Zeit, daß ich wieder rede, ich gerate ja schon fast in Vergessenheit.

Graf von und zu K., den die Leute von K. »den jungen Grafen« nannten, obwohl seine Haare schon ins Gräuliche übergingen, hatte seinen Spaß an dem Stück. Vielleicht waren es noch einige mehr, die sich an den Vorgängen auf der Bühne erwärmten; aber die anderen? Herr T., Schreinermeister und Möbelhändler, hatte ganz recht: Wie kam es, daß die anderen ihre Meinung änderten?

Drei Tage später saß er zu Hause und dachte:

Ich war mir doch einig mit meinen Kollegen, daß man was gegen den Kulturreferenten unternehmen muß – warum fielen sie denn um? Und wann passierte das denn – ich versteh's einfach nicht, versteh' diese Menschen nicht. Feiglinge sind das! Schäbige Mitläufer, Nullen sitzen da im Gemeinderat! Natürlich, ich bin zu weit gegangen, »Nashörner« hätte ich ihnen nicht zurufen dürfen. Mein Gott, wenn ich mich doch auch für diesen Irrsinn begeistern könnte! Aber wie ist es denn möglich, daß sich Leute wie Pichotka und Niebauer dafür begeistern! Wer zwingt sie denn, diesen Ionesco über Nacht in den Himmel zu heben! Das gab's doch früher nicht, vor dreißig Jahren, als wir die Wanderbühne noch hatten, das gab's doch damals nicht, daß wir mit einer Einheitsmeinung nach Hause gingen! Und woran liegt's? Am Publikum? Am neuen Theaterbau? An der Verwaltung? Am Spielplan?

Die Stadt K. hat keinen Theaterintendanten, sondern einen Regierungsrat außer Diensten, der als Berater in Theaterfragen fungiert und dem Kulturreferenten verantwortlich ist. Zur Gestaltung des Spielplans bitten die beiden Herren den Feuilleton-Redakteur der Lokalzeitung, und weiß man auch zu dritt nicht weiter, holt man sich Rat beim jungen Grafen. Der junge Graf ist ein Mann von Welt. Zehn Jahre lang studierte er an fast ebensovielen Universitäten, doch brachte er statt eines Diploms die Idee mit nach Hause, den arrivierten Bürgern von K. Sportwagen zu verkaufen. Dabei wirbt er nicht mit niedrigen Preisen, sondern mit seiner Belesenheit, debattiert mit seinen Kunden nicht über die Vorzüge einer Karosserie, sondern über die neueste Technik französischer Maler, und wer mit ihm einen Handel perfekt gemacht hat, fühlt sich vor allem geistig bereichert.

Der junge Graf von und zu K. war es auch, der den Gemeinderat überredete, in dem eben erbauten Theater nach dem »Lindauer System« spielen zu lassen, nach einem System, das am Bodensee erfunden wurde und das darin besteht, von den besten Theatern im Lande zu profitieren, ohne sich in große Unkosten zu stürzen. Der Theaterleiter in K., der Regierungsrat außer Diensten, beschäftigt nur eine Sekretärin und einen Hausmeister; die Vorstellungen kauft er samt Schauspielern und Dekorationen anderswo ein. Gegen ein festes Abendhonorar gastieren in K. Münchener, Frankfurter, Berliner, Stuttgarter, Züricher Bühnen, dazu ein paar Tournee-Theater, die mit ihren zugkräftigen Stars ohnehin von Stadt zu Stadt ziehen. In K. wird gutes und zugleich billiges Theater geboten.

Im Theater von K. standen Ionescos »Nashörner« auf dem Programm; der Vorhang war gefallen, das Publikum ging zur Pause ins Foyer. Herr O., Steuerinspektor in mittleren Jahren, ging die Treppen hinunter und dachte:

> Ich hätte doch ein anderes Abonnement nehmen sollen, Abonnement C, zum Beispiel, Operetten und Goethes »Faust«, das wird mir ganz klar bei diesem Ionesco. Ich dachte, ich könnte mich morgen abend mit dem Abteilungschef unterhalten über die »Nashörner«, das wäre ein Stoff gewesen. Aber was soll ich denn sagen zu diesem Blödsinn! Ich möchte wissen, was sich dieser Ionesco vorgestellt hat.

Ionesco schrieb über das moderne Theater: »Der Mann der Avantgarde ist wie ein erbitterter Feind im Herzen der Stadt, die er sprengen will.«

Der Steuerinspektor O. kannte die theoretischen Schriften Eugen Ionescos nicht. Herr O. dachte:

> Ionesco – Leute mit Namen, die einem so fremd auf der Zunge liegen, machen auch bei der Steuerabrechnung die meisten Schwierigkeiten. Eine alte Erfahrung. Wie nett wäre

das jetzt bei einem Stück, bei dem jeder weiß, was gespielt wird. Ganz unbefangen könnte ich in den Erfrischungsraum gehen, mich ans Büffet stellen, den Abend genießen. Aber jetzt? Was soll ich denn sagen! Eine Zumutung nach Büroschluß sind diese Nashörner!

Ionesco schrieb: »Übrigens ist ein künstlerisches Werk allein durch seine Neuheit aggressiv, spontan aggressiv, es richtet sich gegen das Publikum, gegen den Hauptteil des Publikums, es macht unwillig durch seine Unverschämtheit, die selbst Unwillen ist.«

Herr O., der keine Ahnung von den Absichten des Nashörner-Autors hatte, Herr O. dachte:

Verwandeln sich alle in Nashörner, was soll man dazu sagen? Bleibt mir nichts übrig, als mich vor dem Aschenbecher zu verschanzen, Gesicht zur Wand, daß keiner auf den Gedanken kommt, mich anzusprechen. Wie soll ich denn reagieren? In einem Großstadt-Theater, bitte – dort kann man sagen, was man grad denkt, man kennt seinen Nachbarn nicht; aber bei uns hier – ich werde doch auf jedes Wort festgenagelt. Nenn' ich das Stück genial? Nenn' ich's mittelmäßig? Nenn' ich's verworren? Was soll ich bloß dem Abteilungschef sagen, wenn der morgen abend darauf zu sprechen kommt?

Im Foyer des Theaters von K. drehten sich die Leute wie eine Schulkinderklasse durch die Säulen, unter dem Gobelin, unter den Bildern der zwölf Grafen von und zu K., die der autoverkaufende Graf der Stadt vermacht hatte. Vielleicht waren die Leute etwas stiller als sonst, sie sprachen vom Wetter, von der Schule, von der Politik, über das Stück fiel kein Wort: In K. tappt niemand gern daneben.

Im Erfrischungsraum saß der Möbelhändler und Schreinermeister T. mit Gemeinderats-Kollegen an einem Tisch, und Herr T. erinnerte sich drei Tage später:

Pichotka, sagte ich, haben Sie sich gut amüsiert? Er hatte sich nicht amüsiert, auch Niebauer nicht. Wütend waren sie: Nichts gegen modernes Theater, sagte Pichotka, aber irgendwo muß das ja seine Grenzen haben. Und Niebauer sagte: Montag ist Haushaltsdebatte, das ist die beste Gelegenheit, den Kulturreferenten abzuschießen. Und Niebauer ging, um nach Kollegen zu suchen, mit denen man sich bis zur Gemeinderatssitzung verständigen konnte.

Im Treppenhaus stand Graf von und zu K., von älteren Damen und jüngeren Herren umringt, man wollte wissen, was der autohandelnde Graf dachte. Und er dachte:

Ich muß wirklich einen Vortrag über Ionesco halten. Lauter Mißverständnisse. Die Leute kommen mir dauernd mit ihrem Nationalsozialismus: So lächerlich vereinfacht könnte man doch die Vergangenheit nicht darstellen. Wie mich das anödet, dieser Nazi-Komplex! Als ob die Leute nicht längst einem Dutzend neuer Ismen zum Opfer gefallen wären, gerade die Starken, die Tüchtigen, die immer zu den Ersten gehören. Ein Nashorn werden ist eine absurde Mode; aber welche Neumodigkeit kommt einem zuerst nicht absurd vor? Nach ein paar Widersprüchen, nach ein paar Wochen gewöhnt man sich dran; und wer kann von sich sagen, daß er nicht mitmarschiert? Nur die Schwachen und die Träumer, die Ausgestoßenen, die Partisanen. An dieser Parabel stimmt alles. Ich muß sehen, daß dieses Stück noch mal in den Spielplan kommt.

Vor fünfunddreißig, vierzig Jahren, die älteren Leute in K. erinnern sich noch, erschien in der Stadt eine Wanderbühne, die der theaterfreundliche Bürgermeister in ein verwahrlostes Haus am Seeufer setzte. Der Direktor, ein verkrachter Student, wußte bald, was die verschiedenen Einwohnerschichten zu sehen wünschten; er spielte nach den Wünschen der Mehrheit, und nur zwei- oder dreimal im Jahr führte der Theaterdirektor ein Stück vor, das seinem eigenen Geschmack entsprach. Fast sechs Jahre ging das gut, bis der Direktor mit dem Schauspiel eines Dramatikers namens Ferdinand Bruckner zu mutig wurde: Das Stück trug den Titel »Die Rassen« und ging zur Erbitterung eines Teils der Zuschauer ganz anders aus, als man das fünf Minuten vor dem Aufbruch ins neue Reich erwartet hatte. Auf diese Weise endete das erste Kapitel der Theatergeschichte von K. mit einer Saalschlacht, mit zerfetzten Dekorationen und blutigen Schauspielerköpfen.

Das Lindauer System dagegen, das heute in K. praktiziert wird, ist garantiert risikofrei. Die Stadtväter brauchen sich weder mit dem Direktor eines Privattheaters herumzuärgern, noch mit einem Intendanten, der auf Rechte und Freiheiten pocht. Mit einem Berater in Theaterfragen und einem Kulturreferenten, die sich jederzeit zurückpfeifen lassen, fährt man bequemer.

A. Paul Weber: Die Exclusiven (1968)

Im Theater von K. war die Pause zu Ende, Ionescos »Nashörner« stampften wieder durch die Bühnenkleinstadt, brachten die Leute von K. in Verlegenheit; Fräulein R. zum Beispiel, Sekretärin im amtlichen Reisebüro:

> Warum reden diese Menschen so leichtfertig, kalt und fremd? Wie der Mann mit dem Homburg, der Direktor aus Bayern heute morgen, der mit offenem Mantel über dem

Schaltertisch lehnte, mit den Händen herumfuchtelte, und ich sah, daß er vier Ringe trug an der rechten Hand, Ringe mit großen Steinen, die klackend gegeneinanderschlugen wie hölzerne Vorhangringe: was für eine kalte, fremde Welt, in der dieser Mann lebt. Ich würde mich weigern, da zu leben, ich will es auch gar nicht sehen – oder muß ich das sehen? Muß ich mir zeigen lassen, daß nur ein betrunkener Schwärmer gerettet wird, wenn die Menschheit als Viehherde endet?

Absurd, sagte der junge Graf in der Pause, ist unsere Welt nicht auch absurd? Ist sie nicht noch absurder als dieses Stück? Und dann sagte er: Wenn Sie Moral wollen, Fräulein R.: Ionesco ist ein Moralist. Streifen Sie alles ab, was das Leben an kleinen Bequemlichkeiten bietet, dann ist es in Wirklichkeit unerträglich. Und in dieser Unerträglichkeit leben – das zeigen Ionescos »Nashörner«. Hat der junge Graf recht?

Auch der Steuerinspektor O. hatte in der Pause einige Worte des Grafen von und zu K. gehört; und Herr O. saß wieder auf seinem Klappsitz und dachte:

Lachhaft. Schiller würde sich im Grab umdrehen bei dieser Sprache. Und der junge Graf will aus dieser Geschichte ein Evangelium machen. Nashörner! Wenn ein Dichter etwas sagen will, soll er sich deutlich ausdrücken und nicht in Hieroglyphen. Und wo gibt es hier Hoffnungen und Aussichten? Muß alles in Furcht und Ausweglosigkeit enden? Für Ängste brauche ich keinen Dichter. Und die Einladung morgen abend? Hätte nett werden können, ich hätte beim Abteilungschef mit einem Thema aufwarten können. Wir wären uns näher gekommen, er hätte gespürt, daß ich nicht nur über die verschiedenen wer-hat's-mit-wem in der Abteilung Bescheid weiß. Aber so? Wenn der junge Graf anfängt zu denken, kann der Wind umschlagen. Unangenehm. Soll ich absagen? Es könnte peinlich werden. Sage ich: ein dummes Stück, findet es der Abteilungsleiter großartig; sage ich: ein großartiges Stück, dann muß ich vielleicht verteidigen, was den Abteilungschef ärgert und mich in Wirklichkeit auch. Idiotisch. Aber der Wind schlägt um; ich fühle es schon, daß der Wind aus der Richtung des jungen Grafen zu wehen beginnt.

Und Herr T., Schreinermeister und Möbelhändler, erinnerte sich drei Tage nach der Aufführung des Stückes:

> Wenn der junge Graf piep sagt, piepen die anderen auch. Gleich nach der Pause spürte ich, daß die Anti-Ionesco-Front nicht mehr einheitlich war. Möglich, daß manche überzeugt waren von diesem Irrsinn, solche gibt's immer; aber die anderen? Sie liefen einfach über. Das sind die Minen, dachte ich, die uns in die Luft sprengen sollen, und wir zahlen die Subventionen dafür! Steuergelder für dieses Theater, und das neue Krankenhaus noch nicht einmal angefangen, weil kein Geld dafür da ist! Die Kranken in großen Sälen, Bett an Bett, und hier wird Ionesco gespielt – warum dulden wir das? Weil wir uns unsere Urteile erst von den Zeitungen vorkauen lassen, weil wir andere Sorgen haben als die Sorge, uns eine eigene Meinung zu bilden. Statt dessen klatschen wir Beifall zu jeder Absurdität, weil wir das für modisch halten, und wir verschleudern Steuergelder, damit man unseren Opportunismus auch überall ernst nimmt!

Wie beneidenswert ist das Theaterpublikum einer größeren Stadt: Man geht allein ins Theater, man kommt mit seiner Frau, mit einem Bekannten, und wenn das Stück Rätsel aufgibt, kann man ungeniert laut herumrätseln, ohne das Echo von Worten fürchten zu müssen. In K. dagegen kommt niemand allein, denn K. ist klein und viele kennen viele, jeder bringt einen halben Stadtteil mit ins Theater. Man erscheint in Brokat und Seide, zeigt die neuesten Schnitte, niemand leistet es sich, gegen die Etikette zu verstoßen, und jede laut vertretene Ansicht wandert von den Behördenvillen am See bis zu den Neubauten am anderen Ende der Stadt: Wie soll man auf ein Stück reagieren?

Wenn sich's um Goethe, Schiller und Shakespeare handelt, wenn einsame Helden tragische Entschlüsse fassen, wenn man sich mit den Figuren identifizieren kann, dann freilich ist es auch in K. ungefährlich, dies oder das Zitat erhebend zu finden. Aber ein Schauspiel, in dem nur negative Helden agieren, Durchschnittscharaktere, die in der Herde trotten, um nicht aufzufallen – wie soll man auf so ein Stück reagieren? Soll man der Stadt verkünden: Jawohl, so bin ich? In K. leistet sich das nur der wortgewandte Graf von und zu K.

Freilich, auch früher gab es ein Theater in K., ein Theater, in

dem sogar eine Saalschlacht stattfand. Ist man denn erst im neuen Theater so vorsichtig geworden? Damals, vor fünfunddreißig, vierzig Jahren, ging man nicht in großer Garderobe ins Theater; in dem alten Haus am See, in dem die Wanderbühne agierte, wären Pelze nicht am Platz gewesen. Kahle Wände, Wasserflecken im Plafond, und wenn Hamlet zu fechten anfing, krachte es in den Dielen. Ging etwas schief auf der Bühne, lachten die Leute, und überhaupt: für die meisten war es eine Art Stammtisch-Vergnügung, bei der auch das Bier nicht fehlte.
Im neuen Theater agieren keine Schmierenkomödianten, sondern Schauspieler, deren Namen in jeder Zeitung stehen. Die Zuschauer sitzen auf weichen Polstern, und für viele findet das Stück nicht nur auf der Bühne statt. Seit der Einweihung des Theaters wird auch im Parkett, in den Rängen, vor allem im Foyer gespielt. Goldpatinierte Säulen, Spiegel, Lüster, Teppiche, Gobelins und die Ölbilder der zwölf Grafen von und zu K. nötigen den Theaterbesucher in eine Welt, die nicht das zwanzigste, sondern das achtzehnte Jahrhundert repräsentiert. Nicht erst das Schauspiel, sondern schon die höfische Pracht des Entrees heben das Publikum aus den Angeln des Alltags, und ob Chauffeur oder Graf, jeder, der die richtige Garderobe besitzt, darf in der Rokoko-Scharade mitspielen. Bis einem von Ionesco der Abend verdorben wird.
Und bei Ionesco zeigt sich's, daß die Theater-Architekten den Leuten von K. den Weg zum Spiel auf die Bühne verbauten. Die Zeiten, in denen man spontan auf das Spiel der Gretchen, Fiescos und Othellos reagieren konnte, liegen in der verwahrlosten Villa am See begraben; heute wachen die perückenbedeckten Häupter von zwölf Grafen von und zu K. darüber, daß niemand zum Hausschlüssel greift, um zu pfeifen.
Im Theater von K. fiel der Vorhang, das Stück war zu Ende, und ob es gefiel oder nicht, man klatschte, bis sich die Helden müde zurückzogen; denn die Leute von K. sind ein dankbares Publikum. Böswillige freilich behaupten, die Leute von K. seien nur deshalb so ausdauernd im Klatschen, damit draußen in der Welt niemand denke, man verstünde in K. nichts von der Bühnenkunst.
Man klatschte, man ging zur Garderobe; Fräulein R. zum Beispiel, Sekretärin im amtlichen Reisebüro, die geduldig auf ihren Mantel wartete und dachte:

Ionesco. Modernes Theater. Ich kann mich nicht abkapseln und tun, als säße ich auf einer Insel. Der Mann mit dem Homburg, der Direktor aus Bayern heute morgen, lebt auf der gleichen Erde wie ich. Das Fremde darf mir nicht fremd sein, das Vertraute nicht selbstverständlich vertraut. Der junge Graf hat recht: Sehen und hören lernen. Ich glaubte an Goethe, ich hatte auch meine Sartre-Zeit; ich weiß, daß jetzt meine Ionesco-Zeit kommen wird. Vielleicht kommt der junge Graf ins Büro, ich möchte mich mit ihm so gern unterhalten darüber.

Auch der Steuerinspektor O. stand vor der Garderobe; er wartete auf seinen Mantel und dachte:

Ionesco also. Man muß Glück haben, wenn man so etwas zu sehen kriegt heute. Habe doch sehr schnell gewußt, daß das etwas Besonderes ist mit diesen Nashörnern. Daß was dahintersteckt. Und morgen abend habe ich beim Abteilungschef ein vernünftiges Thema; ein schönes Thema, und ich darf damit rechnen, daß wir die gleichen Ansichten haben. Man ergänzt sich; man spielt sich die Worte zu, setzt sich mit seiner Zeit auseinander. Ionesco also. Ein Dramatiker, der den Leuten das Fleisch von den Knochen reißt; aber die Leute, die's angeht, die Heuchler und Konformisten, die alles gleich mitmachen, immer gleich oben schwimmen, die sehen sich so ein Stück natürlich nicht an; das ist das Schlimme.

Einige Leute von K. werden sich Bücher über den Avantgardisten Ionesco kaufen, einige werden sich den Vortrag des Grafen über absurdes Theater anhören. Wird in K. eine Theaterrevolution ausbrechen? Wird der Marmor im Entree zerschlagen, werden die Bilder der zwölf Grafen von und zu K. von den Wänden fallen, damit das unerträgliche Spiel auf der Bühne auch noch im Foyer unerträglich erscheint? Kaum. Man lebt nicht im klassischen Griechenland, man geht nicht ins Theatron, an einen »Ort des Zeigens«, sondern man geht ins Theater, an einen Ort, wo gespielt wird. Man läßt sich belustigen oder erschüttern, und in K. sind die Verhältnisse so, daß auch das Dilemma, das auf der Bühne vorgestellt wird, schon beim Kaffee im Erfrischungsraum nur noch Material für ein Gesellschaftsspiel ist.

Im Theater von K. wurde der eiserne Vorhang heruntergelassen, Garderobieren sammelten Vergessenes, als letzter verließ

Herr T. das Theater. Der Schreinermeister und Möbelhändler erinnerte sich drei Tage später:

> Ich wartete auf Niebauer, auf Pichotka, auf einen Kollegen aus dem Gemeinderat, aber keiner kam. Sie hatten mich stehen lassen, waren schon zu Ionesco-Jüngern geworden. Warum? Der junge Graf kann argumentieren, man widersteht ihm nicht lang, er vernebelt die Köpfe. Im Gemeinderat, dachte ich, im Gemeinderat werden die Leute wieder klar sehen, doch wie's soweit war, sah ich auf ihren Gesichtern nur Feindseligkeit. Warum? Natürlich, ich bin zu weit gegangen, hätte ihnen nicht »Nashörner!« zurufen dürfen; aber wie ist es möglich, daß vernünftige Leute diesen Ionesco in den Himmel heben?
>
> Lächerlich. Oder krankhaft. Krank, das ist es. Auch der junge Graf ist krank, hat sie angesteckt! Infiziert! Denn wie ist es möglich, so zu denken wie Ionesco denkt? Und alle denken ja heute so, alle! Mit keinem kann ich mich verständigen! Für zurückgeblieben halten sie mich, und dabei sind's doch die anderen, bei denen die Schizophrenie ausgebrochen ist, die anderen, doch nicht ich! Ich bin doch der Normale, der einzige Normale! Aber wenn der junge Graf recht hat? Und ich unrecht? Wie schön wäre es, wenn ich denken könnte wie alle anderen; man könnte miteinander reden, und wie gern würde ich das tun. Aber ich schaffe es nicht. Ich kann denken wie ich will, ich kann die Nashörner von allen Seiten betrachten, ich schaffe es einfach nicht, von ihnen begeistert zu sein.

(Ionescos Bühnenfigur Behringer sagt am Ende der »Nashörner«:
Oh, wie gerne wäre ich wie die! Hätte ich nur eine harte Haut und diese herrliche tiefgrüne Farbe. Ich hätte ihnen beizeiten folgen sollen. Jetzt ist es zu spät! Nie werde ich ein Nashorn, nie, nie! Ich würde so gerne, ich würde so schrecklich gerne. Aber ich kann nicht. Nun, gut! Ich verteidige mich gegen alle Welt! Gegen alle Welt werde ich mich verteidigen! Ich bin der letzte Mensch. Ich werde es bleiben bis zum Ende! Ich kapituliere nicht.)

(1964)

TOM VEITCH

Einfache Leute am Sonntag

In ihrer Verzweiflung dreht sie den Gashahn auf
Armut und Trauer beherrschen das Leben.
Lulus starker Wille sexuell zu dominieren
nährt sich nachts von Menschenblut.
Überwältigt von der Liebe des Briefträgers
springt das Mädchen vom Dach eines Gebäudes –
Inzwischen wurde der Rajah aus Eshnapur
von Tigern zerrissen – das Schicksal schlägt zu –
noch einmal nimmt sie sich das Leben.

Diese Familientragödie spielt sich im Haus des Schrankenwärters ab.
Die Tochter (Edith) und der Verführer (Paul)
machen dem Traum von junger Liebe ein Ende –
der Tod zeigt ihr drei Kerzen,
der junge Juan rächt die Schändung seiner Schwester
und tötet den verführerischen Haremstänzer
sowie den Kapitän (der zu Staub zerfällt).

Hier kauft ein exzentrischer Engländer ein Mädchen auf dem Sklavenmarkt.
Sie (er wußte das nicht) gehört einer blutrünstigen Sekte an–
Es dauert nicht lange bis sie seine Frau umbringt,
ihren Neger gegen ihn aufhetzt, den Selbstmord
ihres Liebhabers Percy verlangt und schließlich selbst
von dem verschmähten Chinesen getötet wird.

Eine mächtige Geheimorganisation bezahlt
die Freundin des hiesigen Bürgermeisters –
sie tötet ihr soeben geborenes Kind im Delirium
und flüchtet in ein Kloster
wo ein schüchterner Mönch sie brutal vergewaltigt.
Nach dem Tod des Bürgermeisters wird sie vor ein Tribunal gebracht

zum Tode verurteilt
und gehängt.

Jetzt ist ein Mann über den mysteriösen Tod
seines unehelichen Kindes wahnsinnig geworden.
Die Mutter läuft weg und geht auf den Strich
eine hypnotisierte Nachtwandlerin und Gammlernutte.
Unser Held ist der Hexerei angeklagt
und wird das Opfer priesterlicher Rache:
eine Kluft in den Bergen schließt sich für immer ...

Der Sohn (Bruno) hat alle schlechten Charakterzüge
seines Vaters geerbt.
Die Mutter begegnet dem Tod in der Person ihres Sohnes
(ein entscheidender Augenblick in seinem Leben).
Die Polizisten kommen, die Welt der Mutter bricht
zusammen,
das Kind der Nutte dreht den Gashahn auf,
Bruno wird tödlich verletzt während er sich tot friert.
Nun hören wir von einem jungen Ehepaar in Not.
Sie (Lilian) verkauft sich, um für seine Behandlung
Geld zu kriegen ... unterdessen
wird seine Karriere zerstört, und bei der Rückkehr in ihr
Apartment
findet der Oberst nur noch ihre Leiche.

Ein Morgen vergeht.
Ein verdächtiger Typ wird angehauen und ausgeraubt.
Sein Mädchen muß hinhalten (er ist ein Zuhälter).
Sonja, die heimlich in ihre beste Freundin verliebt ist,
sinkt tiefer und tiefer in den Sumpf
erotischen Wirrwarrs, bis sie schließlich am Heiligabend
das Opfer eines verkommenen Zirkusartisten wird,
um den sie sich bemüht hatte.

Während eines Tanzes mit scharfen Messern
und der Anwendung künstlicher Besamung
erfährt ein Mädchen die Wahrheit,
verliert aber ihre Unterhose als der König vorbeifährt.
Sie bringt ihren Zuhälter dazu die jüngere Frau zu töten.
Dann nimmt sie sich selbst aus lauter Verzweiflung
das Leben.

Einfache Leute (Mörder im Bett) laßt uns
zusammen den Scheiterhaufen hinaufsteigen
an einem gewöhnlichen Sonntag
und ohne Sünde gen Himmel fahren,
verführt, verbrannt wegen Kindesmord, blind geworden
durch Entbehrung und Verzweiflung,
wirtschaftliche Depression und moralischen Zerfall,
Armut, eine beschissene Zukunft, Neid und Schicksal
niedergestochen, wir sterben im Wochenbett,
um unser Erbe gebracht.

Die anatomische Abteilung erhielt Ihre Notiz
Ihre Phantasien wird man beachten
wir wissen, daß Sie dieses bourgeoise Getue nicht
aushalten können,
abgestoßen und gebrochen durch Ihre Umwelt
suchen sie Zuflucht in Selbstmord, Selbstaufopferung ...
Doch den Toilettenmann der von eigener Hand stirbt,
erwartet eine schreckliche Rache
enttäuscht von der bedrohlichen Außenwelt ...
So, Sie sind mißhandelt worden und verbittert?
Ja, zehn Jahre im Knast hausen,
dabei in den Tod sich flüchten ...

(1968)

HERMANN GLASER

Der Provinzler – ein Mentalitätsmuster

Der Provinzler ist bewegt und bestimmt durch Angst vor der Einsamkeit, wie sie der Übergang von der auf der Extrapolation[1] des Gleichbleibenden beruhenden Agrargesellschaft in die experimentelle Dynamik der Industriegesellschaft mit sich bringt. Wird Verunsicherung nicht als neue Form der Stabilität erkannt und durchlebt, bewirken Normierung und Nivellierung, Anonymität und Vereinzelung eine Sehnsucht nach dem Idyll, dessen »Tiefe« (als panische Gefährdung) verdrängt wird; statt dessen klammert sich der Provinzler an die fotogene Oberfläche, die den Wahn von Ruhe und Geborgenheit ausstrahlt.
Orientierungs- und Heimatlosigkeit, das Erlebnis entfremdeten Lebens und zerfallender Identität führen zu Kompensationen und Projektionen, die verschiedenartige Gestalt annehmen, aber immer den irrationalen Halt von Gemüthaftigkeit zu suggerieren suchen. Innerlichkeit ist dabei insofern mit aggressiver Abreaktion verknüpft, als sie sich vor allem im Kontrast zu denjenigen zu artikulieren versucht, die die Tagträume in ihrer Relevanz für die gesellschaftliche Situation von heute zu reflektieren gedenken. Die Sorge vor dem Verlust eines bereits Verlorenen bewirkt Nervosität – Ausdruck der Unehrlichkeit, einen verlorenen Posten als Refugium[2] reklamieren zu wollen. (...) Aber er klammert sich an die Hülsen des Idylls, der Heimat, der Tradition, des Abendlands. Der Provinzler ist zur Zweidimensionalität, zum Dualismus von Wahrheit und Wirklichkeit, *noch nicht* vorgestoßen. (...)
Der Provinzler lebt in der provinziellen Provinz. Diese hat (immer noch) eine geographische Dimension. Provinz in diesem Sinne umfaßt die Region des »offenen Landes« mit ihren Dörfern, Klein- und Mittelstädten. Die idealtypisch gemeinte Gegenüberstellung von Land und Stadt, Provinzialismus und Urbanität ist vor allem retrospektiv zu verstehen: da nun einmal mit zunehmender Entfernung von der Stadt der Anschluß an die bewegenden Kräfte der Zeit und Gesellschaft erschwert

war, die Infrastruktur der Stadt jedoch geistige Mobilität förderte, war der *cultural lag*[3], der Provinz provinziell machte, unvermeidbar.
Die geographische Abgrenzung von Provinz wird jedoch zunehmend fragwürdig. Die Provinz ist heute verkehrstechnisch so gut erschlossen und audiovisuell so gut angeschlossen, daß das kulturelle Gefälle nur noch eine untergeordnete Bedeutung haben dürfte. Auf der anderen Seite ist in der Großstadt die durch die Ökonomisierung bewirkte Zerstörung kommunikativer und sozialisierender Strukturen, sind die Erosion und Versteppung urbanen Geistes so weit gediehen, daß Provinzialismus sich anschickt, nach Megalopolis, vor allem nach Suburbia,[4] umzusiedeln. Dieser doppelte Angleichungsprozeß: das Aufholen der Provinz in Richtung Urbanität und das Absinken der Urbanität ins Provinzielle, macht die Topographie[5] des Provinzialismus zur topogen unspezifischen bzw. ubiquitär[6] gültigen Beschreibung eines Mentalitätsmusters. Es ist zudem unverkennbar, daß das gesellschaftlich, politisch und kulturell dynamisierende Potential gerade in den letzten Jahren wesentlich stärker geworden ist, die ursprünglich recht geschlossenen Strukturen des Provinzialismus sich aufzulockern beginnen. Der Aufschwung der Sozialdemokratie, die nun auch ins »offene Land« (in die Provinz) *en gros* einzieht, signalisiert etwa diesen Veränderungsprozeß.
Gegenläufig hierzu ist der Einfluß des audiovisuellen Provinzialismus; während die geographisch, demographisch und historisch bedingten Formen des Provinzialismus sich zunehmend abbauen bzw. überwinden lassen, entsteht eine besonders gefährliche neue Form von Provinzialismus: die multimedial ausgestrahlte Regression. Der Rückschritt ins Voraufgeklärte ist dabei modernistisch drapiert; der Gartenzwerg kleidet sich in der Boutique ein. Fotogene Trivialmythen sind leicht ins kollektive Unterbewußtsein zu transportieren – den Stillstand als Fortschritt suggerierend.

(1973)

ALBERT HERRENKNECHT

Provinzlenz

Lenz irrte durch die Kleinstadt. Er fühlte sich entsetzlich einsam; er war allein, ganz allein. Irgendetwas trieb ihn. Er mußte raus, er mußte unter Leute. Und als er sie fand, waren sie anders als die, die er brauchte. Sie waren selbstgefällig und beschäftigten sich mit Sprüchen. Sie waren für ihn auch nur diese entsetzliche Langeweile und stießen ihn deshalb ab. Und weil er wieder nicht fand, was er suchte, verlor er auch das, wonach er suchte. Zurück blieb die Unzufriedenheit, die Angst, etwas zu versäumen, die Angst, zu spät gekommen zu sein.
Er fühlte sich anders als die anderen, und dieses Gefühl machte ihm Angst, denn es schuf seine Einsamkeit. Es machte ihn stumpf für die Lebendigkeit der anderen, hinterließ Unverständnis und Gleichgültigkeit. Er hatte das Gefühl, sein Leben zu verschleudern, ein unnützes Dasein zu führen, noch nie richtig gelebt zu haben. Er war unruhig bei diesem Gedanken, denn es war eine Selbstanklage.

Er rannte weiter durch die Kleinstadtgassen auf der Suche nach sich selbst, in dem Verlangen nach Leben, in der Bestätigung seiner Daseinsberechtigung. Er war sich selbst ein Traum, ein Alptraum. Er haßte sich selbst, er war sich vollkommen gleichgültig. Er stand unter Spannungen, er war innerlich ein sturmzerfetztes Meer. Er war nicht zu Hause in dieser Kleinstadt, er lebte nur hier, er hatte keine Heimat, denn er mußte existieren, er suchte menschliche Wärme, und die Kälte der Leute stieß ihn ab.
Das Drängen in ihm wurde stärker. Er hatte Sehnsucht nach einer Frau. Nach der Traumfrau, die nicht existierte, die er sich nachts im Alleinsein zurechtgebildet hatte. Er fand sie nicht. Alles Weibliche war ihm deshalb verhaßt und erzeugte große Angst und Unsicherheit bei ihm.
Er beschritt die gleichen alltäglichen Kreisstationen, die er immer dann beschreitet, wenn er es in seinen vier Wänden nicht mehr aushält, er raus muß, er nicht mehr arbeiten und denken

kann, weil ihm die Decke auf den Kopf fällt. Er irrt dann durch die Landschaft, sucht die Sammelpunkte von Leuten auf, konnte sich selbst aber dort nicht sammeln, sich in den Leuten wiederfinden.

Die Musik erlebte er als Drängen zum Aufbruch, zur Flucht aus dem Lebensalltag, die Bewegungen der Frauen auf der Tanzfläche als Provokation eines Ausschlusses: ein Angebot, das er nur in der Phantasie wahrnehmen kann, das aber keine Wirklichkeit ist und sein kann. Es war ihm alles so klein und nahe, aber dennoch riesig, fremd, unnahbar. Die Unmittelbarkeit der Bedürfnisse trieb ihn, die Befriedigung und Spannungsentladung lag aber in der nicht sichtbaren Ferne, die Befreiung wandelte sich zu Schmerz. Er suchte nach etwas, wie nach verlorenen Träumen, aber er fand nichts. Er ging gleichgültig weiter, aber sein Gehen war eine Qual, sein Suchen Sinnlosigkeit, sein Weg ein Irrgarten. Der Weg kam nicht beim Gehen, der Ausweg war nicht sichtbar geworden. Er war ein Gefangener der kleinen Verhältnisse, seines Andersseins, seiner Ansprüche, seines Lebenstils, seiner selbst. Er war nicht für diese Welt und diese Welt war nicht für ihn geschaffen. Sie war ein Gefängnis; er war kein Gast, sondern ein Fremder. Er war in dieser Welt nicht aufgewachsen, sondern sie hat ihn überwuchert. Ein qualvoller Dornröschenschlaf verdunkelte die Hoffnung auf ein Entrinnen, warf seine Schatten auf ihn, versuchte sein Lebenslicht in der Nacht zu ersticken. Er war nicht geschaffen für diese kleinkarierte Welt des ewigen Streitens, des Konkurrierens und Vorzeigenmüssens, des Tratsches und der Denunziation. Er wollte ihr Spiel nicht mitmachen und hatte dadurch schon immer verloren. Er litt unter dieser Ausnahme, denn er war die Ausnahme.

Es fiel ihm schwer zu leben, denn er wußte nicht mehr, was das war: leben. Zu oft hatte er es sich vorgestellt, zu oft war es nicht eingetreten, zu oft hatte er sich selbst betrogen. Er hatte sich etwas vorgemacht, sich selbst Theater vorgespielt, sich selbst beklatscht, sich selbst ausgepfiffen. Immer in der Distanz der Rolle zu sich selbst, niemals in der Ehrlichkeit als sich selbst. Er war immer mit sich selbst noch ins reine gekommen, hatte sich noch ausbalancieren können, sein Weltbild und seine Lebensordnung aufrechterhalten können. Nur wenn er unter die Leute kam, dann waren sie eine Bedrohung für ihn, für seine Lebensweise, für seine eingerichtete Ordnung; denn sie verunsicherten ihn durch ihre vorgespielte Leichtigkeit des Lebens, ihre angebliche Sorglosigkeit, ihre Naivität.

Er dachte immer von sich, er denke zuviel, er zerbreche sich immer noch den Kopf für diese Leute mit und fand deshalb keinen Bezug zu ihnen. Er fühlte sich ihnen überlegen, aber dennoch war er ihnen unterlegen: durch seine Einsamkeit. Er verachtete sie wegen ihrer Kurzsichtigkeit, beneidete sie aber wegen ihrer Spontaneität. Er kritisierte ihre Perspektivlosigkeit, vergaß aber dabei, daß er selbst momentan nicht lebte. Sein Denken wie sein Verhalten waren bestimmt durch Widersprüche. Er haßte diese Unordnung, das innere Chaos, die Disharmonie in seinem Leben. Er wollte ausbrechen, seine Haut verlassen, sich selbst neuentdecken. Aber dazu braucht er gerade die Leute, von denen ihn seine Lebenswelt trennt, gerade das, was er bei ihnen sucht, aber nicht zu finden glaubt. Er braucht seine Welt, um noch leben zu können, aber er braucht die anderen, um überhaupt überleben zu können. Das Verlangen nach Leben, die Sucht nach Glück, die Sehnsucht nach Identität, das Streben nach Befriedigung, das alles lag außer ihm; er selbst hatte nur die Wahn-Idee davon: den Wunsch. Was fehlt, ist die Brücke zu diesen Träumen, die durchschlafene Nacht, die Träume und Tagträume harmonisch verbindet. Diese Nacht gibt es nicht für ihn. Nacht, das ist Dunkelheit, Angst, Einsamkeit, und der Tag danach ist Nüchternheit, Armut, Kälte. Er versuchte alles, die unendliche Qual loszuwerden, indem er sich an alles nur Greifbare klammerte, seine Hoffnung immer wieder auf geglaubtem Festland verankerte. Im Grunde aber hatte er sich bereits aufgegeben, wollte es sich selbst aber noch nicht eingestehen, wartete auf die Befreiung von außen, auf den großen Auf- und Durchbruch. Er war ein Wartender, ein passiv Suchender geworden. Seine Welt war eng geworden, er hatte sich zu seinem eigenen Mittelpunkt gemacht, hatte sich zurückgezogen auf sich selbst, war aber nicht sich-selbst geworden. Er fürchtete sich vor sich selbst und seiner Einsamkeit. Er zweifelte an sich selbst, war verzweifelt über sich selbst. Er hätte über sich weinen können, wenn er nicht er selbst gewesen wäre.

»Die Welt, die er hatte nutzen wollen, hatte einen ungeheuren Riß; er hatte keinen Haß, keine Liebe, keine Hoffnung – eine schreckliche Leere. Er hatte nichts. Was er tat, tat er nicht mit Bewußtsein, und doch zwang ihn ein innerlicher Instinkt. Wenn er allein war, war es ihm so entsetzlich einsam, daß er beständig laut mit sich redete, rief, und dann erschrak er wieder, und es war ihm, als hätte eine fremde Stimme mit ihm gesprochen.« Aber es war seine eigene. Es war die Unruhe in ihm, der Selbsterhaltungstrieb. Es war Folter, was in ihm vorging: er fühlte kein Verlangen, keinen Haß, sein Dasein war ihm eine notwendige Last.

(1977)

ÖDÖN VON HORVÁTH

Die gerettete Familie

Am 7. August 1922 war ich sehr verliebt und zwar in eine gewisse Frau Elisabeth Tomaschek aus dem VIII. Bezirk. Der Herr Tomaschek war damals gerade verreist und so stand meinen Gefühlen fast nichts mehr im Wege. Ich gebs heut gerne zu, daß das moralisch nicht schön von mir war, aber von einem natürlichen Standpunkt aus betrachtet wars doch auch wieder nicht unschön. Die Natur ist halt mal ungerecht und obendrein war ich ja damals noch ziemlich hemmungslos, der Krieg war ja auch noch kaum vorbei.

Am 12. November 1928 kam nun der Herr Tomaschek, den ich inzwischen schätzen gelernt hatte, unerwartet zu mir. Er war erregt und sagte: »Ich hab grad eine Karambolage hinter mir!« Und dann setzte er mir auseinander, daß diese Karambolage mit einem scharfen Wortwechsel zwischen ihm und seiner Gemahlin begann und zwar über das Thema, ob der Bubi humanistisch gebildet werden müßte oder ob er in die Oberrealschule gehen sollte. Die Frau war absolut für die Oberrealschule, weil diese ganz in der Nähe lag, aber er hatte eine Schwäche für das Unpraktische. Energisch verteidigte er den Wert des humanistischen Bildungsideals und dabei entschlüpfte ihm leider Gottes ein ordinäres Schimpfwort. Die Frau schimpfte natürlich zurück, das ging so her und hin, bis die Frau (und für sie dürfte diese ganze Debatte wahrscheinlich nur ein Anlaß gewesen sein, um einem seit 1920 aufgestapeltem Groll das Ventil zu öffnen) – »und jetzt kommt die Karambolage!« schrie mich der Tomaschek an, »sagt das Luder nicht, daß sie am 7. August 1922 etwas mit dir gehabt hätt!«

»So«, sagte ich, »also das find ich unerhört!«

»Ich möcht halt jetzt nur klar sehen«, fuhr der Tomaschek fort, »ob das nämlich stimmt, denn, wenn das nämlich stimmt, laß ich mich nämlich scheiden, das kann mir niemand zumuten, daß ich mit einer zusammenleb, die sich mit dir eingelassen hat! Sags mir nur ruhig, das wird unsere Freundschaft nicht stören! Ich bin dir nicht bös, denn du kannst ja nichts dafür. Meiner

Seel, das Weib ist halt mal so ein Grundübel, die personifizierte Sünd, das Laster in persona!«
Während er so sprach, überlegte ich krampfhaft, wie ich vorgehen sollte. Also eine Familie wollte ich nicht zerstören, denn das wäre gegen meine Prinzipien gewesen. Aber eigentlich wollte ich auch den braven Tomaschek nicht täuschen, ich hatte ein direkt miserables Gefühl bei dem Gedanken, daß ich sein verständnisvolles Vertrauen mißbrauchen wollte – schließlich siegte mein Altruismus: zwei Menschen, die das Schicksal gesetzlich zusammengetrieben hat, sagte ich mir, dürften nicht voneinandergejagt werden, und solches erst recht nicht, weil dann der herzige Bubi auseinandergerissene Eltern hätt – und so antwortete ich dem Tomaschek: »Also ich find das von deiner lieben Gemahlin schon ziemlich legere, daß sie mich da in ein Drama hineinziehen möcht, bloß um dich aufzuregen. Natürlich ist das alles erlogen!«
Mein Tonfall beruhigte ihn und er gab mir seine klebrige Hand. »Ich muß jetzt noch ins Continental«, sagte er. »Also du glaubst mir?« fragte ich. »Ich glaub alles«, sagte er und es lag eine gewisse Resignation in seiner Stimme.
Kaum war er weg, rannte ich zu seiner Frau. »Elisabeth!« fuhr ich sie an. »Der Viktor war grad bei mir und hat sich erkundigt –« »Ich weiß schon!« unterbrach sie mich. »Einen Schmarrn weißt du!« brüllte ich und das war alles programmgemäß. »Ich hab ihm natürlich gebeichtet, daß ich was mit dir gehabt hab, weil er mich an meiner Ehre gepackt hat! Und jetzt will er sich partout scheiden lassen!« »Also endlich!« sagte sie und setzte sich.
Das hatte ich nicht erwartet, denn ich wollte ja gerade das Gegenteil. Ich dachte sie durch mein erfundenes Geständnis einzuschüchtern, aber jetzt mußte ich mitansehen, daß sie direkt erleichtert tat. Momentan wußte ich gar nicht, was ich sagen sollte. »Du kannst es ja gar nicht wissen« unterbrach sie plötzlich die Stille und sah mich lang an. »Was denn?« erkundigte ich mich kleinlaut. »Wie gut daß er und ich zusammenpassen«, sagte sie und betrachtete spöttisch meine modernen Schuhe. »Ich hätt mich ja mit dir nie eingelassen«, fuhr sie fort, »wenn ich nicht gewußt hätt, daß er sich bereits mit allerhand Menschern abgibt.« Nun stand sie am Fenster und das sah aus, als wollte sie überall hinaus. Auch aus sich hinaus.

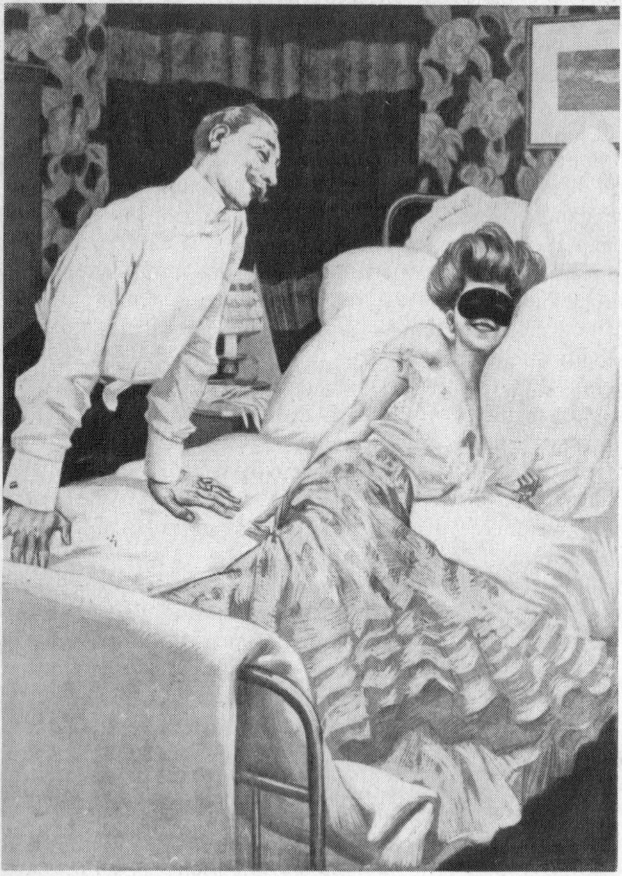

Ferdinand von Reznicek: Die G'schamige (1905)
«Aber gnädige Frau, jetzt könnten Sie sich doch wirklich demaskieren.«

»Und der Bubi?« fragte ich plötzlich scheinbar nebenbei, denn nun kam mein letzter Trumpf. »Wenn sich der Viktor jetzt scheiden läßt, bist natürlich du der schuldige Teil und den Bubi kriegt natürlich der Viktor.« Das riß sie aber sehr zusammen! »Was sind das für unnatürliche Gesetze!« schrie sie und war

fürchterlich verzweifelt. Eine Mutter muß man eben bei ihrem Bubi packen, wenn man was bei ihr erreichen will.
In diesem Augenblick trat abermals unerwartet der Tomaschek ein. »Was machst du denn da?« fragte er mich mißtrauisch, aber sie ließ mich nicht antworten, sondern stürzte sich weinend auf ihn, umklammerte ihn und jammerte grauenhaft. Immer wieder bat sie ihn unartikuliert um Verzeihung und küßte ihm sogar die Hand. Er sah mich fragend an. »Ich hab ihr nur grad vorgehalten«, sagte ich, »wie sie nur sowas behaupten kann, daß ich was mit ihr gehabt hätt, wo das doch gar nicht wahr ist.«
Also eine solche Wirkung haben meine Worte noch kaum gehabt. Sie taumelte direkt vom Tomaschek zurück und zitterte wie ein verprügeltes Tier. Und dann blickte sie mich an, und das war derart unheimlich gehässig, daß es mir eiskalt hinunterlief. Aber der Tomaschek machte bloß eine wegwerfende Geste. »Sie ist halt blöd, das arme Hascherl!« sagte er.
So rettete ich eine Familie vor dem Verfall.

(um 1930)

MARTIN WALSER

Die Zimmerschlacht

Das Wohnzimmer der Familie Fürst liegt im Parterre. Nach hinten führt eine zweiflügelige Tür in den Garten. Nach links eine Tür in das Schlafzimmer, nach rechts eine Tür in den Flur. Im Wohnzimmer: Schreibtisch, Regale mit Fachbüchern, Sitzecke, ein Klavier. Das Zimmer macht einen überfüllten Eindruck, die Möbel sind mindestens 15 Jahre alt, es hat sich zuviel angesammelt, was man nur deswegen nicht weggeworfen hat, weil man nicht umgezogen ist. In der Nähe des Schreibtischs eine Vitrine, die Gesteinsproben zeigt. Das Bühnenbild muß nicht die ganze Bühne ausfüllen.

Felix nimmt den Hörer ab und wählt eine fünfstellige Nummer. Er spricht halblaut, schaut während des Sprechens zur Tür, durch die Trude verschwunden ist. Offensichtlich soll sie nicht hören, was er sagt.

FELIX Herr Neumerkel? Ja, hier Fürst. Es bleibt dabei, wir gehen nicht hin. Auch wenn er anruft, Er wird das Äußerste versuchen. Bitten, drohen, uns gegeneinander ausspielen. Darauf muß man gefaßt sein. Gott sei Dank kennt man Bennos Rhetorik. Mengel sagt, bei ihm beißt Benno auf Granit. Ich gestatte mir hinzuzufügen: bei mir beißt er auf Diamant. Natürlich um seinetwillen! Völlig Ihrer Meinung, Herr Neumerkel. Man muß ihm endlich zeigen, was geht und was nicht geht. *(Trude von links. Sie bringt ein frisches Hemd.)*
Also, Herr Kollege, es wird sicher ein denkwürdiger Abend für uns alle. Danke. Bitte, das gleiche für die Ihre.
(Er legt auf.)

TRUDE Wer war das?

FELIX Ach, nur Neumerkel.

TRUDE Brechen die schon auf?

FELIX Du trägst das Hemd wie einen Täufling, Trude.

TRUDE Daß du siehst, wie man dir alles nachtragen muß.
(Als Felix sieht, daß sie gleich bei ihm sein wird, dreht er sich um, geht rasch, als suche er etwas. Trude hinter ihm her. Felix

würde am liebsten davonrennen vor dem Hemd, aber er beherrscht sich. Er sucht nach Ausflüchten.)

FELIX Das hat was Apokalyptisches, Trude, hier hab ich die Manschettenknöpfe hingelegt ...

TRUDE Zieh das Hemd an, Felix.

(Felix dreht sich ganz rasch um zu Trude, greift dabei nach der Krawatte, die über einer Stuhllehne hängt und stopft sie in die Tasche, ohne daß Trude es sieht.)

FELIX Und die Krawatte, Trude. Was sich diese Kleinigkeiten erlauben. Über diesen Stuhl hab ich sie gehängt, die ochsenblutrote, weil du befohlen hast, heut geht nur die ochsenblutrote, also häng ich die ochsenblutrote über den Stuhl, bewache sie, weil ich doch weiß, die Kleinigkeiten nützen es aus, wenn du in Eile bist, und wie ich mich nach den Knöpfen umschau, schon ist die ochsenblutrote weg. Trude, das hat was Apokalyptisches.

TRUDE Felix, du Redner. Da, was ist denn das? *(Zieht ihm die Krawatte, die ein Stück aus der Tasche hängt, heraus.)*

FELIX Ach. Das ist besonders schlau von der ochsenblutroten. Mir in die Tasche zu schlüpfen, weil sie denkt: da sucht sie keiner. Na warte.

TRUDE Da, das Hemd zieh an und Schluß.

FELIX Ohne die Manschettenknöpfe ...

TRUDE Zuerst das Hemd jetzt ...

FELIX *(gibt den gespielten, lustig-verzweifelten Ton dessen, der beim Ankleiden nichts mehr findet, auf, läßt sich in einen Stuhl fallen)* Nein.

TRUDE Wir kommen zu spät.

FELIX Ach, Trude. *(Springt auf. Versucht wieder den jungen Ehemann zu spielen; leicht und erregt)* Warum verlassen wir dieses Zimmer? Unsere selige Wohnung, Trude! Haben wir nicht geschnauft wie verrückt vor Aufregung, bis wir endlich sowas hatten, was man radikal zuschließen kann. Ich hab das Gefühl noch im Hals und in den Knieen, wie ich zum ersten Mal den Schlüssel umdreh und draußen war draußen und hier waren wir. Du und ich: Und jetzt ein paar Jahre später ...

TRUDE Ein paar Jahrzehnte.

FELIX Zwei Jahrzehntchen später hältst du es nicht mehr aus mit mir. Einen einzigen Abend.

TRUDE Das paßt zu dir. Wenn wir eingeladen sind, kommst du mit sowas. Sag ich aber morgen abend, so, jetzt, Felix, die Tür ist verriegelt, draußen ist draußen, wir sind allein, dann mußt du noch eine Gesteinsprobe beschriften. Und vierzehn Hefte korrigieren.

FELIX Heut wär ich frei, Trude.

TRUDE Zugesagt ist zugesagt, Felix. Jetzt warten sie. Morgen machen wir einen großen Abend. Wenn du willst.

FELIX *(gibt sich gedrängt, zärtlich)* Trude, fühl meinen Puls. Mein Herz, wenn du kannst. Darf man sowas verschieben. *(Er umarmt sie.)*

TRUDE Nicht, Felix, die Haare.

FELIX *(tut enttäuscht)* Die Haare, natürlich. Die Haare.

TRUDE Wir können doch nicht einfach wegbleiben, Felix. Bloß weil du gerade so eine Stimmung hast. Um dreiviertelneun ist deine Stimmung vorbei, dann gehen wir doch, kommen aber zu spät. Keinem kannst du erklären, warum. Also bleibt es wieder an mir hängen. Sie lachen über mich. Und du lachst mit, weil du weißt, ich sag schon nicht, wie es zu der Verspätung kam. Bitte, Felix, zieh jetzt das Hemd an.

FELIX Ich werde sagen: Liebe Freunde, es hat mich überwältigt. Ich kann ihr einfach nicht zusehen, wie sie sich ankleidet. Das schiere seidene Weiberzeug auf Stöckelschuhen. Freunde, da verlier ich einfach mein Zeitgefühl.

TRUDE Felix, fehlt dir was?

FELIX Du. *(Er nähert sich wieder.)*

TRUDE Nicht. Felix.

FELIX Die Haare!

TRUDE Dein Hemd. Bitte. Felix. Wenn wir mit den anderen kommen, fallen wir am wenigsten auf.

FELIX Und wenn wir überhaupt nicht kommen.

TRUDE Felix. *(Sie legt das Hemd weg. Er zieht die Schuhe aus.)* Nicht die Schuhe ausziehen, Felix. Nachher ziehst du sie ja doch wieder an.

FELIX Wohl kaum.

TRUDE Wo willst du hin?

FELIX Die Schuhe versorgen.

TRUDE Bevor du die Schuhe versorgst, rufst du an und entschuldigst uns. *(Trude beginnt, ihre Nägel zu richten.)*

FELIX Lächerlich, Trude. Überleg doch mal, wie komme ich

dazu, mich zu entschuldigen. So einen Begriff hast du von mir. Das erste, was dir einfällt: ich soll mich entschuldigen. Ich entschuldige mich nicht. *(Er will mit den Schuhen ins Schlafzimmer.)*

TRUDE Felix, nachher, wenn wir wirklich bleiben, versorg ich dir die Schuhe schon. Stell sie einfach hin. Da, wo du jetzt stehst, lieber Felix. Ja, sei lieb. Schön stell sie hin und zieh das Hemd an.

FELIX *(zögert.)*

TRUDE Weil du mir besser gefällst in so einem frischen Hemd, bitte.

(Felix zieht das Hemd an.)

TRUDE Und dann rufst du an und sagst, daß wir nicht kommen.

FELX Hab ich dir nicht gesagt, daß ich nicht daran denke, mich zu entschuldigen.

TRUDE Wer sagt denn was von entschuldigen, Felix. Nur mitteilen, daß Benno weiß: Herr und Frau Dr. Fürst kommen nicht. Das gehört sich einfach, Liebling.

FELIX *(hat seine Hausschuhe geholt)* Dann laß mich doch bitte auch etwas tun, was sich nicht gehört. Trude, das gibt die richtige Basis für unseren Abend. Wir tun heute alles, was sich nicht gehört. Soll doch Benno endlich mal erfahren, die ganze Clique soll es spüren, daß ich auch einmal etwas tun kann, was sich nicht gehört. Ich mach mich doch lächerlich mit meiner Korrektheit. Doch, doch. Ich bin jetzt in dem Alter, in dem sich die komischen Züge einschleichen wollen. Da heißt es aufpassen, Trude. Dem Neumerkel haben sie in der Sechsten einen Hamster auf die Tafel gemalt, der ihm wirklich ungeheuer ähnlich sah. Neumerkel hat aber auch so etwas von einem Hamster. Und er nimmt sich nicht zusammen. Also merkt man's.

TRUDE Soll ich anrufen, Felix.

FELIX Trude! Soll sich der schöne Benno doch auch einmal den Kopf zerbrechen über mich. Wo bleibt denn der Felix? Und Trude? Ja, sowas. Die sind doch zuverlässig wie die Quarzuhr.

(Scharf) Hat er gesagt, Trude, wörtlich.

TRUDE Das ist doch nichts Schlimmes?

FELIX Sein Ton. Du mußt seinen Ton mithören. Jetzt soll der

feine Benno mal sehen, daß ich nicht immer auf dem Stühlchen steh und warte, bis es ihm paßt. Vielleicht kommt er dann drauf, daß er mich nicht einfach beleidigen kann, so immer wieder einmal, im Lauf der Jahre, andauernd bloß auf mir herumhacken. Ich bin doch nicht dem seine Witzfigur. Verstehst du das, Trude?

TRUDE *(hat aufgehört, ihre Nägel zu bearbeiten)* Wir sind befreundet mit Benno, denk ich.

FELIX Daran seh ich, wie ich gestellt bin mit dir. Du würdest hinrennen, bloß daß der seine Statisten hat.

TRUDE Felix! Was ist passiert zwischen euch? Er war doch wirklich dein Freund, Felix.

FELIX Mein Freund! Und wenn wir hingehen und er stellt mich seiner Dingsda, dieser Neuerwerbung vor, ich hör ihn schon, wie er sagt: darf ich dich bekannt machen, das ist unser Felix, Herr Doktor Felix Fürst, Erdkunde und Geschichte, aber Geschichte will er abstoßen, unser Felix, ist so ne fixe Idee von ihm, Erdkunde soll Hauptfach werden, ach bitte, Felix, fang erst in einer halben Stunde davon an, meine junge Frau muß sich zuerst an alles gewöhnen. Und wenn er das gesagt hat, kassiert er euer Grinsen und du grinst mit, weil du für diesen Kampf zu naiv bist, du spürst nicht die Beleidigung. Überhaupt ist es von dir als Frau schon eine erschütternde Geschmacklosigkeit, heute dabei sein zu wollen. Denk an Regina, die jetzt draußen im Reihenhäuschen sitzt. Was meinst du, was Regina sagt, wenn sie hört, wir sind hingegangen, haben gleich Freundschaft gemacht mit der Neuen, wo doch die schuld ist, daß er Regina hinausgeworfen hat, einfach hinaus, ab ins Reihenhäuschen, ausbezahlt, wie eine Köchin. Und wir gehen hin, rufen Vivat! Die Gattin ist tot. Es lebe die Gattin. Was! Dabei warst du mit Regina enger als ich. Leider muß ich sagen: wir können da nicht hin! Leider. Ich hätte es lieber von dir gehört. Das wäre ein Beweis gewesen von Solidarität. Treue. Oder einfach Würde. Ein bißchen Würde, Trude.

TRUDE Felix, du hast Streit gehabt mit Benno? Immer frißt du alles in dich hinein. Also erfahr ich nichts, reagier falsch, und das verletzt dich. Mein armer, armer Felix. Aber du bist auch wie die Maus, bevor es nicht ganz schlimm wird, gibst du keinen Ton.

FELIX Ich geh da nicht mehr hin, Trude. Begreifst du das. Nie mehr. Unser guter Felix! Diese ... diese seidenen Sätze, die er dir um den Hals wirft, daß du erst ganz zuletzt merkst, wenn du schon keine Luft mehr kriegst, es war wieder eine Schlinge. Da nimmt er sie aber schon wieder zurück und sagt allen Zuhörern: da schaut, ich bring ihn ja gar nicht um, ich laß ihn doch leben, unseren guten Felix. Trude, ich brauch dich jetzt.

TRUDE *(genießerisch)* Mhmmm. Das duftet. Felix. Das duftet nach Gelegenheit. Mein Felix braucht mich. Das müßte man ausnützen. Schließlich mußt du mir heute was bieten, wenn du verlangst, daß wir hierbleiben, Felix!

FELIX *(dachte an etwas anderes)* Mengel sagt, dem hat er sie natürlich gleich vorstellen müssen, der sagt, diese Neue sei eine ganz gut aussehende, eine enorm gut aussehende Person. Du weißt ja, wie Mengel sich ausdrückt. Und damit will Benno jetzt natürlich triumphieren über uns. Darauf hat er's abgesehen.

TRUDE Ach Gott, er ist Architekt, ich weiß nicht, was du da verlangen willst, Felix. Er ist nun einmal aufs Äußerliche.

FELIX Aber mich soll er in Ruhe lassen, Trude. Für immer. Soll er dieses Ding, das enorme Weibsbild, soll er doch machen mit ihr, was er will. Was er will! Aber mich soll er verschonen. Und dich auch. Wir machen ihm nicht die Gaffer, bloß daß er triumphieren kann. Zuerst vor uns triumphieren und dann noch über uns. So hat er das geplant. Einen zweifachen Triumph will er feiern.

TRUDE Wieso jetzt zweifach?

FELIX Trude, schau: erster Triumph, wir sollen ihn bewundern, weil die Neue so ... so enorm ist, und daß sie so enorm ist, das spürt er ja erst, wenn wir dabei sind und Wirkung zeigen. Zittrige Hände bekommen und Keksbrösel ins Weinglas fallen lassen und jeder wild stotternd eine Rede halten will. Das ist sein Triumph Nummer eins. Nummer zwei: er zeigt der enormen Neuen, daß er über uns steht, Witze machen kann über uns, und wir lachen noch dazu, das heißt, er zeigt ihr, daß er selber auch enorm ist, daß sich also zwei Enorme gefunden haben. Dazu braucht er uns. Nur dazu. Hast du mich jetzt?

TRUDE Sowas könnte sich der schlimmste Feind nicht ausdenken, Felix.

FELIX Könnte er auch nicht. Ein Feind kennt dich ja viel zu wenig. Der Freund dagegen, verstehst du, der kennt die Stellen. Die diesbezüglichen Stellen. Der weiß, wo ansetzen. Einfach, weil er sich auskennt. Aber Gott sei Dank ist unser enormer Benno auch enorm blind. Er unterschätzt uns. Ich hoffe das, Trude. Er glaubt, er hat uns in der Hand. Er glaubt, wir sind auf ihn angewiesen. Das ist sein Fehler. Wie ich dir doch ganz klar bewiesen habe, braucht er uns! Also ist er in unserer Hand! Und das wird er spüren. Wenn du mitmachst. Neumerkel und Mengel habe ich informiert. Sie machen mit.

TRUDE Das ist ja eine richtige Verschwörung, Felix.

FELIX Gerechtigkeit ist das, Trude, endlich ein Ausgleich.

TRUDE Aber warum so hinten herum, das gefällt mir nicht.

FELIX Es ist jetzt nicht der Augenblick, über Methoden zu diskutieren. Du spürst einfach nicht, was auf dem Spiel steht. Du willst nicht mitmachen, du, meine Frau! Neumerkel und Mengel und Frau Neumerkel und Frau Mengel, die machen mit, aber meine Frau krittelt an Äußerlichkeiten herum! Trude, weißt du denn, wie dieser Herr über dich spricht! Das habe ich immer in mich hineingefressen. Ich habe gedacht, es belastet unser Verhältnis zu ihm, wenn du es weißt. Immer, wenn ich wieder was hörte, hab ich es dir einfach verschwiegen.

TRUDE Was hat er gesagt?

FELIX Mehr als ich wiederholen mag.

TRUDE Ich will wissen, was er gesagt hat!

FELIX Ach, alles Mögliche. Daß du eben doch eine Hausfrau seist. Einmal hat er zu Mengel gesagt: sie soll ja auch mal in Hals-Nasen-Ohren praktiziert haben, aber dann hat sie es offensichtlich vorgezogen zu heiraten.

TRUDE So hat er das nicht gesagt.

FELIX Trude, ich schwör dir ...

TRUDE Ich weiß doch, er hat gesagt ...

FELIX Es ist ja auch ganz egal, was er gesagt hat, der Ton, Trude, du hast kein Gehör für seinen Ton, darum trennst du dich in dieser Lage von mir. Das gibt ihm seine Macht über uns! Wenn du mir hilfst und wir bleiben zu Hause, dann ist er erledigt. Das haben wir in der Hand, Trude. *(Er geht dicht zu ihr hin.)* Wenn du mich jetzt nicht hängen läßt.

TRUDE Ich begreife. Ja, allmählich begreife ich.

FELIX *(verfrüht)* Trude!

TRUDE Wie ich mit dir dran bin. Das begreife ich. Ganz hübsch, was da herauskommt, wenn du mal so ein bißchen aus dir herausgehst. *(Sie ist aufgestanden und weggegangen, er folgt ihr.)* Rühr mich nicht an. Wirklich ganz hübsch. Du hast dich nämlich ganz schön verplappert. Oder kannst du mir erklären, warum wir nicht einfach hingehen und deinem Benno zeigen, daß er das mit uns nicht machen kann? Warum gehen wir nicht hin und versauen ihm seinen Triumph an Ort und Stelle. Ich sag dir warum! Weil du eine ganz kleine Nummer bist. Du weißt schon, bevor du dieses Weibsbild gesehen hast, daß du's nicht aushältst, daß dir vor Neid das Maul abstirbt und du gelb und grün wirst im Gesicht. Das heißt also: ich bin überhaupt nichts. Diese Person, die Enorme, die schlägt mich aus dem Feld, bevor sie überhaupt auf der Bildfläche erscheint! Das heißt es doch!

FELIX Trude ...

TRUDE Und daß du's weißt, ich geh hin.

FELIX Und machst dich lächerlich vor dieser Person.

TRUDE Die halt ich aus.

FELIX Mengel sagt, sie sei vierundzwanzig.

TRUDE Na und?

FELIX Das wollte ich dir ersparen.

TRUDE Es gibt noch mehr Vierundzwanzigjährige.

FELIX Aber nicht so nah. Bei uns. In unserem Kreis. Das ist doch ein Unterschied. Jetzt auf einmal, den ganzen Abend, zwischen uns eine ... eine so junge Person.

TRUDE Die möcht ich erst einmal sehen. Reden möcht ich mit der. Darum geh ich hin.

FELIX Und blamierst dich und mich.

TRUDE Du blamierst dich. Jetzt schon. Hier. Vor mir. Aber das ist dir egal. Wie du dastehst vor mir. Hat die Neue noch nicht gesehen und hat schon weiche Knie. Flattert vor Angst. Das sollte ich Benno erzählen, wie du hier herumzitterst.

FELIX Bitte. Bitte geh. Ich tat es um deinetwillen. Aber bitte, geh hin, schildere denen so richtig, wie ich hier herumflattere, das gibt Stimmung. Viel Vergnügen.

(Das Telephon klingelt.)
(Felix geht langsam hin.)
Fürst. Ach, Benno. *(Er spricht überlegen, man merkt, was er jetzt sagt, hat er lange vorher bedacht.)* Du wartest! Das kann ich mir vorstellen. Das hoff ich sogar, daß du wartest. Es wäre denn doch nicht sehr liebenswürdig, wenn du dir Gäste einlädst und dann würdest du nicht einmal warten auf sie. Ja, wir sind noch zu Hause. Du kannst dir denken, wie es zugeht hier. Ich renn nach dem Hemd und merk nicht, daß Trude hinter mir herrennt, das Hemd in der Hand. Sicher seid ihr schon in guter Stimmung, Neumerkel, Mengel und ..., aach, ach nein, hörst du, Trude, wir können noch die ersten sein, Trude. Jetzt aber vorwärts. Also Benno, nicht zuviel Vergnügen, bevor wir nicht bei euch sind.
(Er legt auf.)

TRUDE *(rafft Tasche und Stola)* Dann aber schnell, Felix. Wenn wir vor den anderen eintreffen, sind wir im Vorteil für den ganzen Abend.

FELIX *(wählt eine Nummer)* Ja, Mengel. Hier Fürst. Es bleibt doch dabei. Und wie. Man muß nur zu Hause bleiben und schon blüht der Abend auf. Na bitte. Meine Frau ist sozusagen ganz ... ganz ... Na sehen Sie. Alsdann, weiterhin viel Vergnügen. Bitte, das gleiche für die Ihre. *(Legt auf.)*

TRUDE Das heißt, wir gehen doch nicht.

FELIX Ich kann dich nicht hindern, Trude. Dann sieht jeder, wir sind die einzigen, die es nicht aushalten einen Abend lang allein miteinander in ihrer Wohnung zu sein. So ist es ja auch. Du hältst es einfach nicht aus. Also bitte, geh schon. Du kannst mich ja entschuldigen dort. Mit ... Unpäßlichkeit. Kopfweh. Oder Masern. Falls dir das die Pointe liefert, die du brauchst.

TRUDE Felix, laß mich doch zuerst ... Ich muß doch zuerst umdenken. Weil ich mich freute. Mit dir. Dort. Unter Leuten, die ich für Freunde hielt. Und du kauftest mir plötzlich diese schrecklich teuren Ohrringe. Ohne daß Geburtstag ist oder wenigstens Weihnachten. Ich dachte, es soll ein ganz besonderer Abend werden. Schließlich hast du noch nie so viel Geld ausgegeben einfach für Schmuck. Jetzt will man ihn zeigen, und plötzlich darf man nicht. (...)

TRUDE Vielleicht sollten wir ... wenn du auch der Ansicht bist ... also ich hätte Lust auf einen Schluck Cognac. Was meinst du? Das würde sicher nichts schaden. *(Sie holt aus dem Getränkefach Flasche und Gläser.)*

FELIX Ach Gott, ja. Warum eigentlich nicht. Ich brauch zwar keinen Alkohol jetzt. Du bist da. Wenn ich dich anschaue, Trude. Die Ohrringe, dein Kleid. Deine Figur, Trude. Ein Hellseher, wer dir zwei Kinder ansieht. Prost, Trudchen. Auf unseren Abend.

TRUDE Zum Wohl, Felix.

FELIX Stell dir vor. Mengel sagt, die Neue, diese Neuerwerbung von Benno, die Dummheit soll ihr bloß so aus den Augen leuchten, sagt Mengel.

TRUDE Und Mengel ist Maler!

FELIX Ja, es muß schon ziemlich arg sein. Prost, Trude.

TRUDE Zum Wohl, Felix.

FELIX Nun stell dir vor, Benno sitzt mit ihr in seiner geschleckten Wohnung, jahrelang, Abend für Abend. Das Leben findet ja abends statt. Oder kann er etwa jeden Abend ins Kino? Nein. Jeden Abend Gäste? Auch nicht. Also sitzt er viele viele Abende mit ihr, vor ihr, sie vor ihm, von mir aus sollen sie nebeneinander sitzen, Trude, bitte, sollen sie doch, aber können sie einander ununterbrochen streicheln? Das halte ich für ausgeschlossen. Soviel gibt keine Haut her. Die Hand wird ihm einschlafen, früher oder später. Also, was müssen sie tun? Mit einander sprechen. Irgendwann geht es nicht mehr ohne Gespräch. Und siehe da, es klappt nicht. Er kann ja nicht reden mit ihr. Mengel sagt, reden, das ist nicht ihr Fall. Mit Regina konnte er doch reden. Die hatte eine wetterfeste Bildung. Und jetzt sitzt er neben dieser Person und sie sitzt neben ihm. Ja, glotzt einander nur an. Fisch bei Fisch. So ist das, wenn man nichts anfangen kann miteinander. Mein Gott, Trude, ich kann wirklich froh sein an dir.

TRUDE Prost, Felix.

FELIX Auf dein Wohl, Trude.

TRUDE Auf unseren Abend.

FELIX Auf unseren tollen Abend.

(Sie trinken, beobachten einander.)

FELIX Ex, Trude, ex!

(Beide strengen sich an, trinken aus, Trude schüttelt sich. Felix beherrscht sich.)

FELIX Hat der ein Glück, daß wir nicht gekommen sind. Was meinst du, wie ich dem sein hohles Glück zerstäubt hätte. Jawohl zerstäubt.

TRUDE Ich glaube, mir hätte sie bloß leid getan. Stell dir vor, so im Gespräch, du erklärst was, und so am Schluß sagst du: das ist eben der archimedische Punkt. Und sie fragt: was für ein Punkt bitte.

FELIX *(lacht künstlich)* Sehr gut, was für ein Punkt, bitte, das ist sehr gut.

TRUDE Oder du sagst nolens volens ...

FELIX Um Gottes Willen, das wär schon wieder eine Peinlichkeit.

TRUDE Nein, ich meine, nolens volens gebrauchst du an so einem Abend doch Ausdrücke wie nouveau roman ...

FELIX Und sie hält's für Parfum. *(Lacht noch mehr.)*

TRUDE Und wenn du nicht auskommst ohne Metamorphosen ...

FELIX Wird sie rot, denn sie hält's für obszön.

(Die Heiterkeit schwillt hoch, flaut aber rasch ab.)

TRUDE Falls wir je auf sie treffen, Felix, laß uns nachsichtig sein. Sie kann ja nichts dafür.

FELIX Aber er.

TRUDE Ich fürchte, du hast Benno immer überschätzt.

FELIX Prost, Trude, Ex.

(Sie trinken aus.) (...)

(Das Telephon läutet.)

FELIX *(spricht unterdrückt, weil er nicht will, daß Trude alles versteht)* Ja. Am Apparat. Ja, Herr Mengel, hat er, und wollte uns zur Eile mahnen. Ich hatte den Eindruck, er war schon ganz schön am Zappeln. Ich und einlenken. Lieber Mengel! Dann rufen Sie also an, weil Sie dachten ... Wissen sie, daß mir das richtig weh tut. Doch, doch, in dieser Lage ist Mißtrauen eine Beleidigung. Ein Mann, Herr Mengel, wie selten zeigt sich das noch, daß einer ein Mann ist. Und heute abend, wo es bewiesen werden kann, das erste Mal seit wir uns kennen, da zweifeln Sie ... das hoff ich lieber Mengel. Und falls es Ihnen zu Hause zu ... zu ruhig werden sollte, oder Sie haben gerade nicht den richtigen Tropfen im Haus, bitte, Sie wissen, bei mir ... ja, ja, ja, bei uns auch, meine Frau ist ganz ... so ist es. Danke. Danke gleichfalls. Und falls Ihnen doch noch Zweifel kommen, rufen Sie mich an, ja! Alles hängt jetzt ab von unserer Solidarität. Verstehen wir uns da? Danke. Und, bitte, dasselbe für die Ihre. Danke.

TRUDE Mein Felix kommandiert heute ganz schön herum.

FELIX Ach, Trude. (...)

TRUDE Es gibt überhaupt nichts, was du nicht kaputt machen kannst. Und ich kann mich wehren wie ich will. Alles ist jetzt lächerlich. Du. Ich. Ich bin verheiratet mit einer komischen kleinen spießigen Nummer. Auf Lebenszeit. Felix, wie krieg ich dich jetzt wieder zusammen. Daß du was bist. Zum Beispiel ein Mann.

FELIX Falls dich das interessiert: ich hab dich zwar nie betrogen, aber ich habe dir immer viel verschwiegen. Gesagt hab ich nur, was dir gut tun sollte. Das war falsch, ich seh es jetzt. Ein Mann schluckt nicht und schweigt und schont und schont. Ein Mann packt aus. Gut, liebe Trude, ich befrei dich vom Krankenwärter und liefere dir endlich was du brauchst, ein bißchen Mann. Wie muß es dich freuen zu hören, daß ich die Intrige nicht anzettelte, um dich zu schonen, sondern mich. Weil ich nämlich, falls dich das interessiert, die Vierundzwanzigjährige selber gesehen habe. Vorgestern. Ich komm gerade raus vom Juwelier Schrandolf, hatte die Rubine gekauft für dich, da stehen sie vor Schrandolfs Laden, vor seinem Fenster und verlachen die Juwelen, Gold und Brillanten. Die Vierundzwanzigjährige und er. Benno stellte sie mir vor. Wie muß es dich freuen, liebe Trude, dein kleiner spießiger Erdkundelehrer, der doch nur noch darunter leidet, daß Erdkunde kein Versetzungsfach ist, dem die Haare schwinden, der in der Schule Quarzwecker heißt, der dem Tag entgegensieht, da er keinen komischen Zug mehr unterdrücken kann, dieser fast schon endgültig karikierte und durch und durch komische Erdkundelehrer empfand die Vierundzwanzigjährige als einen Schlag, dem er nichts entgegenzusetzen hatte als eine Intrige. Nicht dich wollte ich schützen vor ihr. Nur mich, liebe Trude. So hat die Vierundzwanzigjährige deinem Felix zugesetzt. Und Felix fühlte sich fast als Mann. Benno hat Haare, sagst du, gut, er hat Haare. Benno ist ein Mann. Also ist er kein Krankenwärter. Also wirft er Regina hinaus. Rennt auf den Tennisplatz. Läßt sich massieren. Heiratet die Vierundzwanzigjährige. Die größer ist als du, falls dich das interessiert. Wie muß es dich freuen zu hören, daß ich, seit ich die Vierundzwanzigjährige sah, nichts mehr möchte als sie. Schultern hat sie, wie Flußbasalt, der seit achtundachtzigtausend Jahren vom Gebirgswasser gerundet und gehätschelt wird, falls dich das interessiert. Alles an ihr ist vierundzwanzig. Trude. Jedes Haar, jeder Zahn und Fingernagel, die Ohrläppchen, die sie nackt zeigt, wie sie sind, fast ein bißchen geschwollen, so blühend rund nach unten hin. Und ich hatte gerade die Rubine gekauft. Jetzt waren's Kieselsteine. Benno sieht natürlich sofort, daß mich die Vierundzwanzigjährige sozusagen verbrennt. Er sieht, daß ich es verheimlichen will, daß ich heuchle, daß ich rasch was

George Grosz:
aus dem »Spießer-Spiegel« (1925)

ganz Unerschüttertes sage, was total Verlogenes. Ich kann ja nicht, wie er sie hinstellt vor mich, als sein prächtiges Eigentum auf höchsten Beinen, mit einer Brust, zu der man hinaufbellen möchte, da kann ich ja nicht einfach aufschreien. Benno zeigt mir auch sofort und unverschämt, daß er mich durchschaut, klopft mir auf die Schulter, der junge General dem alten Invaliden, und sagt, wir sähen uns ja heute abend wieder, sagt es, als sagte er: da darfst du sie ja wieder ein paar Sekunden lang anstarren und dir abzwacken, soviel du mit den Augen abzwacken kannst. Zwischen uns aber steht sie, sein Eigentum, und entblößt plötzlich alle Zähne, falls dich das interessiert. Ich rede rasch was, daß sie noch nicht gehen. Ich bin achtundvierzig und schon achtundfünfzig, und gleich achtundsechzig, laßt mich jetzt nicht stehen und geht weg, einander an den Hüften reibend, sagt mir ruhig ins Gesicht, es ist spießig, achtundvierzig zu sein und sich weiden wollen, zittern vor Begierde, aber nichts zugeben. Ich komm mir trotzdem ganz menschlich vor in dem Augenblick, das menschlichste Wesen, das ich kenne, weil ich soviel verbergen muß und nicht weiß wie. Aber da lachen schon beide und gehen einfach weg von mir. Solang ich sie sehen kann, reiben sie mit den Hüften aneinander. Falls dich das interessiert. Wie muß dich das freuen, liebe Trude, dein komischer Felix entdeckt plötzlich, rundherum wimmelt es von Vierundzwanzigjährigen. Und Felix fühlt sich fast als Mann. Falls überhaupt noch, denkt er, dann mit denen. Hier gilt, was bewußtlos macht. Und das bist nicht du. Das sind sie. Die jungen Geschöpfe. Vollkommen wie ein guter Industrieartikel. Die qualifizierte erotische Norm. Was darunter bleibt, kommt nicht in Frage. Für einen Mann. Und fühlt sich dein Felix als der Mann, den du verlangst, dann sagt er sich: für zu Hause bleibt nichts als Hygiene. Das wär natürlich noch möglich, liebe Trude. Wir verrichten das als was Hygienisches. Wie Fingernägelschneiden. Als einen Akt der Körperpflege. Du schweigst, Trude. ich mache dich darauf aufmerksam, daß du schweigst. (...) Die Fenster klirren, so schweigst du. Du willst mich kaputtschweigen. Kurz und klein schweigen willst du mich. Bin ich nun ein Mann oder bin ich keiner? Ich bin keiner. Es ist wahr. Es fehlt der Betrug. Die Scheidung. Das schaff ich nicht. Dich verlassen. Als wärst bloß du bald fünfzig. Als wär's deine persönliche Schuld. Die Kinder sind aus dem Haus, also was bindet uns noch? Komisch, sobald ich denk, du bleibst allein zurück, da sträubt sich was. Ich will es nicht gleich Liebe nennen. Zaghaftigkeit, das wird es sein. Ich bin eben kein Mann. Schweig nur weiter. (...) Ein Jämmerling. Oder wie du das sagst: ein Erdkundelehrer. Du willst mich also kaputtschweigen, gib's zu. Oder bist du einfach zerschmettert. Bitte, du hast mich ja auch zerschmettert. Also mußte ich beweisen: ich kann dich auch zerschmettern. Sonst sagst du gleich wieder, ich bin kein Mann. Die Ehe ist nun mal eine seriöse Schlacht. Nein, nein, eine Operation. Zwei Chirurgen operieren einander andauernd. Ohne Narkose. Aber andauernd. Und lernen immer besser, was weh tut. So, jetzt ruf ich das Nervenkrankenhaus an und frage, was man mit einer stummen Frau macht. Oder ich ruf Regina an. Die sitzt auch allein. Komm, Trude laß uns ganz scheinheilig was Gutes tun. Wir sagen: schau uns an, Regina, wir sind nicht hingegangen. Wir haben der Neuen die diplomatische Anerkennung verweigert. Ach sieh an, es schüttelt dich vor Verachtung. Sag es doch, was du denkst. Was dein Benno sagt: Dein Mann ist ein Spießer. Sag es doch, Trude. Du ziehst es vor, mich kaputt zu schweigen. Es wird dir nicht gelingen. Der Spießer ist zäh. Aber er ist nicht grausam, Trude. Leider, das ist er nicht. Gut, ich rede mal so hin an dich. Aber es tut mir doch genauso weh wie dir. Trude, hörst du? Hörst du! Unter dem Vorwand, die Wahrheit zu sagen, gestatten wir uns jede Gemeinheit. Wenn das die Wahrheit ist, Trude, dann laß uns wieder lügen.

(1967)

WOLF WONDRATSCHEK

Über die Schwierigkeiten, ein Sohn seiner Eltern zu bleiben

Das begann alles viel früher, das hört auch nicht so schnell auf. So ist es immer. Vater war nicht Donald Duck. Auch in der Badehose sah er nicht aus wie Robinson. Für Karl May und Tom Prox hatten wir nicht den passenden Garten. Ich wurde zwar rot, aber kein Indianer.

Ich habe gesehen, wie ich keine Schwester bekam, ich bekam Schläge. Aber ich habe gelernt, mich zwischen Frühstück, Schule und Tagesschau zurechtzufinden.

Ich wußte nie, wie den Eltern zumute war, wenn sie sagten, ihnen sei gar nicht zum Lachen zumute. Ich zog bald weg von zuhause.

Als Kind war ich ein Spielverderber. Mutter sagte dann, das hätte ich von Vater geerbt. Vater behauptete das Gegenteil. Ich hatte dann immer das Gefühl, daß wir doch alle irgendwie zusammengehören.

Vater zeigte mir, woher der Wind wehte. Ich hatte eine stürmische Jugend. Wenn wir von Krieg reden, sagt Mutter, wir können von Glück reden.

Ich denke an das Leben, sagt Vater, wenn er an mich denkt. Ich denke, du solltest dir mal Gedanken machen. Mutter ist die Frau von Vater. Auch sie denkt, ich sollte mir endlich Gedanken machen. Und ich denke nicht daran.

Vater: ein strenges Labyrinth. Mutter: der Ariadnefaden. Ich begreife das heute noch nicht.

Als das Einfamilienhaus fertig war, war ich mit der Familie fertig. Früher ging ich einfach ins Kino. Ich hatte Freunde. Aber das sind keine Lösungen. Auch eine Freundin ist keine Lösung.

Mutter weinte manchmal. Vater schrie manchmal. Auch Mutter schrie manchmal. Aber Vater weinte nie. Als ich sah, wie Vater den Hut vom Kopf nahm, um seinen Feinden die Stirn zu zeigen, wurde ich erwachsen.

Freitags Fisch. Samstags Fußball. Sonntags Familie. Vater

raucht, als gehe es um sein Leben. Mutter legt eine Patience. Ich habe drei Brüder. Morgen ist Montag.
Ich erzähle einen schlechten Witz. Vater kann nicht lachen, weil Fritz erst 16 ist. Mutter wird nicht rot. Sie hat Geburtstag.
Ich werde oft gefragt, ich frage mich oft selbst. Aber es ist nicht zu ändern. Wir sind tatsächlich perfekt. Vater ist Beamter, Mutter Hausfrau, ein Bruder Oberleutnant, ein anderer Automechaniker, wieder ein anderer einfach Student.
Mutter sagt, nimm endlich mal die Hände aus den Hosentaschen, tu endlich mal was Gescheites, endlich mal sagt sie gern, das ist einer ihrer Lieblingsausdrücke, besinn Dich endlich mal, wie es jetzt weitergehen soll, so jedenfalls kann es unmöglich weitergehen, kauf Dir endlich mal einen Kamm, kämm Dich endlich mal, schau endlich mal in den Spiegel und schau, wie Du aussiehst, früher hast Du anders ausgesehen, sie sagt mein Gott, geh endlich mal zum Frisör, die Haare hängen Dir ja schon über den Hemdkragen hinaus, hast Du Deine Schulaufgaben gemacht, hast Du gelernt? Ja, ich habe schon als Kind gelernt, daß der liebe Gott ein Frisör ist. Neben dem Klingelknopf ist ein Namensschild montiert. Damit sind wir alle gemeint.
Es kommt vor, daß wir alle einmal zur gleichen Zeit im Wohnzimmer sitzen. Das kommt natürlich nicht sehr häufig vor, aber dann geschieht, was auch in den besten Familien vorkommt, es gibt Krach! Jeder schreit, jeder ist im Recht, keiner weiß, worum es geht. Aber darum geht es ja nicht. Mutter schließt schnell die Fenster. Vater beruhigt den Hund. Ich sehe Tiger an der Decke.
Vater ist wer. Jeder ist, wie er eben ist. Aber dafür sind die Schulferien da.
Der Sonntag ist so etwas wie eine höfliche Drohung, eine saubere Sackgasse. An Sonntagen sehen Familien aus, als hätte man sie auf dem Friedhof zusammengeklaut. Es ist schwierig, ein Sohn seiner Eltern zu bleiben. Die Familie ist eine Bombe mit roten Schleifchen.
An Weihnachten nehmen wir uns zusammen. An Weihnachten gelingt uns nahezu alles. Wir trinken Sekt und da ist nichts zu befürchten, weil wir anstoßen müssen bei Sekt. Die Kinder werden kurzerhand wieder Kinder. Vater fühlt sich als Großvater. Draußen ist es dunkel. Weihnachten hat nichts mehr mit

Harald Duwe: Am Sonntagnachmittag (1956)

Schnee zu tun. Mutter wird auch nächstes Jahr keinen Persianer bekommen.
Sonnenuntergänge und Feiertage geben uns immer wieder das Gefühl, daß alles nicht so schlimm sein kann. Wir glauben wieder an Kalbsbraten und selbstgedrehte Nudeln. Der Hund bellt die Umgebung leer und frißt aus der Hand. Auch das ist eine Version.
Vater führt an der Leine. Er ist Herrchen im Haus.
Die Wiederholung ist das Gegenteil. Unsere Fehler entsprechen unserer Imitation. Fritz heißt Fritzchen und denkt an die Chinesen. Ich mache mir einen Reim auf das Ende vom Lied.
Wir sitzen künstlich und vollzählig in den Polstergarnituren. Der offene Kamin sorgt für Nestwärme. Das Beste wäre, Mutter hätte jeden Tag Geburtstag.
6 Personen sind schon ein Trost. Wir wechseln ab. Einer wehrt sich dagegen, daß gerade der andere recht hat. Dieses Muster gilt. Die Opfer können sich am nächsten Tag als Angreifer erholen. Wenn Gäste kommen, erfinden wir Italien im Garten. Wir verstehen keinen Spaß.

(1968)

FRITZ ZORN

Ich bin jung und reich und gebildet, und ich bin unglücklich, neurotisch und allein

Ich bin jung und reich und gebildet; und ich bin unglücklich, neurotisch und allein. Ich stamme aus einer der allerbesten Familien des rechten Zürichseeufers, das man auch die Goldküste nennt. Ich bin bürgerlich erzogen worden und mein ganzes Leben lang brav gewesen. Meine Familie ist ziemlich degeneriert, und ich bin vermutlich auch ziemlich erblich belastet und milieugeschädigt. Natürlich habe ich auch Krebs, wie es aus dem vorher Gesagten eigentlich selbstverständlich hervorgeht. Mit dem Krebs hat es nun aber eine doppelte Bewandtnis: einerseits ist er eine körperliche Krankheit, an der ich mit einiger Wahrscheinlichkeit in nächster Zeit sterben werde, die ich vielleicht aber auch überwinden und überleben kann; anderseits ist er eine seelische Krankheit, von der ich nur sagen kann, es sei ein Glück, daß sie endlich ausgebrochen ist. Ich meine damit, daß es bei allem, was ich von zuhause auf meinen unerfreulichen Lebensweg mitbekommen habe, das bei weitem Gescheiteste gewesen ist, was ich je in meinem Leben getan habe, daß ich Krebs bekommen habe. Ich möchte damit nicht behaupten, daß Krebs eine Krankheit sei, die einem viel Freude macht. Nachdem sich mein Leben aber nie durch sehr viel Freude ausgezeichnet hat, komme ich nach prüfendem Vergleich zum Schluß, daß es mir, seit ich krank bin, viel besser geht, als früher, bevor ich krank wurde. Das soll nun noch nicht heißen, daß ich meine Lage als besonders glückhaft bezeichnen wollte. Ich meine damit nur, daß zwischen einem sehr unerfreulichen Zustand und einem bloß unerfreulichen Zustand der letztere dem ersteren doch vorzuziehen ist.

Ich habe mich nun dazu entschlossen, in diesem Bericht meine Erinnerungen aufzuzeichnen. Das heißt, es wird sich hier weniger um Memoiren im allgemeinen Sinn handeln, als vielmehr um die Geschichte einer Neurose oder wenigstens einiger ihrer Aspekte. Es wird also nicht meine Autobiographie sein, die ich hier zu schreiben versuche, sondern nur die Geschichte und Entwicklung eines einzigen, wenn auch bis heute beherrschenden Aspektes meines Lebens, nämlich des Aspektes meiner Krankheit. Ich will versuchen, mich an möglichst viel zu erinnern, was mir für diese Krankheit seit meiner Kindheit typisch und bedeutsam scheint.

Wenn ich mich nun also an meine Kindheit erinnern soll, so will ich zuerst sagen, daß ich in der besten aller Welten aufgewachsen sind. Dem verständigen Leser wird es nach dieser Bemerkung sogleich einleuchten, daß dann die Sache notwendigerweise schief herauskommen mußte. Nach allem, was man mir über mich erzählt hat, muß ich ein sehr liebenswürdiges, lebhaftes, fröhliches und sogar strahlendes Kind gewesen sein; es läßt sich also leicht vermuten, daß ich eine glückliche Kindheit verlebt habe. Anderseits kommt mir hier ein Artikel aus der psychologischen Seufzerecke einer Zeitschrift in den Sinn, worin es um einen jungen Mann ging, der mit seinem Leben durchaus nicht fertig werden konnte, nicht aus und ein wußte und sich nicht fähig fühlte, sein Leben zu meistern, was um so erstaunlicher sei, als er eine sehr glückliche Kindheit verlebt habe. Der Kommentar des psychologischen Briefkastenonkels dazu war sehr einfach gewesen: Wenn der betreffende junge Mann sich jetzt außerstande fühle, sein Leben zu bewältigen, so sei unzweifelhaft auch seine Kindheit nicht glücklich gewesen. Wenn ich aber nun bedenke, wie ich bis heute mein Leben bewältigt oder vielmehr nicht bewältigt habe, so kann ich nur vermuten, daß auch meine Kindheit nicht glücklich gewesen sein kann.

Ich kann mich freilich kaum an besonders unglückliche Einzelheiten aus meiner Kindheit erinnern; alles was mir von meinen Kinderjahren geblieben ist, sieht im Gegenteil meist ganz glücklich aus, und ich hielte es für übertrieben, aus einzelnen Fällen kindlichen Kummers jetzt ein Aufheben zu machen, das ihnen nicht zukommt. Nein, es ging eigentlich immer alles gut und sogar zu gut. Ich glaube, das war gerade das Schlimme: daß immer alles allzu gut ging. Ich bin in meiner Jugend von fast allen kleinen Unglücken verschont geblieben, und vor allem von allen Problemen. Ich muß das noch genauer ausdrücken: ich hatte nie Probleme, ich hatte überhaupt keine Probleme. Was mir in meiner Jugend erspart wurde, war nicht das Leid oder das Unglück, sondern es waren die Probleme und somit auch die Fähigkeit, sich mit Problemen auseinanderzusetzen. Man könnte es paradoxerweise so sagen: Eben daß ich mich innerhalb der besten aller Welten befand, das war das Schlechte; eben daß in dieser besten aller Welten immer alles eitel Wonne und Harmonie und Glück war, das war das Unglück. Eine ausschließlich glückliche und harmonische Welt kann es doch gar nicht geben; und wenn meine Jugendwelt eine solche nur glückliche und harmonische Welt gewesen sein will, so muß sie in ihren Grundformen falsch und verlogen gewesen sein. Ich will es also einmal so zu formulieren versuchen: nicht in einer unglücklichen Welt bin ich aufgewachsen, sondern in einer verlogenen. Und wenn eine Sache nur recht verlogen ist, so braucht man auf das Unglück auch gar nicht lange zu warten; das kommt dann schon ganz von selbst.

Hier will ich noch einen Hinweis zum chronologischen Aufbau meiner Jugenderinnerungen einschieben: ich fürchte, die zeitliche Aufteilung wird in diesem Bericht fast ganz fehlen. Ich werde nämlich weniger von einzelnen Erlebnissen erzählen (die man ja ohne weiteres in einer chronologischen Reihe aufeinander folgen lassen könnte), sondern mir eher über verschiedene Bewußtseinsstufen klar zu werden versuchen, bei denen ich mich meist nicht mehr erinnern kann, wann es sich um ein bloßes Ahnen, wann um eine mehr oder weniger nebulose Entwicklung und wann um eine Gewißheit gehandelt hat. Außerdem wäre ich in meinen Jugendjahren noch gar nicht fähig gewesen, meine Eindrücke zu formulieren und mir meiner Reaktionen bewußt zu werden. Viele Dinge werde ich darum heute ganz anders zeitlich zusammenstellen, als ich es getan hätte, als ich diese Dinge wirklich erlebte, und kann daher von einer Menge Einzelheiten heute nicht mehr sagen, in welches Lebensjahr sie tatsächlich gefallen sind.

Das wichtigste Motiv meiner Jugendwelt ist sicher die Harmonie, von der ich schon gesprochen habe. Von den eigentlichen Kinderjahren – oder Nur-Kinder-Jahren – will ich hier Abstand nehmen, um nicht Gefahr zu laufen, etwas in meine Kindheit hineinzuprojizieren, das mir eher wahrscheinlich und plausibel scheint, als daß ich mich konkret zu erinnern vermöchte, daß ich es tatsächlich erlebt habe. Es soll also gleich von der Welt die Rede sein, wie ich sie als kleiner Junge erlebte. Diese Welt war nun eben über alle Maßen harmonisch. Den Begriff der Harmonie kann man hier nicht total genug verstehen. Ich bin aufgewachsen innerhalb einer so vollkommen harmonischen Welt, daß selbst den ausgepichtesten Harmoniker darob noch das große Grausen packen könnte. Die Atmosphäre meines Elternhauses war prohibitiv harmonisch. Ich meine damit, daß bei uns zuhause alles durchaus harmonisch zu sein hatte, daß alles gar nicht anders als harmonisch sein konnte, ja, daß es den Begriff oder die Möglichkeiten des Unharmonischen gar nicht gab. Man wird hier sogleich einwerfen, daß die totale Harmonie ein Ding der Unmöglichkeit ist, daß es nur Licht geben kann, wo auch Schatten ist, und daß es um das Licht schlecht bestellt sein muß, das von keinem Schatten weiß noch wissen will. Und ich teile diesen Einwand.

Die Hamletfrage, die mein Elternhaus bedrohte, lautete: Harmonie oder Nichtsein. Es mußte alles harmonisch sein; etwas Problematisches durfte es nicht geben – denn dann ging die Welt unter. Alles mußte unproblematisch sein; oder falls es das nicht war, mußte es unproblematisch gemacht werden. Es durfte in allem immer nur eine Meinung geben, denn eine Meinungsverschiedenheit wäre das Ende von allem gewesen. Heute leuchtet mir auch ein, warum eine Meinungsverschiedenheit bei uns zuhause einem kleinen Weltuntergang gleichgekommen wäre: wir konnten nicht streiten. Ich meine damit, daß wir nicht wußten, wie man das tat, streiten; genau so, wie jemand nicht wissen kann, wie man Trompete bläst oder Mayonnaise zubereitet. Wir beherrschten die Technik des Streitens nicht, und darum unterließen wir es, so wie ein Nichttrompeter keine Trompetenkonzerte gibt. Daher waren wir darauf angewiesen, nie in die Situation zu kommen, streiten zu müssen. Die Folgen davon waren katastrophal: Alle waren immer derselben Meinung. Sollte es aber einmal den Anschein haben, als sei dem nicht so, so mußte es sich für uns notwendigerweise um ein Mißverständnis handeln. Es hatte dann nur irrtümlicherweise so geschienen, als liege eine Meinungsverschiedenheit vor; die Meinungen waren nur scheinbar geteilt gewesen, und nach Behebung des Mißverständnisses wurde offenbar, daß alle Meinungen in Tat und Wahrheit identisch waren.

Ich weiß heute, daß ich es in meiner Jugend nicht gelernt habe, eine eigene Meinung zu haben; ich habe nur gelernt, keine ei-

gene Meinung zu haben. Ich habe als Junge und als junger Mann eigentlich auch nie eine Meinung gehabt.
Ich bezweifle, daß ich das Wort »nein« von meinen Eltern gelernt habe (es mag wohl in der Schule einmal in meinen Wortschatz gelangt sein), denn es wurde in meinem Elternhaus nicht gebraucht, da es überflüssig war. Daß man zu allem ja sagte, wurde nicht als lästige Notwendigkeit oder gar als Zwang empfunden; es war ein in Fleisch und Blut übergegangenes Bedürfnis, das als das Natürlichste von der Welt empfunden wurde. Es war der Ausdruck der totalen Harmonie. Im Grunde genommen war freilich das Jasagen schon eine Notwendigkeit (wenn auch keine bewußt empfundene): denn wie furchtbar wäre es gewesen, wenn einmal jemand nein gesagt hätte? Dann wäre unsere harmonische Welt in einen Horizont hineingestellt worden, dem sie sich durchaus nicht gewachsen fühlte, und den sie um jeden Preis »draußen« behalten wollte. So sagten wir eben ja. Vermutlich kann man nicht als Jasager geboren werden, so daß ich mich nicht als den geborenen Jasager bezeichnen kann; aber ich möchte feststellen, daß ich der perfekt erzogene Jasager war.
Wieweit wir – oder vielleicht auch nur: wieweit ich – dieses ewig unausgesprochene Nein als ein Skelett im Schrank empfanden, fällt mir heute schwer zu ermessen. Irgendwie und irgendwann muß sich dieses Skelett doch auch einmal gerührt haben; aber ich kann mich nicht mehr daran erinnern. Es muß wohl ein sehr behutsames Rühren gewesen sein. Meine Eltern dachten ohnehin nicht gern an Skelette und werden wohl auch nicht gehört haben, was sie nicht dachten. Mein eigener Geschmack war viel makabrer als der meiner Eltern; vielleicht habe ich es als kleiner Junge manchmal gehört, ohne mir dessen bewußt zu werden.
Damit im Zusammenhang muß gestanden haben, daß nicht nur das Neinsagen ein Ding der Unmöglichkeit war, sondern daß uns oft auch das bloße Aussagen über alle Maßen schwer wurde. Jeder der etwas sagte, mußte dessen ein bißchen eingedenk sein, daß die anderen auf seine Aussage immer mit ja antworten sollten und wollten, so daß wir aus Zartgefühl alle Aussagen vermieden, auf die den anderen das natürliche Jasagen etwas hätte schwerfallen können. Wenn es galt, ein Urteil darüber abzugeben, wie einem etwas gefallen hatte, etwa ein

Buch, so mußte man, wie beim Kartenspiel, zuerst die möglichen Reaktionen der anderen erwägen, bevor man seine Karte ausspielte, um nicht Gefahr zu laufen, etwas zu äußern, das des allgemeinen Beifalls nicht sicher war. Oder wir hielten mit dem Urteil so lange zurück, bis wir hoffen konnten, daß ein anderer sich zuerst vorwage und seine Meinung zum besten gebe, der wir uns dann beifällig anschließen konnten. Wir warteten also darauf, daß endlich einer die Katze aus dem Sack ließ und die Aussage machte, es sei, zum Beispiel, »schön« gewesen. Darauf fanden wir es alle auch »schön«, sogar »wunderschön« oder »großartig«. Hätte der erste Sprecher aber »nicht schön« gesagt, so hätten wir ihm ebenso beigepflichtet und es auch »gar nicht schön« und sogar »abscheulich« gefunden.
Ich gewöhnte mich daran, kein eigenes Urteil zu fällen, sondern immer nur den Urteilen der anderen beizustimmen. Ich gewöhnte mich daran, nicht selbst die Dinge zu schätzen, sondern immer nur die richtigen Dinge zu schätzen: was die anderen als richtig ansahen, gefiel mir auch, und was die anderen nicht als richtig betrachteten, dem zollte ich auch keinen Beifall. Ich las »gute Bücher«, und sie gefielen mir, weil ich wußte, daß sie »gut« waren; ich hörte »gute Musik«, und sie gefiel mir aus demselben Grund. Was aber »gut« war, bestimmten die anderen und nie ich selbst. Ich verlor jede Fähigkeit zu spontanen Gefühlen und Vorlieben. Ich hatte erfahren, daß klassische Musik »gut«, daß Schlager und Jazz aber »schlecht« waren. Darum hörte ich klassische Musik, wie das meine Eltern taten, und fand es »gut«, und ich verabscheute Jazz, von dem ich wußte, daß er »schlecht« war, obwohl ich noch gar nie Jazz gehört hatte und überhaupt keine Ahnung davon hatte, was Jazz eigentlich war. Ich hatte nur gehört, daß er »schlecht« war, und das genügte mir.
Eine andere zweifelhafte Jugendvorliebe wird mir in diesem Zusammenhang wieder gegenwärtig: die für das »Höhere«, von dem hier auch noch ausgiebig die Rede sein wird. Ich wußte, daß – um bei diesem Beispiel zu bleiben – Jazz schlecht war, beobachtete aber, daß alle meine Klassenkameraden in der Schule, und überhaupt alle Gleichaltrigen, gerne Jazz und gerne Schlager und jede Art von »schlechter« Musik hörten, und kam zu folgendem Schluß: ich hatte eben bereits das »Richtige« gemerkt und war beim »Höheren« angelangt; ich hatte

bereits eingesehen, was gut und schlecht war. Meine etwas zurückgebliebenen Klassenkameraden waren noch auf der Stufe der »schlechten«Musik stehengeblieben, während ich mich bereits zu den Höhen der »guten« Musik emporgeschwungen hatte. Daß ich gar nicht verglichen hatte, daß ich nie zwischen der einen und der anderen Art von Musik gewählt, sondern daß ich blindlings das Vorurteil von der »guten« klassischen und der »schlechten« modernen Musik akzeptiert hatte, war mir vollkommen unbewußt geblieben. Ich war nicht über die Erkenntnis herausgekommen, daß in der Kunst alles Alte grundsätzlich »gut« und alles Moderne grundsätzlich »schlecht« war: Goethe und Michelangelo waren »gut«, denn sie waren tot; aber Brecht und Picasso waren »schlecht«, denn die waren modern. Ich glaubte, ich hätte eine Hürde genommen und mich zum Liebhaber des Klassischen erhoben, wo ich mich in Wirklichkeit nur nie an diese Hürde herangewagt und sie nur umgangen hatte. Ich hatte auf diese Weise ein bißchen das »Höhere« für mich gepachtet und konnte auf die noch nicht so Hohen herunterblicken, ohne zu ahnen, wie hohl meine scheinbare Höhe in Wirklichkeit war.

Die erste Schallplatte, die ich mir von meinem Taschengeld kaufte, war denn auch etwas durchaus Klassisches und »Richtiges« – vermutlich irgend ein langweiliges Stück von Mozart oder Beethoven –, und ich war sehr stolz auf meinen »richtigen« Kauf. Die erste Schallplatte, die mein um drei Jahre jüngerer Bruder kurz darauf von seinem Taschengeld erstand, war der damals sehr populäre »Kriminaltango«. Ich belächelte die Wahl meines kleinen Bruders, weil ich wußte, daß der Kriminaltango »kitschig« war; daß aber mein Bruder nach seinem eigenen Geschmack gewählt und nicht bloß der Zensur eines blutlosen und theoretisch richtigen guten Geschmackes nachgegeben hatte und daß seine Wahl die spontanere und im wahrsten Sinne des Wortes richtigere war, sollte mir erst viele Jahre später aufgehen.

Ich hatte damals kein Urteil, keine persönlichen Vorlieben und keinen individuellen Geschmack, sondern folgte in allem der alleinseligmachenden Meinung der anderen, des von mir anerkannten urteilenden Gremiums von Leuten, die die Öffentlichkeit darstellten und die wußten, was richtig und falsch war. Und immer, wenn ich glaubte, daß ich auch das Niveau dieses imagi-

nären Gremiums erreicht hätte, freute ich mich und war stolz darüber. Wie ich es in meiner Familie gelernt hatte, zählte im Leben nicht die Meinung des einzelnen, sondern die Meinung der Allgemeinheit, und nur der befand sich am richtigen Platz, der diese allgemeine Meinung möglichst uneingeschränkt teilen konnte. Natürlich führte dieses beständige Streben nach der richtigen und alleinseligmachenden Meinung schon sehr bald zu einer großen Feigheit in allen Fragen des Urteils, so daß meine übergroß gewordene Scheu vor Zivilcourage jede spontane Stellungnahme unmöglich machte. Auf die meisten mir gestellten Fragen pflegte ich zu antworten, ich wisse es nicht, ich könne es nicht ermessen oder es sei mir gleich; nur dann vermochte ich eine Antwort zu geben, wenn ich im voraus wußte, daß sie jenem seligmachenden Kanon gerecht werden konnte. Ich glaube, ich war damals ein richtiger verschüchterter kleiner Kant, der immer nur so zu handeln können glaubte, daß es durchaus dem allgemeinen Gesetz entspräche.
Eine wunderliche Welt entstand daraus für mich, über die ich heute lachen könnte, wenn ich nicht wüßte, wie verderblich sie mir später geworden ist. Ich las also nur »gute« Bücher, d. h. ich besaß gar keine anderen; ich wußte gar nicht, was denn »schlechte« Bücher überhaupt seien. Ich wußte, schlechte Bücher waren »Schund« – von dem ich aber nicht wußte, was er denn eigentlich war. Ich war äußerst erstaunt, als mir einmal bewußt wurde, daß es möglich war, daß einem ein »gutes« Buch unter Umständen auch einmal nicht gefallen konnte. Ich hatte Scheffels *Ekkehard* gelesen und hatte das Werk natürlich »gut« gefunden. Ein gleichaltriges Mädchen, das das Buch in meinem Büchergestell sah, fragte mich einmal, ob mir das Buch gefallen habe. Ich dachte im stillen bei mir: »Blöde Frage – es ist doch ein ›gutes‹ Buch«, denn solche Selbstverständlichkeiten fragte man doch nicht; und ich antwortete natürlich mit ja. Als sie darauf mitteilte, daß ihr selbst das Buch überhaupt nicht gefallen habe, kam ich aus der Verblüffung kaum mehr heraus, denn daß ein »gutes« Buch mißfallen konnte, ging über meinen Horizont. Nachher überlegte ich mir die Sache und kam zu dem Schluß, das Buch, nachdem es jenem Mädchen mißfallen hatte, von nun an auch als »schlecht« zu betrachten.
Solche kleinen Kindheitserinnerungen mögen freilich unbedeutend und lächerlich anmuten, und ich gebe gerne zu, daß sie

an sich noch nicht viel aussagen. Aber ich bin überzeugt davon, daß solche kleinen anekdotischen Beispiele schon das ganze Verderben, das später über mich hereinbrechen sollte, in sich enthalten. Ich meine damit die Vergewaltigung meiner damaligen kleinen – oder besser gesagt: schon klein gewordenen – Persönlichkeit, in der es nichts Eigenes geben durfte, weil sich alles an den Gesetzen des Richtigen und Allgemeingültigen auszurichten hatte, weil sonst die »Harmonie« Gefahr lief, angegriffen zu werden; und das, wußte ich, durfte nicht geschehen. Das Ende der Harmonie wäre das Ende von allem gewesen. Ich muß hier noch einmal wiederholen, daß diese Jugendzeit für mich nicht unglücklich war; sie war bloß »harmonisch«, und das war viel, viel schlimmer.

Einerseits gab mir das Bewußtsein, immer das Richtige zu tun und zu sagen, eine gewisse Sicherheit; anderseits aber eröffnete sich für mich ein Feld voller Gefahren, sobald ich einmal nicht mehr das Richtige wußte und mich auf mein eigenes Urteil hätte verlassen sollen, das eigene Urteil, das ich ja eben mit allen Kräften zu unterdrücken mich anhielt. So erinnere ich mich an ein Gespräch mit einem Schulkameraden, der mich fragte, für was ich mich eigentlich interessiere. Ich wußte keine rechte Antwort, so daß er sich zu erkundigen begann, ob ich mich für dies oder das oder jenes interessiere. In allen Fällen mußte ich nein sagen, wenn auch äußerst widerstrebend, da ich ja nicht gerne nein sagte und ahnte, daß sich der andere eben dafür interessierte, wofür ich ein persönliches Interesse verneint hatte. Ich sah auf mich zukommen, daß wir in bezug auf das Interesse in allen diesen Dingen verschiedener Meinung sein würden, was ich doch nach Möglichkeit zu vermeiden gewohnt war. Schließlich fragte er mich, ob ich auch so gerne Tiere hätte. Obwohl ich vor allen Tieren Angst hatte, brachte ich es nicht über mich, ihm noch einmal mit nein entgegnen zu müssen, log und sagte ja, wenn auch innerlich davor bangend, daß dieses Ja entsetzliche Folgen haben und er mich dazu einladen könnte, in seiner Gesellschaft mit Tieren zu spielen. Vielleicht weil ihm mein Ja nicht sehr überzeugend geklungen hatte, wollte er noch wissen, ob ich mich denn vielleicht fürs Auto interessiere. Jetzt wollte ich aber erst recht derselben Meinung sein wie er, log abermals und bejahte wiederum. Da erwiderte er, daß er selbst überhaupt nichts für Autos übrig habe. So hatte ich es gerade zweimal verfehlt: Die erste Lüge aus Höflichkeit hatte er mir nicht geglaubt; mit der zweiten Lüge aus Höflichkeit aber hatte ich eben mein Vorhaben vereitelt, mit ihm derselben Meinung sein zu können. Ich wollte nur höflich und derselben Meinung sein wie er; ehrlich sein konnte ich nicht. Gelernt aber hatte ich nichts daraus. Ich glaube, daß ich mir auf diese Weise jahrelang die Freundschaft anderer Menschen verscherzt habe, da ich Angst davor hatte, ich könnte einmal mit jemandem verschiedener Meinung oder es könnte sonst etwas nicht »richtig« sein. Um diesen Eiertanz durchhalten zu können, durfte ich nie ehrlich sein.

Es mag nun ein bißchen übertrieben scheinen, daß ich nie eine eigene Meinung gehabt haben soll; es scheint unmöglich, daß sich für mich nicht mehr Konfliktsituationen ergeben haben sollten, die mich dazu hätten zwingen müssen, Farbe zu bekennen. Aber ich war tatsächlich in der Kunst des Ausweichens sehr gut geschult, und wenn ich auf unangenehme Fragen nicht einfach eine Stellungnahme verweigerte, standen mir eine Menge Umgehungstechniken zur Verfügung.

Einer der beliebtesten Helfer in der Not, wenn es sich um Zivilcourage handelte, war in meiner Familie das »Schwierige«. »Schwierig« war das Zauber- und Schlüsselwort, um alle offenstehenden Probleme hintanzustellen und somit alles Störende und Unharmonische aus unserer heilen Welt auszusperren. Wenn sich bei uns zuhause, etwa im Gespräch am Familientisch, eine heikle Frage einzuschleichen drohte, so hieß es sogleich, die Sache sei halt »schwierig«. Damit sollte angedeutet werden, daß das betreffende Problem so komplex und reich an unfaßbaren Möglichkeiten sei, daß es sich von selbst verbiete, darüber zu diskutieren, so, als übersteige das Problem das Fassungsvermögen des Wortschatzes und des menschlichen Geistes. Das Wort »schwierig« hatte etwas Absolutes an sich. So wie man kaum über das Unendliche sprechen kann, weil der Mensch als endliches Wesen kein Vorstellungsvermögen dafür hat, so schienen sich auch die »schwierigen« Dinge im Raum des Menschenunmöglichen zu bewegen. Man brauchte bloß dahinter zu kommen, daß eine Sache »schwierig« war, und schon war sie tabu. Man konnte dazu sagen: Aha, das ist ja »schwierig«; also sprechen wir nicht darüber und lassen wir das. Man mußte dann gar nicht mehr darüber sprechen, ja, man konnte dann sogar gar nicht mehr darüber sprechen; vielleicht durfte man gar nicht mehr darüber sprechen, weil es »für den Menschen nicht gut ist, vom Schwierigen zu sprechen«. Ich möchte das Wort »schwierig« als nahezu magisch bezeichnen: man sprach »schwierig« über eine Sache, als sagte man einen Zauberspruch darüber, und die Sache war verschwunden.

Zu den »schwierigen« Dingen gehörten aber fast alle menschlichen Beziehungen, die Politik, die Religion, das Geld und selbstverständlich die Sexualität. Ich glaube heute, daß alles Interessante bei uns zuhause »schwierig« war und folglich nie besprochen wurde. Wenn ich mich jetzt zu erinnern suche, worüber wir zuhause denn überhaupt sprachen, so kommt mir fürs erste nicht viel in den Sinn; das Essen vermutlich, das Wetter wahrscheinlich, die Schule natürlich, und selbstverständlich die Kultur (wenn auch nur die klassische und die von Leuten, die schon tot waren).

Dagegen kann ich mich noch erinnern, wie ich zum ersten Mal in meinem Leben erfuhr, daß man auch über etwas Aufregendes und Interessantes reden kann. Es war auf einer Schulreise, wo wir die Nacht im Massenlager einer Alphütte verbrachten. Davor hatte ich Angst gehabt, wohl weil ich mir vorgestellt hatte, daß mir meine Kameraden meine Angst ansehen und mich darum mit dummen Streichen quälen würden. Stattdessen stellte ich fest, daß die anderen Jungen nach dem Lichterlöschen sich im Dunkeln noch miteinander über die interessantesten Dinge von der Welt unterhielten, und daß ich bald mit in ein Gespräch gezogen war. Es ging darin um religiöse Probleme, um die Vorzüge einer ziemlich verschrobenen christlichen Sekte, der einer meiner Kameraden angehörte. Darum aber war es ein großes Erlebnis für mich, auf einmal über spannende Themen zu sprechen, weil ich diese Erfahrung noch nie gemacht hatte.

Obwohl ich mir heute vorstellen muß, daß das oben erwähnte nächtliche Gespräch in der Alphütte nicht das einzige gewesen sein kann, das den Namen eines fesselnden Gesprächs verdiente, und daß ich sicher noch auf eine Menge anderer Anregungen gestoßen sein muß, so verfiel ich während meiner ersten Jugendzeit doch nie darauf, die Gesprächsarmut meines Elternhauses als einen wirklichen Mangel zu empfinden. Ich kannte zwar Orte, an denen es interessanter zuging als bei mir zuhause; aber ich empfand die Atmosphäre meines Elternhauses nie als schal. Ganz im Gegenteil. Ich sah es als ein besonderes Verdienst meiner Eltern an, daß sie alles »schwierig« fanden, denn das schien mir der Beweis für ein höheres Niveau zu sein: ich selbst in meiner Beschränkung sah die Dinge alle noch so einfach, daß sie mir durchaus verbalisierbar vorkamen. Meine Eltern aber schienen mir erfahrener und klüger zu sein und hatten bereits ein höheres Niveau erreicht, auf dem sie einsahen, daß die Dinge »nicht so einfach«, sondern eben »schwierig« waren, so »schwierig« sogar, daß man gar nicht mehr darüber sprechen konnte. In meinem unglücklichen Drang nach dem »Höheren« versuchte ich auch, dieses erhabene Niveau der tieferreichenden Erkenntnis zu erlangen und auch einzusehen, daß die Dinge »schwierig« waren. So gewöhnte ich mir auch an, wie ich es von meinen Eltern gelernt hatte, über nichts mehr nachzudenken und mich im Abglanz der von mir entdeckten Schwierigkeiten der Dinge zu sonnen. Daß man sich zuerst einmal alles überlegen muß, ehe man den buddhaähnlichen Zustand der so hohen geistigen Vollkommenheit erreicht, in dem man sich über gar nichts mehr den Kopf zu zerbrechen braucht, davon ahnte ich zu der Zeit natürlich noch nichts. (Wobei man wohl noch hinzufügen muß, daß ein solcher Buddha wohl eher alles als »einfach« denn als »schwierig« bezeichnen dürfte.) Dieses postulierte höhere Niveau meiner Haltung war eben auch äußerst bequem für mich, wie für uns alle: wir brauchten uns nie zu engagieren, wir brauchten uns nie festzulegen oder gar bloßzustellen; wir brauchten bloß immer alles »schwierig« zu finden.

Wenn in meiner Erinnerung das »Schwierige« vor allem die Domäne meiner armen Mutter war, so war mein armer Vater der Meister des »Unvergleichbaren«. Meine Mutter begnügte sich meist damit, die Dinge an sich »schwierig« zu finden; mein Vater ging gern noch einen Schritt weiter und machte den Dingen den Garaus, indem er sie aus ihrem natürlichen Zusammenhang herausriß und sie für unvergleichbar erklärte. Immer wieder fand er sich außerstande, verschiedene Dinge miteinander in Beziehung zu bringen; er pflegte zu sagen, »das ließe sich gar nicht miteinander vergleichen«, und ließ somit alles im luftleeren Raum stehen. Dabei bewährte sich seine Kunst vor allem bei sehr ähnlichen Dingen, die zu einem Vergleich geradezu

hätten herausfordern müssen. Auf diese Weise ließ sich eine Diskussion über den Wert oder Unwert der Dinge leicht vermeiden, denn einen wirklichen Wert kann eine Sache nur im Vergleich zu anderen haben, so wie das Licht nur im Vergleich zum Dunkel hell sein kann.
Während diese Eigenart meines Vaters im nur ästhetischen Bereich eine harmlose Marotte blieb, nahm sie, vor allem auf politischem Gebiet, gern groteske Formen an. So war es zum Beispiel zur Zeit der Abstimmung über die Einführung des Schweizer Frauenstimmrechts ganz im Sinne meines Vaters gesprochen, daß zwar alle Länder der Welt außer der Schweiz das Frauenstimmrecht kannten, daß die Schweiz deswegen aber noch lange nicht als rückständig zu betrachten sei, weil das Stimmrecht in anderen Ländern mit dem der Schweiz eben gar nicht zu vergleichen sei, so daß man daraus auch nicht folgern könne, daß das Frauenstimmrecht für die Schweiz gut sei. Auch meine arme Mutter machte sich diese Lehre bereitwillig zu eigen und wurde eine radikale Gegnerin des Frauenstimmrechts. Selbst als das Frauenstimmrecht tatsächlich eingeführt wurde, beharrte meine Mutter auf ihrer Meinung und betonte immer wieder, wie zuwider ihr dieses ungewollte Recht und wie sehr sie immer noch dagegen sei.
Daß es unstatthaft war, die russische mit der spanischen Justiz zu vergleichen, leuchtete in meinem Elternhause ein, denn die Russen waren ja Kommunisten, und darum war es böse, wenn sie ihre Landsleute umbrachten; die spanische Regierung aber war ja gegen die Kommunisten, und darum war es nicht böse, wenn sie ihre Landsleute verfolgte. Und außerdem war der Terror für die Spanier eigentlich ein Glück, denn so hatten sie doch »Ruhe und Ordnung«. (Der feine Vergleich zur Sowjetunion, die wohl der Staat ist, in dem am meisten »Ruhe und Ordnung« herrscht, wurde nicht gezogen.) Aber auch ein Vergleich zwischen spanischen Konzentrationslagern und deutschen der Nazizeit war nicht möglich; daraus, daß Hitlers Faschismus schlecht war, ließ sich noch lange nicht schließen, daß Francos Faschismus auch schlecht sei, denn diese beiden Dinge waren eben »gar nicht zu vergleichen«.
Es schien, als ob die Dinge der Welt an und für sich unvergleichbar seien. Die nicht mit den anderen verglichenen Dinge sind aber immer an sich wertlos und stehen einsam und unverstan-

den in einem kalten irrealen Raum. Sie ermuntern weder zu Kritik noch zu Beifall; sie engagieren nicht, sie wirken nicht; sie sind eben unvergleichbar.

Dies war auch mein Bild von der Welt. Es gab keine Konflikte, und es konnte auch keine geben, denn die Dinge der Welt glitten in einem System der vollkommenen Beziehungslosigkeit reibungslos aneinander vorbei. Und offenbar war diese Reibungslosigkeit etwas Positives: denn wo keine Reibung ist, da ist Harmonie, und wo Harmonie ist, da ist alles in Ordnung. Daß ich nicht über dieser reibungslosen Welt stand, sondern selbst so ein Ding im kalten irrealen Raum war, wußte ich natürlich nicht. Im Gegenteil kam mir auch diese Unfähigkeit, verschiedene Dinge miteinander zu vergleichen, ebenso wie die Erkenntnis des »Schwierigen« als der Ausdruck eines höheren geistigen Niveaus vor. Ich merkte, daß man gescheit war, wenn man nicht verglich. Offensichtlich war ich zu der Zeit noch nicht etymologisch gebildet und wußte noch nicht, daß das Wort »intelligent« auf »inter-legere« zurückgeht und genau das Gegenteil dessen bedeutet, was sich mir als der Inbegriff aller Gescheitheit herauszubilden begann.

Alles aber, was nicht »schwierig« oder »unvergleichbar« und auf diese Weise totzuschlagen war, wurde bei uns zuhause gewöhnlich auf »morgen« verschoben, dieses Lieblingsdatum aller Schwachen, denen es Trost verheißt, daß »morgen« im allgemeinen »niemals« bedeutet. Wie viele Formeln gab es aber nicht, um unter dem Deckwort »morgen« nein zu sagen!

Das ist ein sehr interessantes Problem; ich werde es mir gerne in den nächsten Tagen überlegen.

Ihr Angebot fesselt uns sehr; wir werden uns morgen oder übermorgen gerne damit beschäftigen.

In meinem Elternhaus galt also die Devise: Nur nichts überstürzen! Dieses Nicht-Überstürzen bestand aber normalerweise darin, daß die Dinge überhaupt nie in Angriff genommen wurden.

Wie oft war ich nicht staunender Zeuge der immer wieder gleichen Szene, daß meinen Eltern ein Vorschlag oder ein Angebot unterbreitet wurde, bei dem ich genau wußte, daß es ihnen von vornherein nicht in den Kram paßte, zu dem sie sich aber aus Höflichkeit nicht getrauten, nein zu sagen, und für das sie darum immer mit der allergrößten Zuvorkommenheit und dem

Versprechen dankten, sie würden es sich »gerne« überlegen. Und gründlich natürlich. Jede Entscheidung mußte »gründlich« durchgedacht werden, je gründlicher, desto länger, so daß aus dem »lange« jedesmal ein »allzulang« und ein »überhaupt nicht mehr« werden konnte. Auch hiervor hatte ich Ehrfurcht zu empfinden gelernt; auch hier verehrte ich die würdige Skepsis meiner Eltern, die ewige Angst, man könne am Ende doch nicht das »Richtige« treffen, als eine Überlegenheit, die mehr darstellte als die primitive Fähigkeit, auch einmal ganz »ungründlich« ja und nein sagen zu können. Das Wort »spontan« gehörte nicht zu unserem Vokabular.

Ich bin mir dessen bewußt, daß ich hier ein philosophisches Thema anscheide, das natürlich über den engen Raum meiner persönlichen Erinnerungen hinausgeht. Für den Philosophen ist es freilich möglich, daß der wahre Intellektuelle der ist, der sich immer alles unter Berücksichtigung aller seiner Aspekte überlegt und sich demzufolge nie entscheidet und nie handelt; das mag für den rein philosophischen Bereich wohl zutreffen. Ebenso wahr aber scheint mir zu sein, daß der im Leben versagt, der immer nur überlegt und vor lauter Gescheitheit überhaupt nie handelt. Wer sich immer alles nur »gründlich« überlegt und sich jeder Stellungnahme enthält, dessen Überlegungen sind zuletzt wertlos und fallen wie ein Kartenhaus in sich zusammen. Aber wie hätte ich das als Junge merken können, der ich selbst in einem Kartenhaus lebte?

Nun wird man hier freilich einwenden, gar so meinungslos, wie ich es oben beschrieben habe, könne es selbst in meinem Elternhaus nicht zugegangen sein, und jemand müsse doch den Ton angegeben haben. Ja, freilich hat jemand den Ton angegeben, der Vater natürlich; denn daß der Vater die Meinung bestimmt, das ist eben das »Richtige«. Mein Vater war es gewöhnlich, der sagte, wie die Dinge waren, und wir pflichteten ihm bei, denn er mußte es ja besser wissen als wir. Dieser Richtlinie folgte meine Mutter unbedingt. Sie vermied jede direkte Aussage, um nicht Gefahr zu laufen, eventuell nicht mit der Meinung meines Vaters übereinzustimmen; hatte er sein Votum einmal abgegeben, so konnte sie getrost und ohne Risiko ja dazu sagen. Sollte dieses System des Einverständnisses einmal nicht reibungslos funktionieren, so war meine arme Mutter bereit, die nötigen Korrekturen vorzunehmen.

Wenn wir hier als Beispiel den Termin für eine bestimmte zu erledigende Sache annehmen wollen, so konnte es meiner Mutter unvorsichtigerweise passieren, daß sie als Stichtag etwa den Dienstag vorschlug. Zog dann mein Vater aber den Freitag vor (der meiner Mutter, ohne daß er es gewußt hätte, gar nicht gelegen kam), so war es meiner Mutter ein leichtes, sich plötzlich einfallen zu lassen, daß ihr der Freitag eigentlich noch viel, viel besser passe als der Dienstag, daß er dem Dienstag in jeder Hinsicht vorzuziehen sei und daß im Grunde genommen der Dienstag gar nicht in Frage kommen könne. Das eigentlich Lächerliche an diesem ganzen Vorgang ist, daß in den meisten Fällen für meine Eltern ein dritter Wochentag, zum Beispiel der Mittwoch, ganz problemlos gewesen wäre, so daß sich ohne unnötige Opfer mit der Wahl des Mittwochs ein sinnvoller Kompromiß hätte finden lassen können. Die Verleugnung ihrer Gefühle und der Verzicht meiner Mutter waren ganz sinnlos gewesen. Sie hatte die »Harmonie« schonen wollen, hatte diese Schonung aber auf eine ganz unnütze und verlogene Art geübt. Meine Eltern waren in einem solchen Fall nicht eigentlich »einverstanden« gewesen; sie hatten es nur vermieden, über die Dinge zu diskutieren. Wenn ich heute an all die vielen ähnlichen nutzlosen Opfer zurückdenke, die in meiner Familie um der Harmonie willen gebracht worden sind, so kann ich nur zum Schluß kommen, daß es nicht Werke der Großzügigkeit gewesen sind, sondern Werke der Feigheit.

Soweit ich mich erinnern kann, haben meine Eltern, die dreißig Jahre lang miteinander verheiratet gewesen sind, nur einmal miteinander gestritten. Die ungewohnte Situation des elterlichen Uneinsseins war zwar sehr schmerzlich für das ganze Haus, aber was den eigentlichen Streit betraf, so wurde am Ende doch nichts daraus: Meine Eltern verstanden nicht zu streiten, und so brachen sie das Experiment, nachdem sie einen Tag lang schweigend voreinander verharrt hatten, unverrichteter Dinge wieder ab. Das Experiment wurde auch nicht mehr wiederholt, da meine Eltern gemerkt hatten, daß ihnen die Fähigkeiten dazu mangelten.

Eine überaus merkwürdige Szene kommt mir in diesem Zusammenhang in den Sinn, die ich stellvertretend für hundert andere erzählen will. Eine gebildete Tante war bei uns zuhause eingeladen und berichtete von einer Bilderausstellung des Malers

Hans Erni. Dieser Maler war meinen Eltern verdächtig, weil sie argwöhnten, daß er ein Kommunist sei; darum schon konnten seine Bilder nicht eigentlich schön sein. Die Tante aber meinte, die Ausstellung sei herrlich gewesen. Meine Mutter, die gerade mit Teeeinschenken beschäftigt gewesen war, hatte sich ein bißchen verhört und statt »herrlich« »gräßlich« verstanden, was sie auch eher hatte erwarten dürfen, da Erni ja Kommunist war. So beeilte sie sich, sich einverstanden zu erklären und ihrerseits zu betonen, wie gräßlich sie Erni fände. Natürlich beharrte die Tante jetzt erst recht auf ihrer Meinung und auf ihrem »herrlich«, so daß meine Mutter das Wort jetzt richtig verstand, in ihrer Meinung unverzüglich umschwenkte und Erni ebenfalls als »herrlich« betrachtete.
Ganz allgemein war bei meiner Mutter eine große Vorliebe für das Wort »oder« zu bemerken. Sie stellte etwas fest und fuhr dann fort: Oder ist es etwas anderes. Meine arme Mutter pflegte zu sagen: Ich fahre am nächsten Freitag um halb elf Uhr nach Zürich; oder ich bleibe zuhause. Heute abend gibt es Spaghetti zum Essen; oder es gibt Wurstsalat.
Man muß sich fragen: Wo bleibt da die Wirklichkeit? Ich gehe fort; oder ich bleibe zuhause. Ich bin anwesend; oder ich bin gerade abwesend. Die Erde ist rund; oder sie ist dreieckig. Wenn man zuviel »oder« sagt, verlieren die Worte jedes Gewicht und jeden Sinn; die Sprache zerfällt in eine amorphe Masse von bedeutungslosen Partikeln; nichts ist mehr fest, und alles wird unwirklich.
Es ist mir heute unmöglich, meine Reaktionen auf meine Umwelt chronologisch einzuordnen. Als Kind und Junge muß ich sicher auf der Seite meiner Eltern und besonders auf der Seite meiner armen Mutter gestanden und mit ihr gehofft haben, daß sich jede drohende Meinungsverschiedenheit auf die sanfteste und konfliktloseste Weise einrenken lassen möge; mit der Zeit begannen mich die Verlogenheiten dieser ewigen Harmonie zu stören. Ich kann nicht mehr sagen, wann das war; die ersten Anzeichen davon mögen noch in meiner Kindheit liegen, aber das ganze Ausmaß der Krankheit meiner Welt wurde mir erst spät, furchtbar spät bewußt. Einerseits stieß ich mich an den verlogenen Ausreden meiner Mutter, andererseits war ich selbst schon viel zu sehr auf Harmonie versessen und verlogen und feig, um mich selbst in eine Konfliktsituation zu wagen und

mich eingehender darum zu kümmern, warum ich mich an etwas stieß. Ich betrachtete die Handlungsweise meiner Mutter als eine ein bißchen lächerliche Schwäche, als eine liebenswürdige Marotte, die man eher belächeln als tadeln muß. Den Begriff der »liebenswürdigen Marotte« hatte ich in einem Buch gelesen und mir sogleich zu eigen gemacht. Ich fühlte, daß ich ihn gut brauchen konnte, um in meinem Weltbild alles auszuleimen, was sich vielleicht einmal als nicht ganz dicht erweisen könnte. Ich begann sogar zu ahnen, daß ich Fehler hatte und daß meine ganze Welt verfehlt und schadhaft war, aber ich scheute vor dem kompromittierenden Wort »Fehler« zurück und wollte mich durchaus nur an die »liebenswürdigen Marotten« halten; natürlich deshalb, weil im Wort »Fehler« unausgesprochen schon der Aufruf zum Erkennen und Sich-Stellen und Wiedergutmachen steckt, während die Marotte, und ganz besonders die »liebenswürdige«, viel eher etwas war, das man hegen und pflegen, vielleicht ein bißchen belächeln, auf jeden Fall aber kultivieren mußte.

Wenn man das bis jetzt Geschriebene überblickt, so könnte leicht der Eindruck entstehen, als gehe es mir ausschließlich darum, böswillig die Schwächen meiner armen Eltern aufzuzählen, um sie dann als die Bösen hinzustellen, die mich verdorben hätten und denen demzufolge jetzt mein ganzes Unglück zuzuschreiben sei. Ich glaube aber vielmehr, daß dieser Bericht darüber hinausgeht, bloß meinen Eltern die Schuld für das anzukreiden, was ich selbst hätte besser wissen und tun müssen. Ich kann meine Eltern heute weniger als die »Schuldigen« denn als Mit-Opfer derselben verfehlten Situation ansehen. Sie waren nicht die Erfinder dieser schlechten Lebensweise; sie waren vielmehr – wie ich selbst – die von diesem kritiklos akzeptierten schlechten Leben Betrogenen. Man könnte nun an diesem Punkt meiner Erinnerungen den großen Moment erwarten, in dem ich aus dieser Scheinwelt meines Elternhauses erwacht und mir gesagt hätte: Halt! Das kann doch nicht so weitergehen.

Dieser Moment kam aber nicht. Und daß dieser Moment nicht kam und eigentlich auch gar nicht kommen konnte, das eben war das Verhängnis. Das Schlimme waren nicht die einzelnen kleineren oder größeren Schwächen meiner Eltern; denn daß niemand vollkommen ist, daß auch keine Erziehung zu vollkommenen Ergebnissen kommen kann, daß wohl alle Eltern ihren Kindern im Verlauf der Erziehung auch einmal etwas antun werden, worunter die Kinder später leiden müssen, und daß die Kinder selbst ja auch keine vollkommenen Geschöpfe sind, gehört nur mit zur selbstverständlichen Erkenntnis, daß die Welt eben nicht vollkommen ist. Das Schlimme waren nicht meine Eltern, denn meine Eltern waren nicht schlimm; ich kann ihnen gegenüber heute nichts anderes mehr empfinden als Mitleid. Das Schlimme war der Umstand, daß die Welt, in der ich aufwuchs, keine unvollkommene Welt sein *durfte*, und daß ihre Harmonie und Vollkommenheit obligatorisch waren. Ich *durfte* es nicht merken, daß die Welt nicht vollkommen war; das Hauptziel meiner Erziehung war sicher darin zu suchen, daß es eben den Moment unmöglich zu machen trachtete, in dem ich mir gesagt hätte: Halt!, denn ich war dazu erzogen worden, es *nicht* zu merken. Und mit Erfolg. Meine Erziehung kann tatsächlich als durchaus gelungen bezeichnet werden, denn ich habe auch wirklich dreißig Jahre lang nichts »gemerkt«. Ich bin dazu erzogen worden, immer ja zu sagen, und ich habe »gebraucht, was ich gelernt hatte«, und habe auch immer überall ja gesagt. Das Experiment meiner Erziehung war gelungen. Leider.

(1977)

Anmerkungen zu den den Autoren, Texten und Abbildungen

(Titelbild) Clemens Brentano: Der Uhrmacher BOGS (1807)
Diese Zeichnung illustriert die Erzählung »Wunderbare Geschichte von BOGS dem Uhrmacher« von Clemens Brentano. In: Cl. Brentano, Werke, 2. Bd., Hrsg. Friedhelm Kemp, Carl Hanser Verlag, München 1963, Abbildung 1 im Anhang (nach S. 1240).
Diese Erzählung greift die Philister-Thematik auf: »Selbstbekenntnisse des Uhrmachers BOGS, welcher zwar längst das menschliche Leben aufgegeben, nun aber doch in die bürgerliche Schützengesellschaft aufgenommen zu werden wünscht. Nachdem meine Vorfahren bereits so lange das Leben unter Händen gehabt, ist es mir, Gott sei Dank, schon in der Gestalt einer wohleingerichteten Uhr überkommen, welche so in der Ordnung ist, daß jeder, der ihren Ketten und Rädern sich nicht drehend anschließt, gekettet und gerädert wird. Als Kind war ich schon so im Kreise herumgedreht, daß ich schon rund dumm war, da ich zu Verstande kam, und das erste Wort, das ich redete, war an meine poetische und verliebte Kindermagd: ›Mensch! lasse Sie mich unter kein Rad kommen, damit ich selbst ein gut Rad oder eine gesunde Speiche werden kann.‹ Endlich selbst zum Maschinenglied erwachsen, arbeitete ich, um Zeit zu gewinnen, an Uhren ...«

S. 9 Vorwort

1 Joseph Freiherr von Eichendorff, Krieg den Philistern!, Dramatisches Märchen in fünf Abenteuern, Sämtliche poetische Werke, 3. Band, C. F. Amelangs' Verlag, Leipzig 1883, S. 20f.
2 Siehe oben, S. 30
3 Siehe oben, S. 25
4 Siehe oben, S. 26
5 Reinhold Steig, Heinrich von Kleists Berliner Kämpfe, Verlag W. Spemann, Berlin und Stuttgart 1901, S. 29
6 Siehe oben, S. 26
7 Reinhold Steig, s. o. Anm. 5, S. 30ff.
8 Siehe oben, S. 27
9 Siehe oben, S. 23
10 Siehe oben, S. 28
11 So beschrieb es August Varnhagen von Ense, in: Eckhart Kleßmann, Romantik und Antisemitismus, in: Monat, Heft 249, Juni 1969, 21. Jg., S. 66
12 Lutz Röhrich, Lexikon der sprichwörtlichen Redensarten, Herder Verlag, Freiburg 1973, Stichwort »Spießbürger«

13 Friedrich Kluge, Etymologisches Wörterbuch der deutschen Sprache, 18. Auflage, bearbeitet von W. Mitzka, Berlin 1960, Verlag Walter de Gruyter, Stichwort »Philister«
14 Ebenda
15 Ebenda
16 Jacob und Wilhelm Grimm, Deutsches Wörterbuch, 7. Band, Leipzig 1889, Stichwort »Philister«
17 Siehe oben, S. 21f.
18 Sören Kierkegaard, Die Krankheit zum Tode, Rowohlt Verlag, Reinbek bei Hamburg 1962, S. 40
19 Werner Sombart, Sozialismus und soziale Bewegung, Verlag Gustav Fischer, 1. Aufl. Jena 1896, S. 68
20 Heinrich August Winkler, Mittelstand zwischen Liberalismus und Nationalsozialismus. Die politische Entwicklung des Handwerks und Kleinhandels vom Kaiserreich bis zum Ende der Weimarer Republik, Habilitationsschrift der Freien Universität, Berlin 1970, S. 16ff.
21 Ebenda
22 Siehe oben, S. 73
23 Siehe oben, S. 145
24 Siehe oben, S. 149

Philister

S. 21 Johann Wolfgang von Goethe: Teilet Eure Stunden ein (1774)
Auszug aus dem Roman »Die Leiden des jungen Werthers«. In: Goethes Werke, Hamburger Ausgabe, Bd. 6, S. 15f., Christian Wegner Verlag, Hamburg 1951.
Die Überschrift stammt vom Herausgeber.
Johann Wolfgang von Goethe (1748–1832) war hauptberuflich nicht Dichter, sondern Beamter. Da er zuvor (1774) den Philister als einen Mann bezeichnete, »der in einem öffentlichen Amte steht« (s. o.: Teilet Eure Stunden ein), soll im folgenden sein Leben unter dem Aspekt seiner beruflichen Tätigkeiten dargestellt werden.
Der 19jährige Herzog Karl August ernannte Goethe, den er als Freund von Frankfurt nach Weimar holte, 1776 zum »Geheimen Legationsrat«. Damit erhielt der junge Goethe trotz des massiven Protestes des ältesten Ratsmitgliedes Sitz und Stimme in dem Geheimen Consilio, ohne zuvor »Amtmann, Professor, Kammer- oder Regierungsrath« gewesen zu sein. Über Nacht erhielt der ortsfremde Dr. jur. Goethe eine entscheidende Stimme in der höchsten Staatsbehörde. Drei Jahre später wurde Goethe Beamter (»Geheimer Rat«), weil er sich im Dienst »bewährt« hatte. Schon 1776 schwor er dem Herzog in die Hand, daß er seinem »gnädigsten Fürsten und Herrn hold, treu, gehorsam und gewärtig« sein wolle. Des weiteren schwor er, daß er sich nicht zu den »Papisten, Calvinisten oder anderen widrigen Sekten« wenden werde.

– Goethe versäumte nie die Ratssitzungen. Auf sein Gehalt war er zumindest in den ersten Weimarer Jahren durchaus angewiesen. Aufgrund seiner guten Arbeit und des Vertrauensverhältnisses zum Herzog, erhielt er alsbald Zusatzämter. Von 1777–1786 dauerte seine erste Sondermission, nämlich sämtliche Bergwerksangelegenheiten in der Bergwerkskommission von Ilmenau zu leiten. Außerdem beaufsichtigte er die Steuerverfassungskommission in Ilmenau. 1778 übernahm er den Vorsitz der herzoglichen Kriegskommission und wandelte das Militär in eine Stadtpolizei bzw. Gendarmerie um, wobei er es um die Hälfte verminderte. 1779 stand er der Direktion des Landstraßenbaus vor, und ab 1782 leitete er die Kammer, d. h. die Finanzbehörde in Weimar. »Ich bin fleißig und meine Sachen gehen gut. Persönlich bin ich glücklich. Die Geschäfte, die Wissenschaften, ein paar Freunde, das ist der ganze Kreis meines Daseins, in den ich mich klüglich verschanzt habe.« (Goethe an Knebel am 16.2.1784, Weimarer Ausgabe, Briefe Bd. 6, S. 243) »Ich sehe fast niemand, außer wer mich in Geschäften zu sprechen hat, ich habe mein politisches und gesellschaftliches Leben ganz von meinem moralischen und poetischen getrennt (äußerlich versteht sich) und so befinde ich mich am besten. Alle Woche gebe ich einen großen Tee, wovon niemand ausgeschlossen ist, und entledige mich dadurch meiner Pflichten gegen die Sozietät aufs Wohlfeilste. Meine vielen Arbeiten, von denen ich dem Publiko noch einen größeren Begriff erlaube, entschuldigen mich, daß ich zu niemand komme. Abends bin ich bei der Stein und habe nichts Verborgenes vor ihr.« (Goethe an Knebel, 21.11.1782, Weimarer Ausgabe, Briefe Bd. 6, S. 96f.) Allmählich aber werden ihm seine Arbeit und seine Lebensweise eine Last. Am 10. Juli 1786 schreibt er an Frau von Stein: »Wer sich mit der Administration abgibt, ohne regierender Herr zu sein, der muß entweder ein Philister oder ein Schelm oder ein Narr sein.« (Weimarer Ausgabe, Briefe Bd. 7, S. 241f.) Fluchtähnlich begibt er sich nach 11jähriger Staatsdienerarbeit auf seine Italienreise. Drei Jahre nach der Rückkehr aus Italien übernimmt er wieder amtliche Tätigkeiten, allerdings auf dem Gebiet von Wissenschaft und Kunst: Der Herzog überträgt ihm bis ans Lebensende die Leitung des Theaters und die »Oberaufsicht über die unmittelbaren Anstalten für Wissenschaft und Kunst« (Zeicheninstitut, Kunstinstitute, Botanische Anstalt, Museum, Bibliothek, Münzkabinett u. a.)
Nachdem Weimar 1815 auf dem Wiener Kongreß »Großherzogtum« (Sachsen-Weimar-Eisenach) geworden war, wurde Goethe Staatsminister: »Seine Exzellenz der Wirkliche Geheime Rat und Staatsminister von Goethe«. Sein 50jähriges Dienstjubiläum wurde (etwas zu früh) am 7. November 1825 mit Feierlichkeiten und außerordentlichen Ehrungen (z. B. Gedenkmünze) begangen (Vgl. Joseph A. von Bradish, Goethes Beamtenlaufbahn, Verlag B. Westermann, New York 1937, S. 37, 40, 42, 62, 142, 158f.)

S. 23 Novalis: Philister leben nur ein Alltagsleben (1798)

Auszug aus den Fragmenten »Blütenstaub«, in: Novalis, Werke und Briefe, Hrsg. Alfred Kelletat, Winkler Verlag, München 1962, S. 357f.

Die Überschrift stammt vom Herausgeber.

Novalis (1772–1801) bzw. Friedrich Hardenberg begann 1790 in Jena Jurisprudenz zu studieren, begeistert war er allerdings von Friedrich Schiller, der dort über die Geschichte der Kreuzzüge Vorlesungen hielt. In Leipzig freundete er sich mit Friedrich Schlegel an. Sein Staatsexamen legte er 1794 an der Universität Wittenberg ab. Im selben Jahr lernte er die zwölfjährige Sophie von Kühn kennen. Im März 1795 verlobten sie sich heimlich. Schon im Herbst erkrankte Sophie und starb eineinhalb Jahre später. Novalis' ergreifende Totenklage führt dazu, daß er sein Liebesschicksal als »Beruf zur unsichtbaren Welt« deutet, und er faßt den Entschluß, ihr nachzusterben. Das Gefühl, vom Tod umschlossen zu sein, verstärkt sich noch, weil einen Monat später sein ihm teurer Bruder stirbt. Das Irdische wird ihm zusehends zu einer Metapher des Überirdischen, und Sophie ist ihm in mystischer Allgegenwart nahe. Dem stehen weder seine naturwissenschaftlichen Studien noch seine 2. Verlobung (1799) entgegen. Die neue Bewegung der Romantik wird in Jena von ihm wesentlich mitgetragen, zumal der aufkommende Wunsch nach Poetisierung und Romantisierung des gesamten Daseins durch Novalis' Todeserfahrungen und Todessehnsucht verklärt und vertieft wurde. Nach längerer Krankheit starb er als 29jähriger in seinem Elternhaus in Gegenwart von Friedrich Schlegel, während sein Bruder auf dem Klavier vorspielte.

1 Festlichkeiten, Geselligkeiten, »Partys«
2 der erhabene, hinaufgeläuterte (Philister)
3 gewaltsam

S. 25 Achim von Arnim: Die Idee einer deutschen Freßgesellschaft (1811)

Auszug aus einem Anfang Januar 1811 an die Brüder Grimm abgeschickten Brief. In: Reinhold Steig, Achim von Arnim und Jacob und Wilhelm Grimm, Cotta'sche Buchhandlung, Stuttgart und Berlin 1904, S. 95.

Die Überschrift stammt vom Herausgeber.

Achim von Arnim (1781–1831) wurde von der Großmutter aufgezogen, nachdem seine Mutter nach seiner Geburt gestorben war. Der Vater kümmerte sich kaum um ihn. Vielleicht hat sich Achim von Arnim deswegen so sehr um feste Zirkel bzw. satzungsmäßige Verankerung gedeihlichen Gruppenlebens bemüht. Bereits zwei Monate nach seiner Immatrikulation in Halle (Jura; Physik, Mathematik, Chemie) gründete er mit einem Freund eine Gesellschaft (»Freunde freier Untersuchung«), in der alle 14 Tage selbstverfaßte Abhandlungen über verschiedenste Themen vorgetragen werden sollten; Achim von Arnim führte den Vorsitz und das Protokoll (1798). Während seines Aufenthaltes in Heidelberg war er Mitglied einer Tischgesellschaft des Verlegers Zimmer; auch hier stiftete er »Gesetze«, und zwar zwecks Füllung einer Punschkasse durch Strafen für bestimmte Verstöße. In Berlin schließt er sich zwei patriotischen Gesellschaften, einer »lesenden« und einer »schießenden«, an. Als er aus der einen »ausballotiert« d. h. ohne Angabe von Gründen mittels »geheimer Abwahl« per weißer bzw. schwarzer Kugeln ausgestoßen wurde, gründete er 1811 die Christlich-deutsche Tischgesellschaft, in deren Satzung er das Ballotieren untersagte. Arnim hatte sich mit der Gründung dieser Gesellschaft vor allem bewiesen, daß »Menschen verschiedenster Herkunft und Gesinnung zu einem freiwilligen Zusammenschluß fähig sind« (Jürgen Knaack, Achim von Arnim – Nicht nur Poet, Thesen Verlag, Darmstadt 1976, S. 38). Angeblich wandte er sich gegen den satzungsmäßigen Ausschluß getaufter Juden aus der Christlich-deutschen Tischgesellschaft und unterlag in der betreffenden Abstimmung. Wie auch immer – in dem Schauspiel »Halle und Jerusalem«, in dem Roman »Gräfin Dolores« und in der Erzählung »Isabella von Ägypten« spielte er den Juden übel mit. Als Motiv ist eher Fremdenhaß als Rassenwahn anzunehmen, zumal jeglicher Patriotismus seit Napoleons Eroberungszügen begründeten Auftrieb bekam.

1 Adam Müller (1779–1829), ein konservativer, katholischer Staatsphilosoph der Romantik, war 1809 mit seinem Hauptwerk »Die Elemente der Staatskunst« bekannt geworden.

S. 25 Honoré Daumier: Der Leckerbissen (1836)

S. 26 Achim von Arnim: Vorschlag zu einer deutschen Tischgesellschaft (1811)

In: Reinhold Steig, Heinrich von Kleists Berliner Kämpfe, Verlag W. Spemann, Berlin und Stuttgart 1901, S. 21f.

Biographische Notizen zu Achim von Arnim: siehe oben, A. v. Arnim, Die Idee einer deutschen Freßgesellschaft

1 Das geheime Abstimmen bzw. Wählen mittels weißer (bejahender) und schwarzer (verneinender) Kugeln.

S. 26 Wilhelm Busch: Und jedesmal spricht Knopp vergnüglich ... (1875)

Aus dem 2. Teil der Knopp-Trilogie: Herr und Frau Knopp. In: W. Busch, Sämtliche Werke, Hrsg. Otto Nöldeke, 4. Bd., S. 361, Verlag Braun & Schneider, München 1943.

S. 28 Clemens Brentano: Philisterabhandlung (1811)

Auszug aus der Abhandlung »Der Philister vor, in und nach der Geschichte«. In: Brentanos Werke, Hrsg. Max Preitz, Kritisch durchgesehene und erläuterte Ausgabe, 3. Bd., S. 275f., 286f., 291, 294, 297–303, Bibliographisches Institut, Wien und Leipzig 1914

Die Überschrift stammt vom Herausgeber.

Clemens Brentano (1778–1842) bekam als Kind von Goethes Mutter ins Stammbuch geschrieben: »Dein Reich ist in den Wolken und nicht von der Erde.« Die Kaufmannslehre endete mit der Erkenntnis, daß er weder Neigung noch Fähigkeiten für praktisch-bürgerliche Tätigkeiten besaß. 1797 begann er in Halle das Studium der Kameralwissenschaften (Verwaltungslehre, Finanzwissenschaft, Volkswirtschaft u. a.), das ihn auf eine Beamtenlaufbahn vorbereiten sollte, aber dieses Vorhaben steckte er bald auf. Er ging nach Jena, um nun Medizin zu studieren. Auch dieses Berufsziel geriet aus dem Blickfeld, da er die sich herausbildende Literatengruppe der Romantiker in Karoline Schlegels Salon kennenlernte und sich in die Schriftstellerin Sophie Mereau verliebte, die er einige Jahre später – nach unsteten Wanderjahren – 1803 heiratete. Als sprühend-witziger, umworbener Schriftsteller war er in Berlin Gast des liberalen Salons der Rahel Levin (Varnhagen), der Zelterschen Liedertafel und der konservativ-antisemitischen »Christlich-deutschen Tischgesellschaft« (Vgl. die biographischen Notizen zu Achim von Arnim), in der er 1811 seine judenfeindliche Philisterabhandlung vortrug. Auch in seinen Märchen (z. B. »Gockel, Hinkel und Gackeleia«) wurden die Juden allesamt als Gauner dargestellt. (Später tilgte er die antisemitischen Züge dieses Märchens und untersagte auch eine Neuauflage seiner Philisterabhandlung.) 1817 legte er eine »Generalbeichte« über sein verfehltes, ästhetisches Leben ab und wandte sich ganz und gar dem angestammtem Katholizismus zu. Seine »weltlichen« Dichtungen begriff er als »geschminkte, duftende Toilettensünden unchristlicher Jugend«.

1 Träger und Verbreiter ansteckender Krankheiten
2 Pelzrock
3 Sänfte, Tragsessel
4 Eilpost, Schnellkutsche
5 Schwaches Bier (eigentlich: Konventbier)
6 Kahn, der auf Kanälen und Flüssen von Pferden oder Menschen gezogen wird.
7 etwa: beim Bier wohlweise, vor allem politische Reden führend
8 nach Belieben
9 Hier befand sich das oft wegen seiner Zopfigkeit verhöhnte Reichskammergericht, das 1806 aufgelöst wurde.
10 Johann Ulrich Freiherr von Kramer (1706–1772) schrieb als Beisitzer des Reichskammergerichts die »Wetzlarischen Nebenstunden«: 128 Teile in 32 Bänden.
11 Georg Paul Hönn (1662–1747), Jurist, erlangte Ruhm mit seinem satirisch-humoristischen »Betrugslexikon«, Koburg 1721–30.
Ein auch in Deutschland weit verbreitetes Buch des flämischen Jesuiten Antoine Alphonse Sarasa (1618–1667).
13 Leichtigkeit, Leichtsinn
14 Erschienen Hamburg 1752
15 »Hausfreunde«
16 In der ersten Fassung von Voß' Idylle »Luise« heißt es in Vers 77 »Nußöl«, in späteren Fassungen in Vers 83 »Provinzöl«.

17 Aus der Poetik »Der wohlinformierte Poet« des Erdmann Uhse (1677–1730), der mit »naiver Kühnheit und Geistlosigkeit« den Poetiken von Opitz und anderen nacheiferte.
18 ehrbar, anständig, bieder
19 Seine Schädellehre – er war Anatom und Phrenolog (1758–1828) – erregte Anfang des 19. Jahrhunderts gewaltiges Aufsehen.

S. 31 George Grosz: Aus dem »Spießer-Spiegel« (1925)
In: G. Grosz, Der Spießer-Spiegel, 60 Berliner Bilder nach Zeichnungen mit einer Selbstdarstellung des Künstlers. Carl Reissner Verlag, Dresden 1925 (ND Berlin 1955). Reproduktion mit freundlicher Genehmigung von The Estate of George Grosz, Princeton, N. J., USA.

S. 36 Korrespondenz – Nachrichten: Die Christlich-deutsche Tischgesellschaft (1811)
Diese Korrespondenz stammt aus Berlin vom 22. Mai 1811. Der Verfasser bleibt ungenannt. In: Morgenblatt für gebildete Stände, 5. Jahrgang 1811, Nr. 143, Verlag Cotta'sche Buchhandlung Tübingen, Ausgabe vom 15. Juni 1811, S. 571 f.
Die Überschrift stammt vom Herausgeber.
1 Clemens Brentanos Abhandlung »Der Philister vor, in und nach der Geschichte«, 1811
2 Anspielung auf den Philosophen Johann Gottlieb Fichte, in dessen Manier Brentanos Philisterabhandlung teilweise gehalten ist.

S. 37 Johann Wolfgang von Goethe: Was wir unter dem Wort Philisterei zu begreifen gewohnt sind (1813)
Auszug aus der Würdigung »Zu brüderlichem Andenken Wielands«, in: Goethes Werke, hrsg. im Auftrage der Großherzogin Sophie von Sachsen (»Weimarer Ausgabe«), 36. Band, S. 321 f., Verlag Hermann Böhlau, Weimar 1893.
Die Überschrift stammt vom Verfasser.
Biographische Notizen zu J. W. v. Goethe: Siehe oben, J. W. v. Goethe, Teilet Eure Stunden ein.

S. 38 Joseph Freiherr von Eichendorff: Krieg den Philistern! (1823)
Auszug aus dem gleichnamigen »Dramatischen Märchen«. In: J. Fr. v. Eichendorffs sämtliche poetische Werke, 3. Band, S. 20 f., C. F. Amelang's Verlag, Leipzig 1883.
Joseph Freiherr von Eichendorff (1788–1857) versuchte Fühlen und Handeln in Übereinstimmung zu bringen, als er in das Lützower Freikorps eintrat und von 1813–1815 an den Befreiungskriegen gegen Napoleon teilnahm. Er war allerdings enttäuscht, daß es ihm trotz aller Bereitschaft niemals gelang, in einem wirklichen Gefecht dabei zu sein. Im Juli 1815 marschierte er in Paris mit ein. 1816 trat er in den preußischen Staatsdienst ein, nachdem er zuvor in Wien seine juristischen

Studien beendet hatte. Er zieht in die Amtsstuben von Breslau, Berlin, Danzig und Königsberg, aber keineswegs so unbeschwert wie seine berühmte literarische Figur des Taugenichts, denn sein Berufsleben stellt sich als eine Kette von Mißerfolgen dar. Wie ein Einsiedler lebt er im Kreise seiner Familie, verdient mühselig seinen Lebensunterhalt und scheidet vorzeitig wegen seines schlechten Gesundheitszustandes aus dem Staatsdienst aus.
1 begleiten

S. 39 Joseph Freiherr von Eichendorff: Die Trägen, die zu Hause liegen (1826)
Der Beginn der Novelle »Aus dem Leben eines Taugenichts«, Verlag Julius Günther, Leipzig 1874, S. 2f.
Die Überschrift stammt vom Herausgeber.
Biographische Notizen zu J. Freiherr v. Eichendorff: Siehe oben, Krieg den Philistern!

S. 41 Carl Spitzweg: Der Schmetterlingsfänger (um 1840)
Dieses Ölgemälde befindet sich im Städtischen Museum Wiesbaden. Reproduktion mit freundlicher Genehmigung des Städtischen Museums Wiesbaden.

S. 42 Heinrich Heine: Philister in Sonntagsröcklein (1823)
In: H. Heine, Sämtliche Werke, Hrsg. Fritz Strich, 1. Band, S. 182 (Lyrisches Intermezzo, Nr. 37), Verlag Georg Müller, München 1925.
Heinrich Heine (1797–1856) wuchs in Düsseldorf auf, das von 1795 bis 1815 fast durchgehend unter französischer Herrschaft stand. Die Franzosen hoben einige der Einschränkungen auf, die den Juden im insgesamt liberalen Düsseldorf auferlegt waren. Heines Hinneigung zum Französischen und auch zur Gestalt des Napoleon hat hierin ihre Grundlage. – Nach einer mißglückten kaufmännischen Lehre studierte er Jura in Bonn, Göttingen und Berlin und promovierte zum Dr. jur. Wie viele der damaligen Juden trat er zur evangelischen Kirche über, um sich aus der geistigen und sozialen Isolierung zu lösen und ein gleichberechtigtes Mitglied im kulturellen Leben sein zu können. Verschiedene Berufspläne, Professorenstellen in Berlin oder München zu erhalten, scheiterten aufgrund seiner betont liberalen und damit politisch verdächtigen Gesinnung. – In den Berliner Salons, insbesondere dem der Rahel Varnhagen, gelang ihm der Durchbruch zur Anerkennung als Dichter. An seinem mokanten Plauderton, mit dem er Banales und Bedeutendes höchst ironisch mischte, ergötzten und schieden sich die Geister. Seine Kritik an Staat und Gesellschaft wurde zusehends schärfer, verblieb aber letztlich in einem Schwebezustand. – 1831 ging er nach Paris und lebte dort bis zu seinem Tod. In den Pariser Salons war er ein gern gesehener Gast. Zeitweilig hatte er Verbindung zu Karl Marx, der 1844 aus Paris ausgewiesen wurde. 1841 hatte er »Mathilde«, die er als Schuhverkäuferin kennengelernt und mit der er schon seit Jahren zusammenlebte, geheiratet.

S. 42 Heinrich Heine: Die Bewohner Göttingens (1824)
Auszug aus der Schrift »Die Harzreise«. In: Heinrich Heine, Sämtliche Werke, Hrsg. Ernst Elster, 3. Band, S. 16, Leipzig und Wien (o. J.), Bibliographisches Institut.
Biographische Notizen zu H. Heine: Siehe oben, H. Heine, Philister in Sonntagsröcklein.

S. 43 Carl Spitzweg: Der Sonntagsspaziergang (1841)
Dieses Ölgemälde befindet sich im Museum Carolino Augusteum, Salzburg. Reproduktion mit freundlicher Genehmigung des Museums Carolino Augusteum, Salzburg.

S. 43 Heinrich Heine: Zur Notiz (um 1830)
In: H. Heine, Sämtliche Werke, Hrsg. Fritz Strich, Bd. 10, S. 209 (Nachlese), Verlag Georg Müller, München 1925.
Biographische Notizen zu H. Heine: Siehe oben, H. Heine, Philister in Sonntagsröcklein.

S. 44 Eduard Mörike: Die Visite (1838)
In: E. Mörike, Sämtliche Werke, Bd. 1, S. 861, Winkler Verlag, München 1967.
Eduard Mörike (1804–1875) studierte in Tübingen Theologie und wurde Pfarrer. Bald merkte er, daß dieser Beruf für ihn nicht so recht taugte: »Alles, nur kein Geistlicher!« Er wollte freier Schriftsteller werden, aber er spürte trotz seiner Begabung eine gewisse Untüchtigkeit und sah voraus: »Ich würde von dem Erzählungenschreiben bald Bauchweh bekommen, ärger als je vom Predigtmachen.« 1843 ließ er sich vorzeitig pensionieren. 1851 ging er als Literaturlehrer nach Stuttgart – seine schwäbische Heimat verließ er nie – und beendete diese Tätigkeit aus Gesundheitsrücksichten 1866. Ohne Beruf lebte er bis zu seinem Tod in Stuttgart. – Die größte Leidenschaft seines Lebens überkam ihn, als an der Stadtgrenze auf einem Steinhaufen eine ohnmächtige Frau aufgefunden wurde, die wegen ihrer ungewöhnlichen Schönheit zum Stadtgespräch wurde. Sie behauptete, aus Ungarn zu sein und sich vor dem Kloster gerettet zu haben. Mörike war überwältigt und verliebte sich, entzog sich ihr aber wieder und schrieb dann innige Gedichte, in denen sie – die auch in der Novelle »Maler Nolten« auftaucht – als eine berückende Zigeunerin erscheint.

S. 45 Karl Marx: Die Philisterwelt ist die politische Tierwelt (1843)
Auszug aus einem Brief an Arnold Ruge, Köln, Mai 1843. In: Karl Marx, Friedrich Engels, Werke (MEW), Bd. 1, S. 338–343, Dietz Verlag, Berlin (Ost) 1964[5].
Die Überschrift stammt vom Herausgeber.
Karl Marx (1818–1883) gibt 1843/44 in Paris mit Arnold Ruge die »Deutsch-Französischen Jahrbücher« heraus, nachdem die »Rheinische Zeitung«, deren Chefredakteur er war, nicht mehr erscheinen

durfte. Der Philister-Brief antwortet auf einen Brief von Arnold Ruge an Marx vom März 1843. Ruge sinnt darin über ein Hölderlin-Zitat: »Es ist ein hartes Wort und dennoch sag' ich's, weil es Wahrheit ist: ich kann kein Volk mir denken, das zerrissener wäre, wie die Deutschen. Handwerker siehst du, aber keine Menschen, Denker, aber keine Menschen, Herren und Knechte, Jungen und gesetzte Leute, aber keine Menschen. – Ist das nicht ein Schlachtfeld, wo Hände und Arme und alle Glieder zerstückelt unter einander liegen, indeß das vergossene Lebensblut im Sande zerrinnt?« (Hyperion) Ruge bezweifelt, daß 50 Jahre nach der Französischen Revolution Marxens Optimismus auf eine Revolutionierung der Verhältnisse tragfähig ist. Der Grad »politischer Fühllosigkeit und Verkommenheit, zu dem wir wirklich herabgesunken sind«, läßt ihn hoffnungslos werden: »Werfen Sie mir vor, daß ich es nicht besser mache, als die anderen, fordern Sie mich auf, mit dem neuen Princip eine neue Zeit heraufzuführen und ein Schriftsteller zu sein, dem ein freies Jahrhundert folgt, sagen Sie mir jede Bitterkeit, ich bin darauf gefaßt. Unser Volk hat keine Zukunft, was liegt an unserm Ruf?« Karl Marx will Ruge, mit dem er sich bald überwirft, zu revolutionärem Denken bewegen, indem er die Trostlosigkeit der Philister-Welt noch krasser und umfassender darstellt. Einige Zeit später zieht es Marx vor, nicht mehr das Philistertum als ein lähmend-erschreckendes Monstrum, sondern statt dessen das Kleinbürgertum als ein konkreteres und besiegbares Übel anzuprangern. Im Kommunistischen Manifest (1848) heißt es: »Das mittelalterliche Pfahlbürgertum und der kleine Bauernstand waren die Vorläufer der modernen Bourgeoisie. In den weniger industriell und kommerziell entwickelten Ländern vegetiert diese Klasse noch fort neben der aufkommenden Bourgeoisie. In den Ländern, wo sich die moderne Zivilisation entwickelt hat, hat sich eine neue Kleinbürgerschaft gebildet, die zwischen dem Proletariat und der Bourgeoisie schwebt und als ergänzender Teil der bürgerlichen Gesellschaft stets von neuem sich bildet, deren Mitglieder aber beständig durch die Konkurrenz ins Proletariat hinabgeschleudert werden, ja selbst mit der Entwicklung der großen Industrie einen Zeitpunkt herannahen sehen, wo sie als selbständiger Teil der modernen Gesellschaft gänzlich verschwinden und im Handel, in der Manufaktur, in der Agrikultur durch Arbeitsaufseher und Domestiken ersetzt werden.« Diese Untergangsprophezeiung war verheißungsvoller und konnte eher politische Aktivitäten wecken als die Beschwörungen, das universelle Philistertum zu überwinden, obwohl sich das Kleinbürgertum renitent und äußerst erfolgreich gegen die Prognose vom eigenen Verschwinden wehrte.
1 Unempfindlichkeit, Trägheit, Schlaffheit

S. 49 Sören Kierkegaard: Die Spießbürgerlichkeit (1849)
Auszug aus der Schrift »Die Krankheit zum Tode«, aus dem Dänischen von Liselotte Richter, Rowohlt Taschenbuchverlag, Reinbek bei Hamburg 1962. Abdruck mit freundlicher Genehmigung des Rowohlt Taschenbuchverlags GmbH, Reinbek bei Hamburg.

Die Überschrift stammt vom Herausgeber.
Sören Kierkegaard (1813–1855) begann 1830 in Kopenhagen Theologie zu studieren, nachdem der Vater alles darangesetzt hatte, seine Kinder zu guten Christen zu erziehen und gegen die Versuchungen zu feien, denen er selbst erlegen war. Als der Vater ihm sein Verhältnis, das er mit seiner Dienstmagd hatte, offenbarte, vernachlässigte Sören Kierkegaard sein Studium, führte ein Leben als Flaneur und wurde täglicher Gast in den Restaurants und Cafés, aber in Wirklichkeit war er trotz seiner Plauder-Begabung kein Lebemann, sondern ein schwermütiger Gottessucher. Die Verlobung mit Regine Olsen löste er 1841 auf. Zwei Jahre später zog er in dem brillanten Werk »Entweder/Oder« eine kontradiktorische Bilanz: Im 1. Band spielte er die libertinistischen Positionen durch, im 2. Band setzt er einen strengen ethischen Kodex dagegen. Seine Philosophie und sein Leben aber gehen in einem dritten, dem religiösen Stadium auf (z. B. »Einübung im Christentum«).
1 hinreichend

S. 50 Arthur Schopenhauer: Die Definition der Philister (1851)
Auszug aus einem Abschnitt (»Von dem, was einer ist«) der »Parerga und Paralipomena«. In: A. Schopenhauers sämtliche Werke, Hrsg. Paul Deussen, 4. Band, S. 379–381, München 1913, R. Piper Verlag.
Die Überschrift stammt vom Herausgeber.
Arthur Schopenhauer (1788–1860) zeigte schon als Jugendlicher einen Hang zur contemplativen Schwermut. »Ich weiß ohnehin, wie gern du über das Elend der Menschen brütest«, schrieb ihm die Mutter später und vermied es deswegen, ihm von ihren schlimmen Erlebnissen aus den Befreiungskriegen zu berichten. Der Vater sorgte sich mehr um den krummen Rücken des Sohnes. Aufrechtes Stehen vor dem Schreibpult empfahl er ihm und wollte ansonsten jedem anraten, den Sohn auf den Rücken zu schlagen, sofern er gekrümmt angetroffen würde. 1805 starb der Vater. Es heißt, daß Arthur der Mutter die Schuld gab, denn sie hätte ihn zum Selbstmord getrieben. (W. v. Gwinner, Schopenhauers Leben, Leipzig 1910, S. 28) – Als Doktor der Philosophie kehrte Schopenhauer 1813 nach Weimar zurück und nahm Pension bei seiner Mutter, obwohl er ihr vorwarf, das Andenken seines gestrengen Vaters nicht hinreichend zu ehren. Er argwöhnte, daß die Mutter mit dem Erbe des Vaters verschwenderisch umging, aber zugleich versorgte er einen Studienfreund im Hause der Mutter mit Unterkunft, Kleidung und Nahrung. Die Spannungen zwischen ihm und der Mutter wurden immer größer. Er mißtraute vor allem auch ihrer geselligen Art. So ging er ihr aus dem Weg und sah sie bis zu ihrem Tod (1838) nicht mehr. – Nachdem Arthur Schopenhauer umgezogen war, legte er sich mit einer ledigen Näherin an, die auf demselben Stockwerk wie er wohnte. Sie verklagte ihn wegen wörtlicher und tätlicher Beleidigung, und er wurde wegen ihrer erlittenen Arbeitsunfähigkeit verurteilt, Kurkosten und eine jährliche Rente bis zu ihrem Tod zu zahlen. Schopenhauer zeigte sich aufgrund dieses Urteils gekränkt und enttäuscht. – Da er die

Würde eines akademischen Lehramts anstrebte, empfand er seine Junggesellenwirtschaft als ungünstig und spielte mit Heiratsgedanken, was für ihn allerdings besonders schwierig war: Zum einen erklärte er den Eros in seiner pessimistischen Philosophie zu einem völlig blinden Trieb, zum anderen fürchtete er, die Hälfte seines Einkommens an Modehändler, Schneider und Putzmacherinnen zu verlieren. So blieb er dann doch lieber ein selbstgenügsamer Menschenverächter. Es sei noch angemerkt, daß Schopenhauer wie so viele Frauenhasser auch ein Judenfeind war. Heinrich Heine hielt er dessen »erbärmliche Judenindividualität« vor.

1 die Grenze der Erfahrung überschreitend, über das sinnlich Wahrnehmbare hinausreichend
2 Es gibt kein wahres Vergnügen ohne wahre Bedürfnisse.
3 hervorragend, sich auszeichnen
4 Minderwertigkeit, Untergeordnetsein
5 vortrefflich sein, sich auszeichnen

S. 52 Carl Spitzweg: Zeitungsleser im Garten (1847)
Dieses Ölgemälde befindet sich in Privatbesitz.

S. 53 Friedrich Nietzsche: Der Bildungsphilister (1873)
Auszug aus den »Unzeitgemäßen Betrachtungen« (1. Stück, 2. Abschnitt), in: Friedrich Nietzsche, Werke in 3 Bänden, 1. Band, S. 142 und 144 f., Hrsg. Karl Schlechta, Carl Hanser Verlag, München 1966. Die Überschrift stammt vom Herausgeber.
Friedrich Nietzsche (1844–1900) verlor mit 5 Jahren den Vater und wuchs mit der Mutter und der Schwester auf. In Arthur Schopenhauer sah er ein Vorbild. Er begann in Bonn klassische Philologie zu studieren und ging mit einem der dortigen Professoren nach Leipzig. 1869, noch vor seiner Promotion, die ihm in Leipzig ohne entsprechendes Verfahren zugestanden wurde, erhielt er einen Ruf von der Universität Basel auf den Lehrstuhl für klassische Philologie. 1879 gab er diese Stelle auf und lebte seitdem im wesentlichen ein Einsiedlerleben, teils in Italien, teils in den Schweizer Bergen des Engadins. Seine Lehre vom Dionysischen lebte er nicht mit Frauen oder Freunden, sondern in stilisierter und erlittener Einsamkeit unter Baumwipfeln und Berggipfeln. Als Frauenfeind und Sozialistenhasser entwickelt er die abstrakt-heroische Zarathustra-Figur, die allen Nivellierungstendenzen trotzen soll. Ab 1889 ist er geistig umnachtet. Es scheint festzustehen, daß sich Nietzsche in einem Bordell die Syphilis zugezogen hatte und daß sein späterer Wahnsinn eine diesem Krankheitsverlauf entsprechende Progressive Paralyse darstellt.

S. 55 Erich Mühsam: Die Philister (1905)
Erstmals erschien dieses Gedicht in der Zeitschrift »Der wahre Jacob«, 8. August 1905.
Siehe auch Erich Mühsam, Gesamtausgabe, Band 1: Gedichte, hrsg.

von Günther Emig, Verlag europäische Ideen, Berlin 1983, S. 185 und allgemein zu vergleichbarer Lyrik Mühsams.
Erich Mühsam (1878–1934), ein Apothekersohn, mußte in Lübeck das Gymnasium wegen »sozialistischer Umtriebe« verlassen und machte das Abitur in Mecklenburg. Als freier Schriftsteller schloß er sich 1901 der »Neuen Gemeinschaft« (Friedrichshagener Kreis) der Brüder Hart an. Als Dichterrebell führte er zunächst sein Boheme-Leben in Berlin, ab 1909 in München. Für den »Simplicissimus« und andere satirische Zeitschriften schrieb er polemische Essays, Kabarett-Texte, Theaterkritiken. Er weigerte sich, am 1. Weltkrieg teilzunehmen und kam deswegen auf die Festung Traunstein. Während der Januarstreiks 1918 agitierte er in einem Großbetrieb für Frieden und Sozialismus. Mit dem Anarchisten Gustav Landauer entwarf er die Statuten für einen »Sozialistischen Bund«, der autonome Siedlungsprojekte fördern sollte. 1919 nahm er aktiv an dem Versuch teil, eine bayerische Räterepublik zu gründen und wurde deswegen zu 15 Jahren Festungshaft verurteilt. 1924 wurde er amnestiert. Weiterhin kämpfte er mit seinen schriftstellerischen Mitteln gegen jede Form des staatlichen Zentralismus und wandte sich dementsprechend sowohl gegen Stalin als auch gegen den aufkommenden Faschismus. 1933 wurde er von SA-Leuten überwältigt, in das Konzentrationslager Oranienburg verschleppt, gefoltert und am 10. 7. 1934 ermordet.

S. 57 Robert Walser: Der Philister (um 1930)
In: R. Walser, Das Gesamtwerk, Hrsg. Jochen Grewen, Bd. 12, S. 230 bis 233. Suhrkamp Verlag, Frankfurt a. M. 1978. Abdruck mit freundlicher Genehmigung des Suhrkamp Verlags, Frankfurt a. M.
Robert Walser (1878–1956) wurde im Kanton Bern als Sohn eines Buchbinders und Kaufmanns geboren, begann im 14. Lebensjahr eine Banklehre, führte dann 10 Jahre lang ein unruhiges Wanderleben und blieb von 1906–1912 in Berlin, wo er drei Romane und viele Prosastücke schrieb. Er kehrte nach Biel (bei Bern) zurück, weil er in eine bedrohliche Krise geraten war. Seitdem veröffentlichte er – abgesehen von zahlreichen kleineren Texten – nur noch ein Buch. 1929 ging er zeitweilig in eine Nervenheilanstalt. Ab 1933 verblieb er in einem gewollt anonymen Patientendasein und brachte keinerlei literarische Produktion mehr zustande.
1 Etwas Bestimmtes, Entschiedenes, Entschlossenes

Kleinbürger

S. 63 Karl Marx: Der Kleinbürger (1865)
Auszug aus einem Brief an J. B. Schweitzer vom 24. 1. 1865, in: Karl Marx, Friedrich Engels, Ausgewählte Briefe, Dietz Verlag, Berlin (Ost) 1953, S. 187f.
Die Überschrift stammt vom Herausgeber.

Biographische Notizen zu Karl Marx: Siehe oben, K. Marx, Die Philisterwelt ist die politische Tierwelt.

1 Pierre Joseph Proudhon (1809–1865) wurde als »kleinbürgerlicher« bzw. anarchistischer Kommunist von Karl Marx speziell in der Schrift »Das Elend der Philosophie« angegriffen.

2 Anpassungsfähigkeit

S. 64 Johann Most: Ein Mahnwort an die Kleingewerbetreibenden (1876)

Auszug aus der Abhandlung »Der Kleinbürger und die Socialdemokratie«, Verlag der Volksbuchhandlung, Augsburg 1876, S. 6f., 19f., 23–25, 27–29.

Johann Most wurde 1846 in Augsburg geboren, reiste 1863–1868 als Handwerksbursche (Buchbinder) durch Deutschland, Österreich, Italien und die Schweiz. In Berlin redigierte er als inzwischen sozialistischer Schriftsteller die »Freie Presse« und wurde wegen seiner »ungehemmten Frechheiten« wiederholt zu Gefängnisstrafen verurteilt. 1874 und 1877 wurde er in Chemnitz in den Deutschen Reichstag gewählt. In London gründete er das Blatt »Freiheit«, wurde wegen eines Kommentars anläßlich der Ermordung Zar Alexanders II. von Rußland zu 18 Monaten Zwangsarbeit verurteilt und wanderte nach seiner Entlassung nach Amerika aus, wo er die Herausgabe der »Freiheit« fortführte.

S. 65, 69 und 70 Fotos von J. Engelmann, Heinrich Graf und Philipp Hoff (um 1890)

Diese Fotos (Privatbesitz) sind in dem Programmheft der Berliner »Schaubühne am Halleschen Ufer« zu dem Schwank des Eugène Labiche »Das Sparschwein« enthalten, Berlin (o. J.), S. 31, 41 und 53.

S. 73 Maxim Gorki: Über das Kleinbürgertum (1906)

Auszug aus der Abhandlung »Rußland. Politische Betrachtungen«, übersetzt von Julie Goldmann, Wiener Verlag, Wien und Leipzig 1906, S. 11–23 und 68–70. Abdruck mit freundlicher Genehmigung der Wiener Verlag GmbH/Nfg. KG.

Maxim Gorki (1868–1936) war ein früh verwaister Sohn eines armen Handwerkers, wuchs fast ohne jegliche Schulbildung auf und durchwanderte als Arbeitsloser weite Teile Rußlands. An sozialrevolutionären Bewegungen nahm er Anteil und gestaltete in seinen Erzählungen vorzugsweise das Leben von Außenseitern. 1901 erschien das Stück »Die Kleinbürger«. Seit 1905 war er mit Lenin befreundet, wurde verhaftet, reiste 1906 nach Amerika und kam erst 1913 nach Rußland zurück. 1921 verließ er wiederum die Sowjetunion. Nach seiner Rückkehr (1928) setzte er sich für den »Sozialistischen Realismus« ein. Auf dem 1. Unionskongreß der Sowjetschriftsteller (1934) äußerte er sich zu dem Phänomen des »Führerwahns«: »Das ist eine Krankheit der Epoche, hervorgerufen durch die erschlaffte Lebensfähigkeit des Kleinbürgertums, durch das Gefühl seines unweigerlichen Untergangs im

Kampf der Kapitalisten mit dem Proletarier und durch die Angst vor dem Untergang, eine Angst, die den Kleinbürger auf jene Seite treibt, die er von altersher für die physisch stärkere zu halten gewöhnt ist, die Seite des Arbeitgebers, des Ausbeuters fremder Arbeit, des Plünderers der Welt«. In dem Buch »Meine Kindheit« (1917) schrieb er über seine eigene Entwicklung: »Der Großvater schlug mich so lange, bis ich das Bewußtsein verlor. Einige Tage war ich dann krank, ich lag mit dem Rücken nach oben, in einem breiten, warmen Bett in einer einfenstrigen Kammer mit einem Heiligenschrein, vor dem eine ewige Lampe aus rotem Glase brannte. Aus jenen Tagen datiert eine gewisse unruhige Aufmerksamkeit, mit der ich fortan die Menschen betrachtete, und eine ungemein subtile Empfindlichkeit gegen jede Art von Beleidigung und Schmerz, die mir oder anderen angetan wurde – als ob damals meinem Herzen die Haut abgezogen worden wäre.«

1 Thomas Robert Malthus (1766–1834), britischer Nationalökonom und Sozialphilosoph, berühmt durch seine Bevölkerungstheorie; Herbert Spencer (1820–1903), englischer Philosoph, der sich um ein sorgsam systematisiertes Weltbild bemühte; Lombroso (1836–1909), italienischer Mediziner und Anthropologe, begründete die Kriminologie und wurde durch sein psychopathologisches und soziologisches Werk »Genie und Irrsinn« berühmt.
2 Höchster Berg der Türkei, nahe an der russischen Grenze
3 Wettkampf, Todeskampf

S. 74, 76, 79 und 80 Adolphe Braun: 4 Fotos (um 1870)
Diese vier Fotos des französischen Fotografen Adolphe Braun (1811 bis 1877) sind abgebildet in: Le Point. Revue artistique et littéraire, Zehnter Jahrgang, 1958, Heft Nr. 53 und 54, Souillac (Lot) – Mulhouse 1958. (Photos ohne Seitenzahlen. Thema des Heftes: Le Second Empire vous regarde. Fotos von Adolphe Braun)

S. 84 Wladimir Iljitsch Lenin: Der wild gewordene Kleinbürger (1920)
Auszug aus der Abhandlung »Der ›linke Radikalismus‹, die Kinderkrankheit im Kommunismus.« W. I. Lenin, Werke, Bd. 31, Hrsg. Institut für Marxismus-Leninismus beim Zentralkomitee der SED, Dietz Verlag, Berlin (Ost) 1970, S. 16f. Abdruck mit freundlicher Genehmigung des Dietz Verlags, Berlin (Ost).
Die Überschrift stammt vom Herausgeber.
Wladimir Iljitsch Lenin (1870–1924) war der Sohn eines Schulinspektors, der aus einer Handwerkerfamilie stammte und in den Adelsrang erhoben worden war. Lenins Mutter war eine Arzt- und Gutsbesitzertochter. Er kam schon während der Schulzeit mit der revolutionären Bewegung in Kontakt, da sein Bruder hingerichtet wurde, weil er an der Vorbereitung eines Anschlags auf Alexander III. beteiligt gewesen war. Lenin studierte Rechtswissenschaften und wurde als Advokat zugelassen. Von 1897–1900 lebte er in sibirischer Verbannung, seit 1900 in der Emigration, teilweise wieder in Rußland und seit dem Beginn des

1. Weltkriegs wiederum in der Schweiz. 1917 gelangte er mit deutscher Hilfe nach Schweden und von dort über Finnland nach Petrograd, mußte abermals nach Finnland ausweichen, wo er seine grundlegende Schrift »Staat und Revolution« verfaßte. Mit der Oktoberrevolution trat er 1917 an die Spitze des Staates. Nach der Gründung gelang es ihm, den neuen Sowjet-Staat gegen innere und äußere Feinde zu stabilisieren. Mit dem 1. Schlaganfall (1922) minderte sich seine rigorose Durchsetzungskraft: Stalin konnte er nicht mehr zurückdrängen, obwohl er es versuchte.

S. 85 Adolphe Braun: Foto (um 1870)
Siehe die vorvorige Anmerkung

S. 87 Kurt Tucholsky: Die Tür (1920)
In: K. Tucholsky, Gesammelte Werke, Hrsg. Mary Gerold-Tucholsky und Fritz J. Raddatz, Bd. I, S. 774, Rowohlt Verlag, Reinbek bei Hamburg 1960. Abdruck mit freundlicher Genehmigung des Rowohlt Verlags, Reinbek.
Kurt Tucholsky (1890–1935) studierte Rechtswissenschaften und promovierte 1914 zum Dr. jur. Von 1913 bis 1932 war er Mitarbeiter – zeitweilig Chefredakteur – der »Weltbühne«. Von 1924 bis 1928 arbeitete er als Korrespondent in Paris, ab 1929 in Schweden. 1935 nahm er sich das Leben und wurde bei Schloß Gripsholm begraben.

S. 89 Siegfried Kracauer: Die Angestellten (1929)
Auszug aus der gleichnamigen Abhandlung. In: S. Kracauer, Schriften I, Suhrkamp Verlag, Frankfurt 1971, S. 207, 212f., 215f., 217f., 222 bis 224, 226–228, 241, 259–264, 265, 275f., 282f. Abdruck mit freundlicher Genehmigung des Suhrkamp Verlags, Frankfurt a. M.
Siegfried Kracauer (1889–1966), ein Kaufmannssohn, begann 1907 in Darmstadt Architektur und Philosophie zu studieren, legte in München das Examen zum Diplom-Ingenieur ab (1911) und promovierte in Berlin zum Dr.-Ing. (1915). Zunächst arbeitete Kracauer als Architekt und trat 1921 in die Feuilleton-Redaktion der »Frankfurter Zeitung« ein. 1933 wurde er entlassen und emigrierte nach Paris, 1941 in die USA. Von 1952–1958 wirkte er als Forschungsdirektor für angewandte Sozialwissenschaften an der Columbia-Universität. Bahnbrechend waren seine Filmanalysen: Er entzifferte den ideologischen Gehalt der ästhetischen Formen dieses vielfach unterschätzten Mediums.
1 Werner Sombart (1863–1941), Nationalökonom und Soziologe
2 Gewerkschaft der Angestellten
3 Schnörkel, Verzierung

S. 93 George Grosz: Aus dem »Spießer – Spiegel« (1925)
In: G. Grosz, Der Spießer-Spiegel, Carl Reissner Verlag, Dresden 1925 (ND Berlin 1955). Reproduktion mit freundlicher Genehmigung von The Estate of George Grosz, Princeton, N. J, USA.

S. 101 Ferdinand Reznicek: Seligkeit (1901)
In: Simplicissimus. Illustrierte Wochenschrift, Verlag Albert Langen, München 1901, 6. Jg., Nr. 47, S. 376

S. 106 Wilhelm Reich: Zur Massenpsychologie des Kleinbürgertums (1933/1942)
In: Massenpsychologie des Faschismus, 3. korrigierte und erweiterte Auflage (1. Auflage: Prag, Zürich 1933). Kiepenheuer & Witsch, Köln 1971, S. 64–71, 74–76, 89–90. Abdruck mit freundlicher Genehmigung des Verlags Kiepenheuer & Witsch, Köln.
Wilhelm Reich (1897–1957), ein Schüler Sigmund Freuds, trat 1920 in die Internationale Psychoanalytische Vereinigung ein und versuchte zugleich Arzt und Revolutionär zu sein, indem er in Österreich die Bewegung für Sexualökonomie und Politik (Sex-Pol) aufbaute. Diese Bewegung verstand sich als Teil der kommunistischen Arbeiterbewegung. Die Aversion von seiten der KPÖ war so stark, daß er nach Berlin übersiedelte und dort die Sex-Pol neu aufbaute. Da er die »Massen« nicht nur ökonomisch, sondern ebenso sehr sexuell unterdrückt sah, stand er weiterhin mit der KPD auf Kriegsfuß. Sie schloß ihn 1934 anläßlich der Schrift »Massenpsychologie des Faschismus« aus der Partei aus. Zugleich wurde er aus der Internationalen Psychoanalytischen Vereinigung ausgeschlossen. Vom dänischen Exil aus hoffte er noch, mit seinen sexualpolitischen Vorstellungen zur Befreiung vom Faschismus beitragen zu können. Im späteren USA-Exil entwickelte er eine mystisch-naturphilosophische »Orgon«-Theorie, die das Sexualleben jenseits von gesellschaftspolitischen Zusammenhängen als Funktion bestimmter (materialisierter) Energiequanten begreift.
1 In der Formulierung der 1. und 2. Auflage wird der NSDAP vorgeworfen, daß »deren Führung objektiv sowohl wie subjektiv nur die Interessen des Großkapitals vertritt«. In der 3. Auflage (1942) mildert Reich diese Position beträchtlich, indem er statt dessen formuliert, daß sie »objektiv sowohl wie subjektiv den Interessen der arbeitenden Menschenmassen genau entgegengesetzt war.«

S. 109 George Grosz: Aus dem »Spießer-Spiegel« (1925)
In: G. Grosz, Der Spießer-Spiegel, Carl Reissner Verlag, Dresden 1925 (ND Berlin 1955). Reproduktion mit freundlicher Genehmigung von The Estate of George Grosz, Princeton, N. J., USA.

S. 114 Robert Doisneau: Im Bistro (1960)
Dieses Foto ist abgebildet in der Zeitschrift »Le Point. Revue artistique et littéraire«, Nr. 57, 11. Jahrgang, 1960, Souillac (Lot)-Mulhouse 1960, S. 48 (Thema des Heftes: »Bistrots«)

S. 118 Bertolt Brecht: Die sieben Todsünden der Kleinbürger (1933)
In: B. Brecht, Gesammelte Werke in 20 Bänden, Bd. 7, S. 2857 bis 2871, Suhrkamp Verlag, Frankfurt 1967. Abdruck mit freundlicher Ge-

nehmigung des Suhrkamp Verlags, Frankfurt a. M. (Die Musik zu diesem Ballett schrieb Kurt Weill)
Bertolt Brecht (1898–1956) war Sohn eines kaufmännischen Angestellten und späteren Werksdirektors. In München begann er Medizin zu studieren und erlebte das Kriegsende als Lazarettgehilfe in Augsburg. Ab 1926 befaßte er sich intensiv mit dem Marxismus, der die Grundlage und die Perspektive speziell für seine »Lehrstücke« und seine antifaschistische Literatur abgab. Gemäß der KP-Position wurden das Kleinbürgertum und das Großkapital mitsamt der Sozialdemokratie (»Sozialfaschismus«) an den Pranger gestellt, wenn es um die Bekämpfung des Faschismus ging. 1933 mußte Brecht aus Deutschland fliehen. Im ersten Exiljahr entstand das Ballett »Die sieben Todsünden«, das später »Die sieben Todsünden der Kleinbürger« betitelt wurde. Über die Schweiz, Frankreich, Dänemark, Schweden, Finnland und die Sowjetunion emigrierte er in die USA (1941), kehrte 1947 nach Europa zurück und lebte mit österreichischem Paß seit 1949 in der DDR.

S. 121 Otto Dix: Hedwig II (1920)
Dieses Portrait (Bleistiftzeichnung) befindet sich in Privatbesitz. Reproduktion mit freundlicher Genehmigung des Otto-Dix-Archivs, Hemmenhofen.

S. 127 Ferdinand von Reznicek: Ich habe die Wahl (um 1900)
In: Eduard Fuchs, Die Frau in der Karikatur, Albert Langen Verlag, München 1906, S. 153.

S. 128 Otto Dix: Die sieben Todsünden (1933)
Dieses Gemälde (Mischtechnik) befindet sich in der Staatlichen Kunsthalle Karlsruhe. Reproduktion mit freundlicher Genehmigung der Staatlichen Kunsthalle Karlsruhe.

S. 131 Bertolt Brecht: Der Verrat (1938)
Die zweite Szene des Stückes »Furcht und Elend des Dritten Reiches«, in: B. Brecht, Gesammelte Werke in 20 Bänden, Bd. 3, S. 1078, Suhrkamp-Verlag, Frankfurt 1967. Abdruck mit freundlicher Genehmigung des Suhrkamp Verlags, Frankfurt a. M.
Biographische Notiz zu B. Brecht: Siehe oben, Brecht, Die sieben Todsünden der Kleinbürger.

S. 133 Kurt Bartsch: Sozialistischer Biedermeier (1971)
In: K. Bartsch, Die Lachmaschine. Gedichte, Songs und ein Prosafragment, Verlag Klaus Wagenbach, Berlin 1971, S. 18. Abdruck mit freundlicher Genehmigung des Verlags Klaus Wagenbach, Berlin.
Kurt Bartsch wurde 1937 in Berlin geboren, ging vorzeitig von der Oberschule ab, arbeitete in verschiedenen Berufszweigen (Beifahrer, Sargverkäufer, Lektoratsassistent, Lagerarbeiter, Büroangestellter, Telefonist...), begann 1964 in Leipzig ein nicht beendetes Literaturstu-

dium und veröffentlichte 1968 den Gedichtband »Zugluft«, 1974 die Parodiensammlung »Kalte Küche« und 1977 »Der Bauch und andere Songspiele«.

S. 134 Josef Skála: Warum eben Kafka? (1973)
Auszug aus einem Artikel der Prager Parteizeitung »Tribuna« vom 30. Mai 1973, übersetzt von Eduard Goldstücker, abgedruckt in: DIE ZEIT, Nr. 35, 24. August 1973, S. 40. Abdruck mit freundlicher Genehmigung der Zeitverlag Gerd Bucerius KG, Hamburg.
1 stark vermindert; von großen Verlusten gezeichnet
2 Anhänger einer bürgerlich-liberalen Vorstellung, die den Marxismus bzw. Leninismus entsprechend zu verändern suchen

S. 135 Hans Magnus Enzensberger: Von der Unaufhaltsamkeit des Kleinbürgertums (1976)
Dieser Essay, im Untertitel »Eine soziologische Grille« genannt, erschien zuerst im »Kursbuch« Nr. 45, September 1976; wieder abgedruckt in: Hans Magnus Enzensberger, Politische Brosamen, Suhrkamp Verlag, Frankfurt a. M., 1982, S. 197–206. Abdruck mit freundlicher Genehmigung des Suhrkamp Verlags, Frankfurt a. M.
Hans Magnus Enzensberger wurde 1929 geboren, studierte Germanistik und Philosophie, promovierte 1955 mit einer Arbeit über Clemens Brentano, wurde Mitglied der Schriftsteller-»Gruppe 47«, erhielt 1963 den Georg-Büchner-Preis und entwickelte sich zu einem linksintellektuellen Kulturkritiker, der ab 1965 das »Kursbuch« herausgab.

S. 145 Georges Marchais: Kleinbürger (1980)
Ein Zitat aus der Rubrik »Aufgespießt«, Frankfurter Rundschau vom 15. 12. 1980, S. 2. Abdruck mit freundlicher Genehmigung der Frankfurter Rundschau, Frankfurt a. M.

Spießer

S. 149 August von Kotzebue: Die deutschen Kleinstädter (1803)
3. Akt, 1.–5. Szene des gleichnamigen Lustspiels, durch das der Stadtname »Krähwinkel« zum Inbegriff für Provinzialität wurde. August von Kotzebue (1761–1818) studierte Jura, ließ sich als Advokat in Weimar nieder, ging 1781 nach Rußland, übernahm in Reval eine Gerichtsstelle, gründete dort 1784 ein Theater und begann, Dramen zu schreiben. 1787 wird er zum Präsidenten des Gouvernementsmagistrats der Provinz Estland ernannt und in den Adelsstand erhoben. Als Frankreich Republik wurde, schrieb er das ausgeprägt konservative Werk »Vom Adel. Bruchstücke eines größeren historisch-philosophischen Werkes über Ehre und Schande, Ruhm und Nachruhm aller Völker, aller Jahrhunderte« (1792). Auf dem Wartburgfest (1817) wurde seine »Geschichte des deutschen Reiches« von den Studenten verbrannt, da

er verdächtigt wurde, ein Spion für das reaktionäre Rußland gewesen zu sein. Kotzebue spottete über die patriotischen Turner und Burschenschaftler. 1818 wurde er von dem Studenten Karl Ludwig Sand erstochen. – »Die deutschen Kleinstädter« kehren die bis dahin geläufige Sichtweise um, indem nicht mehr das (fassadenhafte und verderbte) Leben der Metropole bzw. des Hofes angeprangert, sondern aufgrund seiner Weltläufigkeit dem biederen Kleinstadtleben vorgezogen wird.
1 Benehmen

S. 154 Karl Gutzkow: Aus der Knabenzeit (1852)
Auszug aus den gleichnamigen Memoiren, in: Gutzkows Werke, Auswahl in 12 Teilen, Hrsg. Reinhold Gensel, Deutsches Verlagshaus Bong, Berlin-Leipzig-Wien-Stuttgart (o. J.), S. 132–136 (7. Teil).
Karl Gutzkow (1811–1878) wurde als Sohn eines »prinzlichen Stallbeamten«, eines späteren »Subalternbeamten im Kriegsministerium« geboren. Er studierte in Berlin Theologie und Philosophie. Als Schriftsteller des »Jungen Deutschland« wurde er 1835 mit dem Roman »Wally, die Zweiflerin« bekannt, und zwar aufgrund einer Denunziation, die seinen Roman für amoralisch ausgab und derentwegen seine Schriften verboten wurden und er für 3 Monate ins Gefängnis mußte. Als seine Biographie »Aus der Knabenzeit« (1852) erschien, gründete er die populäre Wochenschrift »Unterhaltungen am häuslichen Herd«, einen Vorläufer der »Gartenlaube«.
1 Fiktiver Name eines Malers
2 neuerungslustig
3 Georg Christian Raff (1748–1788), »Naturgeschichte für Kinder«; George Louis L. Buffon (1707–1788), französischer Naturforscher, dessen 1. Ausgabe der »Histoire naturelle« wegen ihrer besonders schönen Kupferstiche geschätzt wurde.
4 Gott der Winde
5 Intensives Parfüm, das aus der gleichnamigen exotischen Pflanze bereitet wird.

S. 155 Carl Spitzweg: Der Kaktusfreund (um 1856)
Dieses Ölgemälde befindet sich in der Sammlung Georg Schäfer, Schweinfurt. Reproduktion mit freundlicher Genehmigung der Sammlung Georg Schäfer, Schweinfurt.

S. 161 Bogumil Goltz: Ein Kleinstädter in Ägypten (1853)
Auszug aus dem gleichnamigen Reiseroman, Verlag Otto Janke, Berlin, 3. Auflage (o. J.), S. 5f., 21f., 355–358, 361–363, 371f., 376f.
Bogumil Goltz (1801–1870) wurde als Sohn eines Stadtgerichtsdirektors und Anwalts geboren, wollte Landwirt werden, zog es dann aber vor, in Breslau Theologie und Philosophie zu studieren. Noch vor der Beendigung dieser Studien verließ er die Universität und übernahm die Bewirtschaftung des väterlichen Rittergutes, womit er jedoch kein Glück hatte, so daß er den Landbau aufsteckte und ein Reiseleben be-

gann. Es führte ihn nach Polen, Frankreich, England, Italien, Algerien und Ägypten. Danach widmete er sich seinen ethnologischen Studien und seinen Pflegekindern. Von Zeit zu Zeit reiste er durch Deutschlands größere Städte und las aus seinen Werken vor oder hielt Vorträge über Menschenkenntnis und Landeskunde.

1 »Morgen werden wir das weite Meer neuerdings befahren« (Horaz).
2 Sein; Elend
3 ausdauernden; durchdauernden

S. 168 Henry Monnier: Die letzte Ruhestätte (um 1855)
Das 14. Kapitel aus H. Monniers »Die Geschichte des Spießbürgers«, aus dem Französischen übertragen von Hans Pfeifer, Axel Juncker Verlag, Berlin 1919, S. 142–149. Abdruck mit freundlicher Genehmigung des Axel Juncker Verlags, München.
Henry Monnier (1799–1877) wurde in Paris geboren, nahm eine Stellung als Schreiber bei einem Notar an und wurde später »Supernumerar« im Justizministerium. Da er großes Zutrauen in sein Beobachtungsvermögen hatte, entschloß er sich, Maler zu werden und trat in ein Atelier ein. Als Karikaturist und Illustrator fand er Anerkennung. Schließlich wandte er sich der Schriftstellerei zu und machte sich mit kleineren »Volksszenen« so beliebt, daß er es wagte, Theaterstücke zu schreiben, mit denen er schließlich selbst als Schauspieler auftrat.

S. 171 Wilhelm Busch: Tobias Knopp (1875)
Auszug aus dem zweiten Teil der »Knopp-Trilogie« (Herr und Frau Knopp)
In: W. Busch, Sämtliche Werke, Hrsg. Otto Nöldeke, Bd. 4, Verlag Braun & Schneider, München 1943, S. 357–362.
Wilhelm Busch (1832–1908) wurde als Sohn eines Dorfkrämers in Wiedensahl bei Hannover geboren. Mit 9 Jahren schickten ihn die Eltern zu seinem Onkel in die Nähe von Göttingen, damit er dort Privatunterricht erhielte. Erst nach 3 Jahren Abwesenheit richteten sie es so ein, daß er sie wieder einmal besuchen konnte. Der Umgang untereinander war spröde, und Gefühle wurden in seiner Familie kaum gezeigt. Später verhielt sich Wilhelm Busch gegenüber Freunden und Frauen recht distanziert und führte ein ziemlich zurückgezogenes Junggesellenleben. Sein größter Wunsch, nämlich nach Brasilien auszuwandern, ging nicht in Erfüllung. Als leidenschaftlicher Imker wollte er in das Eldorado der Bienenzüchter. – 1854 hatte er in München mit Malstudien begonnen und gelangte dabei bald zu seiner Domäne: der Karikatur. Er zeichnete für die »Fliegenden Blätter« und den »Münchner Bilderbogen«. Insgesamt hatte er ein gründlich negatives Bild vom Menschen. Ab 1870 vertiefte er sich in das pessimistische Werk Arthur Schopenhauers, so daß er schließlich um so überzeugter von der unheilbringenden Gewalt des Lebenswillens war. Seine lebenshungrigen Figuren Max und Moritz sind denn auch Opfer- und zugleich Zerstörergestalten.

S. 176 Carl Sternheim: Die Hose (1911)
Erster Auftritt des ersten Aufzuges des gleichnamigen Lustspiels, in: C. Sternheim, Gesamtwerk, Hrsg. Wilhelm Emrich, Bd. 1, Luchterhand Verlag, Neuwied am Rhein und Berlin 1963, S. 28–34. Abdruck mit freundlicher Genehmigung des Luchterhand Verlags, Neuwied.
Carl Sternheim (1878–1942) wurde als Sohn eines Bankiers geboren und studierte Philosophie und Literaturwissenschaft in München, Göttingen, Leipzig und Berlin. Als reicher Erbe war er unabhängig, wechselte häufig den Wohnsitz und heiratete dreimal. Spießerhaß und Künstlerbekenntnis durchziehen sein Werk. Er versteht sich als ein von Nietzsche beeinflußter Anti-Bourgeois, der die bürgerlichen Phrasen der wilhelminischen Ära entlarvt und eine im wahrsten Sinne »selbstherrliche« Verwirklichung des Individuums ersehnt.

S. 180 Franz Kafka: Der Nachbar (1917)
In: Franz Kafka, Sämtliche Erzählungen (Hrsg. Paul Raabe), S. Fischer Verlag, Frankfurt am Main 1970, S. 345–347. Abdruck mit freundlicher Genehmigung des S. Fischer Verlags, Frankfurt a. M.
Franz Kafka (1883–1924) wurde als Sohn eines wohlhabenden Kaufmanns geboren. Der Vater bewegte ihn, in Prag Jura zu studieren, und 1906 promovierte er zum Dr. jur. Ab 1908 arbeitete er in einer Prager Arbeiter-Unfall-Versicherungsgesellschaft. Zweimal verlobte er sich mit Felice Bauer, von der er sich 1917 nach dem offenen Ausbruch seiner Tuberkulose endgültig löste. 1919 verlobte er sich ein drittes Mal, aber wiederum nur für eine kurze Zeit. 1923 trennte er sich von Prag und dem Elternhaus, und er zog mit der 20jährigen Dora Dymant nach Berlin. Max Brod aber holte 1924 den Todkranken nach Prag zurück, was Kafka als Niederlage gegenüber dem Vater empfand, unter dessen Bann er sein Leben verbracht hatte. Seine gesamte Schriftstellerei bezeichnete er als einen Fluchtversuch vor seinem Vater. – Sein Freund Max Brod setzte sich über Kafkas letzten Willen, nämlich den gesamten Nachlaß zu vernichten, hinweg.

S. 182 Ivan Goll: Methusalem oder Der ewige Bürger (1922)
Auszug aus dem gleichnamigen Stück (Erstausgabe: Potsdam 1922), abgedruckt nach der Ausgabe des Textes mit Materialien, hrsg. von R. Grimm und V. Šmegač, in der Reihe: Kommedia. Deutsche Lustspiele ..., Walter de Gruyter Verlag, Berlin 1966. Abdruck mit freundlicher Genehmigung der Akademie der Wissenschaften und Literatur, Mainz.
Ivan Goll (1891–1950) war »durch Schicksal Jude, durch Zufall in Frankreich geboren, durch ein Stempelpapier als Deutscher bezeichnet«. Er studierte Jura in Straßburg und Lausanne. Nach Ausbruch des 1. Weltkrieges lebte er im Kreis französischer Pazifisten in der Schweiz, wo er seine spätere Frau, die Schriftstellerin Claire Studer kennenlernte. 1919 zog er nach Paris, emigrierte 1939 nach New York und kehrte 1947 todkrank nach Paris zurück.

S. 191, 194 George Grosz: Zwei Zeichnungen aus dem »Spießer-Spiegel« (1925)
In: George Grosz, Der Spießer-Spiegel, Carl Reissner Verlag, Dresden 1925 (ND Berlin 1955). Reproduktion mit freundlicher Genehmigung von The Estate of George Grosz, Princeton, N. J., USA.

S. 195 Robert Walser: Der Spießer (um 1930)
In: R. Walser, Das Gesamtwerk, Hrsg. Jochen Greven, Bd. 12, S. 402 bis 403, Suhrkamp Verlag, Frankfurt a. M. 1978, Abdruck mit freundlicher Genehmigung des Suhrkamp Verlags, Frankfurt a. M.
Biographische Notizen zu R. Walser: Siehe oben, R. Walser, Der Philister.

S. 197 Wolf Biermann: Kleinstadtsonntag (1962)
In: W. Biermann, Die Drahtharfe. Balladen, Gedichte, Lieder, Verlag Klaus Wagenbach, Berlin 1965, S. 20. Abdruck mit freundlicher Genehmigung des Verlags Klaus Wagenbach, Berlin.
Wolf Biermann wurde 1936 in Hamburg geboren und siedelte 1953 in die DDR über. Er studierte Philosophie, arbeitete 2 Jahre lang als Regieassistent am Brecht-Theater und gründete und leitete bis 1963 das »Berliner Arbeiter- und Studententheater«. Dieses Ensemble wurde 1963 von den DDR-Behörden aufgelöst. Seit 1965 hatte er in der DDR keine Möglichkeiten zu irgendwelchen Auftritten oder Veröffentlichungen. – 1974 wollte Biermann in Köln den ihm verliehenen Jacques-Offenbach-Preis entgegennehmen. Die Reise wurde von der DDR-Regierung untersagt, wobei ihm zu verstehen gegeben wurde, daß er sehr wohl ausreisen könnte, verließe er nur für immer die DDR. 1975 wurde ihm ein zugesichertes Visum für den Besuch einer Versammlung in Offenbach ohne Begründung kurzfristig entzogen. 1976 erhielt er in einer DDR-Kirche Singerlaubnis und konnte in Köln auftreten, nach zwölfjährigem Veranstaltungsverbot. Anschließend verweigerten die DDR-Behörden Biermann wegen »DDR-feindlicher Haltung« die Rückkehr und haben ihn damit auf »schäbigste Weise hereingelegt« (Böll), denn er hatte nur unter der Bedingung die Tournee gemacht, daß er zurückkehren könnte. Er verstand seine Kritik an der DDR keineswegs als antikommunistisch. Seine »Drahtharfe« ist übrigens der meistgekaufte deutsche Gedichtband seit 1945.

S. 198 Peter Adler: Nashörner im Abonnement (1964)
In: Die Provinz. Kritik einer Lebensform, Hrsg. Carl Amery, Nymphenburger Verlagshandlung, München 1964, S. 198–214. Abdruck mit freundlicher Genehmigung der Nymphenburger Verlagshandlung, München.

S. 200 Eduard Thöny: In der Provinz (1900)
In: Simplicissimus. Illustrierte Wochenschrift, 5. Jahrgang, Nr. 36, Verlag Albert Langen, München 1900, S. 288. Reproduktion mit freund-

licher Genehmigung des Albert Langen-Georg Müller Verlags, München.

S. 207 A. Paul Weber: Die Exclusiven (1968)
In: A. Paul Weber, Kritische Graphik. Handzeichnungen und Lithographien aus 40 Jahren, Hoffmann und Campe Verlag, Hamburg 1973, S. 25. Reproduktion mit freundlicher Genehmigung der A.-Paul-Weber-Gesellschaft, Ratzeburg.

S. 213 Tom Veitch: Einfache Leute am Sonntag (1968)
Übersetzt von Rolf Eckart John.
In: Acid. Neue amerikanische Szene, Hrsg. R. D. Brinkmann und R. R. Rygulla, März Verlag, Darmstadt 1969, S. 240–242. Abdruck mit freundlicher Genehmigung des März Verlags, Berlin.
Tom Veitch wurde 1941 in Amerika geboren und schrieb u. a. »Literary Days« (1964) und »The Words« (1964).

S. 216 Hermann Glaser: Der Provinzler – Ein Mentalitätsmuster (1973)
Auszug aus dem gleichnamigen Essay, in: H. Glaser, Der Gartenzwerg in der Boutique. Mythen der Regression – Provinzialismus heute, S. Fischer Verlag, Frankfurt 1973, S. 193 ff. Abdruck mit freundlicher Genehmigung des S. Fischer Verlags, Frankfurt a. M.
Hermann Glaser wurde 1928 geboren, studierte Germanistik, Anglistik, Geschichte und Philosophie in Deutschland und England. Er war längere Zeit im Schuldienst und in der freien Jugendarbeit tätig und ist anschließend Schul- und Kulturreferent der Stadt Nürnberg geworden.
1 Probeweise Ausdehnung von Aussagen auf einen neuen Zustand oder Bereich
2 Zufluchtsort
3 Kulturelle Verschiebung: die verspätete soziokulturelle Anpassung an die tatsächliche technisch-ökonomische Entwicklung
4 Vorstadt
5 (Karthographische) Beschreibung
6 überall vorkommend

S. 218 Albert Herrenknecht: Provinzlenz (1977)
In: A. Herrenknecht, Provinz-Leben. Aufsätze über ein politisches Neuland, Verlag Jugend und Politik, Frankfurt 1977, S. 96–98. Abdruck mit freundlicher Genehmigung des Verlags Jugend und Politik, Frankfurt a. M.

S. 222 Ödön von Horváth: Die gerettete Familie (um 1930)
In: Ö. v. Horváth, Gesammelte Werke, Bd. III (Lyrik, Prosa, Romane), S. 87-89, Suhrkamp Verlag, Frankfurt 1970. Abdruck mit freundlicher Genehmigung des Suhrkamp Verlags, Frankfurt a. M.
Ödön von Horváth (1901–1938) wurde als Sohn eines österreichischen

Diplomaten aus dem ungarischen Kleinadel geboren. »Als ich 1,20 Meter hoch wurde, zog ich nach Budapest und lebte dort bis 1,21 Meter. War dortselbst ein eifriger Besucher zahlreicher Kinderspielplätze und fiel durch mein verträumtes und boshaftes Wesen unliebsam auf. Bei einer ungefähren Höhe von 1,52 erwachte in mir der Eros, aber vorerst ohne mir irgendwelche besonderen Scherereien zu machen. Mein Interesse für Kunst, insbesondere für die schöne Literatur, regte sich relativ spät (bei einer Höhe von rund 1,70). Als der Weltkrieg ausbrach, war ich bereits 1,67 und als er dann aufhörte bereits 1,80 (ich schoß im Krieg sehr rasch empor).« Zu Beginn der Nazi-Herrschaft mußte er Deutschland verlassen, da sich seine Stücke gegen fassadenhafte Bekenntnisse und dröhnende Hohlheit wandten und sich unmißverständlich gegen nationalsozialistische Geistesart aussprachen. 1938 wurde er in Paris von einem niederstürzendem Ast einer alten Kastanie getroffen und getötet.

S. 224 Ferdinand von Reznicek: Die G'schamige (1905)
In: Simplicissimus, Sonderbeilage zur Nr. 47 (»Reznicek-Nummer: Karneval«), Verlag Albert Langen, München 1905, S. 4.

S. 226 Martin Walser: Die Zimmerschlacht (1967)
Auszug aus dem gleichnamigen »Übungsstück für ein Ehepaar«, in: M. Walser, Gesammelte Stücke, Suhrkamp Verlag, Frankfurt 1971, S. 117–125, 128f., 133, 142–145. Abdruck mit freundlicher Genehmigung des Suhrkamp Verlags, Frankfurt a. M.
Martin Walser wurde 1927 am Bodensee geboren, studierte von 1946–1951 in Regensburg und Tübingen Literaturwissenschaft, Philosophie und Geschichte, arbeitete als Funk- und Fernsehregisseur in Stuttgart und lebt seit 1957 als freier Schriftsteller. Wenn in seinem Werk ein »Portrait der bundesdeutschen Gesellschaft« gesehen wird, dann vor allem wegen der realistischen Erfassung von Biederkeit und Provinzialität: Karrieren und Ehebrüche, Saturiertheit und Brutalität entlarvt er mit treffender Ironie. 1981 erhielt er den Georg Büchner-Preis.

S. 238 George Grosz: Aus dem »Spießer-Spiegel« (1925)
In: George Grosz, Der Spießer-Spiegel. Carl Reissner Verlag, Dresden 1925 (ND Berlin 1955). Reproduktion mit freundlicher Genehmigung von The Estate of George Grosz, Princeton, N. J., USA.

S. 241 Wolf Wondratschek: Über die Schwierigkeiten, ein Sohn seiner Eltern zu bleiben (1968)
In: Die Väter. Berichte und Geschichten, Hrsg. Peter Härtling, S. Fischer Verlag, Frankfurt 1968, S. 256–258. Abdruck mit freundlicher Genehmigung des S. Fischer Verlags, Frankfurt a. M.
Wolf Wondratschek wurde 1943 geboren und studierte in Heidelberg, Göttingen und Frankfurt Germanistik und Philosophie. Er liebt es, Anti-Texte zu schreiben, mit denen er gegen eine allgemeine Sprach-

verdummung zu Felde ziehen will. »Er schaut den Leuten aufs Maul, aber nur, um sie bei ihren Ausflüchten zu ertappen.« Wie vertrackt er seine Texte anlegt, verrät schon die Überschrift eines Erzählbandes: »Ein Bauer zeugt mit einer Bäuerin einen Bauernjungen, der unbedingt Knecht werden will.«

S. 243 Harald Duwe: Sonntagnachmittag (1956)
Öl auf Leinwand. In: Lebensläufe 1981. Ein Kalender, hrsg. vom Senator für Arbeit und Soziales, Berlin 1980 (Abbildung zum Monat August). Copyright: Harald Duwe Erben.

S. 244 Fritz Zorn: Ich bin jung und reich und gebildet, und ich bin unglücklich, neurotisch und allein (1977)
Die ersten 20 Seiten des Romans »Mars. Ich bin jung und reich und gebildet, und ich bin unglücklich, neurotisch und allein«, Kindler Verlag, München 1977, S. 23–43. Abdruck mit freundlicher Genehmigung des Kindler Verlags, München.
»Fritz Zorn« ist ein Pseudonym, zu dem sich der Verfasser bereiterklärte, weil die Veröffentlichung dieses authentischen Romans eines 32jährigen Studienrats, der angesichts seines anstehenden Krebstodes schreibend sein Leben erfassen will, seiner Familie nicht ohne Namensänderung zugemutet werden konnte. Der Verfasser starb im November 1976, unmittelbar nachdem dieses sein einziges Buch vom Verleger zum Druck angenommen worden war.

Da in einigen Fällen die Inhaber der Rechte trotz aller Bemühungen nicht festzustellen oder nicht erreichbar waren, verpflichtet sich der Verlag, nachträglich geltend gemachte rechtmäßige Ansprüche nach den üblichen Honorarsätzen zu vergüten. Das gilt auch für das veröffentlichte Bildmaterial.

Ergänzendes Literaturverzeichnis

(Literatur, die im voranstehenden Anmerkungsteil bzw. bei den dort genannten Quellenangaben aufgeführt ist, bleibt hier unberücksichtigt.)

Carl Amery (Hrsg.), Die Provinz. Kritik einer Lebensform. Nymphenburger Verlagshandlung, München 1964. (Carl Amery: Der Provinzler und sein Schicksal; Rolf Schroers: Provinz in der Großstadt; Hartmann Goertz: Die Schrödlgasse; Horst Krüger: Der Grüne Salon; Peter Adler: Nashörner im Abonnement; Wilhelm Höck: Das domestizierte Weltgeschehen; Ludwig Marcuse: Gibt es noch die Provinz? u. a. m.)

Walter Benjamin, Erfahrung [über den Philister] (1913). In: ders.: Gesammelte Schriften. Frankfurt a.M. 1972, Bd. II, S. 54/55.

Dieter Arendt, Das Philistertum des 19. Jahrhunderts. In: Monat. Heft 248, Mai 1969, S. 33–49.

Honoré de Balzac, Die Kleinbürger (1846)

Alice Berend, Die gute alte Zeit. Bürger und Spießbürger im 19. Jahrhundert. Marion von Schröder Verlag, Hamburg 1962

Alice Berend, »Spießbürger«. Humanitas Verlag, Zürich 1938

Franz Adam Beyerlein, Der Philister. Verlag Dürr & Weber. Leipzig-Gaschwitz 1920

Max von Boehn, Biedermeier. Deutschland von 1815–1847. Verlag Bruno Cassirer. Berlin 1911

Thea Braatz, Das Kleinbürgertum in München und seine Öffentlichkeit von 1830–1870. Ein Beitrag zur Mentalitätsforschung. Stadtarchiv München 1977

Alexander von Bormann, Philister und Taugenichts. Zur Tragweite des romantischen Antikapitalismus. In: Aurora. Jahrbuch der Eichendorff-Gesellschaft. Hrsg. P. Heiduk. Bd. 30/31, 1970/71, S. 94–112

Manfred Bosch/Joachim Hossfeld, Geschichten aus der Provinz. Damnitz Verlag. München 1978

Paul Brando, Kleine Gärten – einst und jetzt. Geschichtliche Entwicklung des deutschen Kleingartenwesens. Hamburg 1965

Bertolt Brecht, Die Kleinbürgerhochzeit (1926). In: B. Brecht. Gesammelte Werke in 20 Bänden. Bd. 7, S. 2715–2744. Suhrkamp Verlag, Frankfurt 1967

Clemens Brentano, Entweder wunderbare Geschichte von Bogs, dem Uhrmacher, wie er zwar längst das menschliche Leben verlassen, nun aber doch, nach vielen musikalischen Leiden zu Wasser und zu

Lande, in die bürgerliche Schützengesellschaft aufgenommen zu werden Hoffnung hat, oder die über die Ufer der Badischen Wochenschrift als Beilage ausgetretene KONZERT-ANZEIGE. Nebst des Herrn BOGS wohlgetroffenen Bildnisse. In: Clemens Brentano. Werke, 2. Band, Hrsg. Friedhelm Kemp, Carl Hanser Verlag, München 1963

Hermann Broch, Philistrosität, Realismus, Idealismus der Kunst. In: Der Brenner. Halbmonatsschrift für Kunst und Kultur. Hrsg. Ludwig von Ficker Verlag Der Brenner. Innsbruck, 3. Jahrgang, 1913, Heft 9, S. 399–415 (1. Februar 1913)

Anna Dorothea Brockmann (Hrsg.), Landleben. Hamburg 1977

Carl Dallago, Philister (Betrachtung). In: Der Brenner. Halbmonatsschrift für Kunst und Kultur. Hrsg. Ludwig von Ficker. Verlag Der Brenner. 2. Jahrgang, 1912
Heft 15 (1. Januar 1912, S. 495–505)
Heft 16 (15. Januar 1912, S. 535–542)
Heft 17 (1. Februar 1912, S. 575–589)

Deutschland deine Beamten. Eine Lesebuch. Hrsg. Armanski, Bruns, Penth. Verlag Olle & Wolter, Berlin 1977

Hubert Ettl, Die Provinz hat ihren Schrecken für uns verloren. Wie eine Gruppe von Lehrern auf dem Lande lebt. In: päd. extra. Magazin für Erziehung, Wissenschaft und Politik, 15. Juni 1981, Nr. 6, S. 28ff., Bensheim

Hans Fallada/Tankred Dorst, Kleiner Mann – was nun? Eine Revue von Tankred Dorst und Peter Zadek. Suhrkamp Verlag. Frankfurt 1972

Marieluise Fleißer, Fegefeuer in Ingolstadt. In: M. Fleißer. Ingolstädter Stücke. Suhrkamp Verlag. Frankfurt 1977

Wolfgang Fritz, Zweifelsfälle für Fortgeschrittene. Alltägliche Geschichten aus dem Kleinbürgertum, S. Fischer Verlag, Frankfurt 1981

Erich Fromm, Arbeiter und Angestellte am Vorabend des Dritten Reiches. Eine sozialpsychologische Untersuchung. Hrsg. Wolfgang Bonß. Deutsche Verlagsanstalt. Stuttgart 1980

Hermann Glaser, Kleinstadt-Ideologie. Zwischen Furchenglück und Sphärenflug. Verlag Rombach. Freiburg 1969

Maxim Gorki, Die Kleinbürger (1902). In: M. Gorki. Frühe Dramen, Verlag Philipp Reclam jun. Leipzig (o. J.)

Klaus Harprecht, Spießer, Antispießer, Philister und Antiphilister. In: Monat, Heft 248, Mai 1969, S. 28f.

Peter Härtling, Pausbacken und Zipfelmütze. Der Spießer in der Malerei. In: Monat, Heft 248, Mai 1969, S. 30f.

Friedrich Hebbel, Das Komma im Frack (1858). In: Hebbels Werke. Hrsg. Karl Zeiß, 3. Band, Bibliographisches Institut Leipzig und Wien (o. J.), S. 368–372

Karl Heisig, Deutscher Philister = Spießbürger. In: Zeitschrift für deutsche Philologie Bd. 83, 1964, Heft 3, S. 345–350

Ödön von Horváth, Der ewige Spießer. Erbaulicher Roman in drei Teilen (1930). Suhrkamp Verlag, Frankfurt 1970
Henrik Ibsen, Die Wildente (1885). Goldmanns Gelbe Taschenbücher. München 1962
Ernst Keil, Der Dichter und der Maler des deutschen Philisters. In: Die Gartenlaube. Illustriertes Familienblatt, 1868, Nr. 6, S. 91 f.
Gottfried Keller, Die drei gerechten Kammacher (1856). In: G. Keller. Die Leute von Seldwyla
Leo Kofler, Die menschliche Tragödie des Kleinbürgers und der Geist der Scheinbildung. In: Die drei menschlichen Tragödien des 20. Jahrhunderts und das Problem der Bildung, Dortmunder Vorträge, Heft 36, Hrsg. Kulturamt der Stadt Dortmund 1960
Hermann Marcus, Der Spießerstaat. Hoffmann und Campe Verlag. Hamburg 1977
Norbert Mecklenburg, Erzählte Provinz. Regionalismus und Moderne im Roman. Athenäum Verlag. Königstein 1982
Hermann Meyer, Der Bildungsphilister. In: H. Meyer. Zarte Empirie. Stuttgart 1963, S. 179–201
Gustav Meyrink, Des deutschen Spießers Wunderhorn (Roman in zwei Teilen) Albert Langen Verlag. München 1913
Arthur Miller, Der Tod des Handlungsreisenden (1949). In: A. Miller. Hexenjagd/Der Tod des Handlungsreisenden. Fischer Bücherei Frankfurt 1958
Helmut Möller, Die kleinbürgerliche Familie im 18. Jahrh. Verhalten und Gruppenkultur. Verlag Walter de Gruyter. Berlin 1969
Jean Paul, Leben des vergnügten Schulmeisterlein Maria Wutz in Auenthal. Eine Art Idylle. In: Jean Paul, Werke, 1. Band, S. 422 ff. (Die unsichtbare Loge) Hrsg. Norbert Miller, Carl Hanser Verlag. München 1960
Robert Petsch, Der Kleinbürger in der deutschen Literatur. In: Rheinisch-Westfälische Zeitung, 10. 12. 1922, S. 9, Essen
»Provinz«, Kursbuch Nr. 39, April 1975. Kursbuch/Rotbuch Verlag
Heinz Winfried Sabais (Hrsg.), Lob der Provinz. Ein Darmstädter Lesebuch. Roether Verlag. Darmstadt 1967
Friedrich Saß, Naturgeschichte des deutschen Philisters. In: Die Aktion, 2. Jg., 1912, S. 67–71
Hinrich Siefken, Heinrich Manns Der Untertan und Hermann Brochs Die Schuldlosen. Zu Satire und Analyse des »Spießers« als »Untertan«. In: Zeitschrift für deutsche Philologie, Nr. 93, 1974, Heft 2, S. 186–213
Rudolf Stadelmann/Wolfram Fischer, Die Bildungswelt des deutschen Handwerkers um 1800. Studien zur Soziologie des Kleinbürgertums im Zeitalter Goethes. Berlin 1955. Verlag Duncker & Humblot
Botho Strauß, Trilogie des Wiedersehens. Hanser Verlag. München 1976
Hannelies Taschau, Landfriede. Roman. Fischer Taschenbuchverlag. Frankfurt 1980

Felix Timmermanns, Kleine Leute in Flandern. Erzählungen. Reclam-Verlag, Stuttgart 1954

Tintenfisch, Nr. 10, Thema: »Regionalismus« Hrsg. Lars Gustafsson. Quartheft 80. Berlin 1976

Kurt Tucholsky, Die Beamtenpest. In: Gesammelte Werke, Bd. 6, S. 271–285, Rowohlt, Reinbek bei Hamburg 1975

Franz Werfel, Der Tod des Kleinbürgers. Erzählung. Philipp Reclam jun. Stuttgart 1971

Werkkreis Literatur der Arbeitswelt, Landfriedensbruch. Geschichten aus der Provinz. Fischer Taschenbuch Verlag, Frankfurt 1982

Heinrich August Winkler, Mittelstand, Demokratie und Nationalsozialismus. Die politische Entwicklung von Handwerk und Kleinhandel in der Weimarer Republik Kiepenheuer & Witsch. Köln 1972

»Wir Kleinbürger«, Kursbuch Nr. 45, September 1976, Kursbuch/Rotbuch Verlag

Bitte umblättern:

auf den nächsten Seiten informieren wir Sie über weitere interessante Fischer Taschenbücher.

Europäische Geschichte 1550–1779

Band 24

Herausgegeben und verfaßt von Richard van Dülmen
Mit diesem Band legt der Saarbrücker Historiker Richard van Dülmen eine umfassende Strukturgeschichte der europäischen Gesellschaft in der frühen Neuzeit zwischen 1550 bis 1648 vor. Die Darstellung ist weniger an politischen Ereignissen und an den Einzelentwicklungen der verschiedenen Länder orientiert und interessiert, sondern mehr an Problemen, die die Strukturprozesse unter den Bedingungen der Vielfalt unterschiedlicher Entwicklungen der Neuzeit wesentlich begründeten.

Band 25

Herausgegeben und verfaßt von Günter Barudio
Dieser Band behandelt den historischen Werdegang Europas zwischen 1648 und 1779 – das Zeitalter des Absolutismus und der Aufklärung. Der Leser wird anhand von sechs repräsentativen Fällen, denen noch ein Exkurs begegeben ist, in die Mechanismen einer Machtstruktur eingeführt, aus deren Wirkungen das entstanden sein soll, was noch immer häufig der »moderne Staat« genannt wird.

fi 35/1

Fischer Taschenbuch Verlag

Volkskultur

Zur Wiederentdeckung des vergessenen
Alltags (16.–20. Jahrhundert)

Herausgegeben von
Richard van Dülmen und Norbert Schindler
Band 3460

Dieser Sammelband versteht sich als eine Einführung in die Fragestellungen und Arbeitsmethoden der historischen Volkskulturforschung. Er will eine kulturelle Tradition der kleinen Leute und abhängiger Schichten aufdecken helfen, die trotz aller Disziplinierung und Unterdrückung weitaus widerständiger und flexibler, eigenständiger und kreativer im sozialen Wandel vom 16. bis ins 19. Jahrhundert war, als man lange annahm.

Aus dem Inhalt:

Spuren in die Geschichte der ›anderen‹ Zivilisationen

Spruchweisheiten und populäre Irrlehren

Reformation, Karneval und die verkehrte Welt

Streik als Fest

Hinrichtungsrituale in der frühen Neuzeit

›Heraus zum 1. Mai!‹

Der Kampf um die Abschaffung des Bullenrennens

Die Fabrik als Lebensform

Feste und Vergnügen der ›kleinen Leute‹

Biographien – Erinnerungen

Geschichte/Zeitgeschichte

Rudolf Augstein
Preußens Friedrich und die Deutschen
Band 5088

Hans Peter Bleuel
Ferdinand Lassalle oder Der Kampf wider die verdammte Bedürfnislosigkeit
Band 5107

Margarete Buber-Neumann
Milena, Kafkas Freundin
Band 5638

Sebastian Haffner
Anmerkungen zu Hitler
Band 3489

F. W. Hemmings
Emile Zola
Chronist und Ankläger seiner Zeit
Band 5099

Frederik Hetmann
Rosa L.
Die Geschichte der Rosa Luxemburg und ihrer Zeit. Mit dokumentarischen Fotos. Band 2132

Heinrich Eduard Jacob
Felix Mendelssohn und seine Zeit
Band 5023

Arthur Koestler
Ein spanisches Testament
Aufzeichnungen aus dem Bürgerkrieg
Band 2252

Primo Levi
Atempause
Eine Nachkriegsodyssee
Band 2105
Ist das ein Mensch?
Erinnerungen an Auschwitz
Band 2226

Golo Mann
Wallenstein
Band 3492

Robert K. Massie
Peter der Große
Sein Leben und seine Zeit
Band 5632

Fischer Taschenbuch Verlag

fi 85/2a

Hermann Glaser

Bundesrepublikanisches Lesebuch
Drei Jahrzehnte geistiger Auseinandersetzung
Band 3809

»Der Versuch einer Beschreibung des ›Klimas‹ der Bundesrepublik, der Menschen, die in ihr leben, des Geistes, der in ihr waltet, der kulturellen Errungenschaften, auf die sie stolz ist, der Verdrängungen, an denen sie leidet – ein solcher Versuch dokumentiert die Präsenz des Vergangenen: Was damals begann, ist heute noch aktuell und wird morgen weiterhin wirksam sein.«
Hermann Glaser

Soviel Anfang war nie
Deutscher Geist im 19. Jahrhundert
Ein Lesebuch. Band 5387

»Soviel Anfang war nie« – dieses Wort eines Zeitgenossen charakterisiert treffend den deutschen Geist im 19. Jahrhundert. Es war ein Jahrhundert der Auf- und Umbrüche, der Verwerfungen und Eruptionen, der Evolutionen und Revolutionen, aber auch ein Jahrhundert, in dem sich Abgründe auftaten, die immer schwindelerregender, gefährlicher, unheimlicher wurden. Daß in Deutschland so wenig vom Denken des deutschen Geistes realisiert, so wenig vom Kopf auf die Füße gestellt wurde, rechtfertigt nicht, jene Anfänge heute gering zu achten. Die vorliegende Anthologie handelt jedoch vom deutschen Geist – vor seiner Verkehrung in den Ungeist.«
Hermann Glaser

Fischer Taschenbuch Verlag

Hermann Glaser

Die Kultur der Wilhelminischen Zeit

Topographie einer Epoche

351 Seiten. 150 Schwarzweiß-Abb. im Text und 96 z. T. farbige Bildseiten. Leinen im Schuber.

Die Kultur des Wilhelminismus, des späten 19. und des frühen 20. Jahrhunderts, vergleicht Hermann Glaser mit einer faszinierenden wie schillernden Geisteslandschaft: Unerwartete Perspektiven, Abgründe, künstliche Paradiese neben häßlichen Industriezonen, anziehende und abstoßende Formationen; Idyllen, umspült von der steigenden Flut des Nihilismus; die Misere eines ›ruhelosen Reiches‹. Von rückwärts leuchtet das Gebirge des Idealismus; nach vorne gelangt man zu den blutigen Schlachtfeldern des Ersten Weltkrieges. Die Grenzen sind fließend: Die Kultur des Wilhelminismus reicht in ihren Ursprüngen ins Biedermeier zurück; sie endet in der Zerstörung.

In diesem Buch wird den kulturellen Strömungen erzählend nachgegangen; ausführliche Quellenzitate veranschaulichen die ausgewählten Phänomene; als ›Denkbruchstücke‹ mögen sie auch demjenigen, der die Originalwerke nicht kennt, eine Vorstellung des jeweils Ganzen geben.

S. Fischer

fi 402/1

Wilhelm Reich

Wilhelm Reich wurde 1897 in Dobrzcynica, Galizien, geboren. 1920 trat er in die Wiener Psychoanalytische Gesellschaft ein. 1928 Fachwissenschaftlicher Leiter der sozialistischen Gesellschaft für Sexualberatung und Sexualforschung in Wien. Nach Auseinandersetzungen mit der Komintern, den Austromarxisten und der KPD auf der einen Seite, mit der Schule Sigmund Freuds auf der anderen, wurde er 1934 aus der kommunistischen Partei und aus der Internationalen Psychoanalytischen Vereinigung ausgeschlossen. Nach seiner Emigration in die USA entdeckte er 1938–1940 die ›Orgon-Energie‹, an deren Erforschung er bis zu seinem Tod 1957 arbeitete.

Charakteranalyse
Band 6755

Die Entdeckung des Orgons I:
Die Funktion des Orgasmus
Band 6752

Die Entdeckung des Orgons II:
Der Krebs
Band 6753

Der Einbruch der sexuellen Zwangsmoral
Band 6750

Die Massenpsychologie des Faschismus
Band 6754

Die sexuelle Revolution
Band 6749

Rede an den kleinen Mann
Band 6777

Fischer Taschenbuch Verlag

fi 67/2

fi 285/1

Deutschland erzählt

Herausgegeben von Benno von Wiese

Das vierbändige Sammelwerk ›Deutschland erzählt‹ enthält eine Auswahl von etwa 75 deutschsprachigen Erzählungen aus den letzten 150 Jahren. Der Herausgeber, Benno von Wiese, hat nicht die pathetische Absicht, einen für alle Zeiten geltenden Kanon aufzustellen, seine Auswahl lädt vielmehr ein zur Diskussion. Mancher wird Namen vermissen, die ihm lieb geworden sind; oft muß ein Autor mit seiner Darstellungsweise stellvertretend für andere stehen. Andererseits wird wohl jeder Leser in diesen Bänden Gelegenheit zu überraschenden Wiederbegegnungen und beglückenden Entdeckungen finden.

Der Herausgeber verfolgt mit seiner Auswahl zwei Absichten: Er will seine Leser unterhalten und möchte ihnen zugleich Zugang verschaffen zu den nicht immer leicht erreichbaren Schätzen der deutschen erzählenden Literatur.

Deutschland erzählt

Von Arthur Schnitzler bis Uwe Johnson
Band 500

Von Georg Büchner bis Gerhart Hauptmann
Band 711

Von Johann Wolfgang von Goethe bis Ludwig Tieck
Band 738

Von Rainer Maria Rilke bis Peter Handke
Band 1660
(z. Zeit nicht lieferbar)

Fischer Taschenbuch Verlag

fi 374/1

fi 403/1